古典文獻研究輯刊

三一編

潘美月・杜潔祥 主編

第 3 冊

碩堂輯佚札叢

何廣棪 著

國家圖書館出版品預行編目資料

碩堂輯佚札叢／何廣棪 著 -- 初版 -- 新北市：花木蘭文化事業有限公司，2020〔民109〕
序 6+ 目 2+244 面；19×26 公分
（古典文獻研究輯刊 三一編；第 3 冊）
ISBN 978-986-518-105-5（精裝）
1. 中國文學　2. 文集
011.08　　　　　　　　　　　　　　　　　　109010063

ISBN-978-986-518-105-5

9 789865 181055

古典文獻研究輯刊
三一編　第 三 冊　　　　　　ISBN：978-986-518-105-5

碩堂輯佚札叢

作　　者　何廣棪
主　　編　潘美月、杜潔祥
總 編 輯　杜潔祥
副總編輯　楊嘉樂
編　　輯　許郁翎、張雅淋　美術編輯　陳逸婷
出　　版　花木蘭文化事業有限公司
發 行 人　高小娟
聯絡地址　235 新北市中和區中安街七二號十三樓
　　　　　電話：02-2923-1455／傳真：02-2923-1452
網　　址　http://www.huamulan.tw 信箱 hml810518@gmail.com
印　　刷　普羅文化出版廣告事業
初　　版　2020 年 9 月
全書字數　139936 字
定　　價　三一編 9 冊（精裝）台幣 26,000 元　　版權所有・請勿翻印

碩堂輯佚札叢

何廣棪　著

作者簡介

何廣棪，字碩堂，號弘齋。廣東省鶴山縣人。早歲畢業香港新亞研究所，獲文學博士學位。絡繹任教珠海學院、清華學院、遠東學院、樹仁大學幾廿載。一九九三年東渡臺灣，受聘華梵大學東方人文思想研究所。初任教授，後兼所長。除授課多門外，另指導研究生撰作博、碩士論文，通過而獲學位者近百人。

在臺期間，榮獲中華民國教育部頒發「教授證書」；行政院頒發「教授任職滿二十年服務成績優良，依獎章條例之規定，特頒給二等服務獎章」；又以《陳振孫之經學及其〈直齋書錄解題〉經錄考證》一書參賽，榮獲中華文化復興總會頒發「一九九九年度中正文化獎」。

二零零九年八月，年近古稀，依例榮休返回香江，惟仍服務母校新亞研究所。一度出任教務長與《新亞學報》編輯委員。未幾又被香港大學饒宗頤學術館敦聘為「榮譽研究員」，以迄於茲。

平素勤於治學與著述，出版著作主要有《宋詞賞心錄校評》、《李清照研究》、《李易安集繫年校箋》、《李清照改嫁問題資料彙編》、《陳振孫研究六種合編》、《碩堂文存》一至六編、《何廣棪論學雜著》、《何廣棪論學雜著續編》等，現又梓行《碩堂輯佚札叢》，凡收相關論文卅二篇。

何教授研究陳振孫凡廿八年，著成專書六種，三百一十餘萬言；鑽研甚富，多所創穫，論其業績，庶可凌駕陳樂素、喬衍琯二老輩而上之，曷勝榮藉。

提　　要

我國歷史悠久，學人著作富贍。然書有五厄，多遭散佚，殊可惋也！斯固有待後人不斷之輯佚，方謀其重現。

學術研究之成果，常有待新資料之獲得，輯佚亦蒐求新資料之一法也。本書撰人何廣棪教授夙好輯佚，近將其歷年就輯佚所得資料，用以研成新成果，選取其中卅二篇論文，結集為《碩堂輯佚札叢》。其書編理之次序，一遵佚文撰人年齒長幼安排，計有陳振孫、范濱、勞乃宣、簡朝亮、葉德輝、黃克強、梁啟超、陳垣、葉恭綽、楊樹達、錢玄同、陳寅恪、董作賓、錢穆、傅斯年、李滄萍、俞平伯、羅香林、曉雲法師、張舜徽諸位，下及余少颿、阮廷焯之蒐輯近代粵佚詞，以上諸位學者皆學術界名家也。

就前所述，吾人既深悉學術研究有待新資料之發現，始可作新研究；而有新研究，方有新成果。本書撰人學問淵贍，博涉多通，就此可推知本書既經撰人精心撰就，則其公之於世，必對學術研究有卓新之貢獻。治學諸君望垂注焉。

自　序

　　余知治學之有輯佚一門，因得讀梁啟超《中國近三百年學術史》十四之「清代學者整理舊學之總成績（2）輯佚書」始。自是受其書之指導，初則翻檢南宋王應麟《玉海》，研閱其輯佚著作《三家詩考》、《周易鄭氏注》；與明孫瑴《古微書》，清惠棟《易漢學》、《九經古義》，至下逮惠氏弟子余蕭客之《古經解鈎沈》，亦知所研閱。其後更就《四庫全書》，探究館臣藉《永樂大典》以輯佚治學之法門。

　　余刻意以輯佚治學並撰作論文，則始自民國六十八年（1979），時任教香港珠海文史研究所，所撰〈黃克強先生《致　國父書》讀後〉，發表於《中國書目季刊》第十四卷、第一期。〈致　國父書〉原件為祝秀俠（佛朗）前輩珍藏，固佚文也。嗣後有關輯佚文章續有撰作，收入本《札叢》中凡卅二篇。

　　《札叢》文章編理次序，乃以涉及佚文撰人之年齒長幼安排，計為陳振孫、范濂、勞乃宣、簡朝亮、葉德輝、黃克強、梁啟超、陳垣、葉恭綽、楊樹達、錢玄同、陳寅恪、董作賓、錢穆、傅斯年、李滄萍、俞平伯、羅香林、曉雲法師、張舜徽、余少颿、阮廷焯等，皆名家也。

　　以下擬就本書目錄編排次序，對各篇內容略撰解題，以作介紹：

　　第 1 篇乃〈陳振孫生卒年新考〉。有關振孫之卒年早有定論，而其生年則如陳樂素、喬衍琯及余三人前此所考，皆疑莫能明。其後，余用輯佚法，輯得陳振孫於北宋張先〈十詠圖〉卷子上所撰長跋，就其內容始考出振孫生歲為宋孝宗淳熙六年己亥（1179），卒歲為宋理宗景定三年壬戌（1262），春秋八十有四。

第 2 篇乃〈陳振孫文學創作考述〉。振孫以目錄學成就有稱於時,惟其對文學亦頗事創作。本篇用輯佚法蒐得其所撰,凡「記」三篇、「序」二篇、「跋」六篇、「考」二篇、「題識」三篇、「七律」一首,固可云各體兼擅矣!由是察之,庶幾可視振孫為文學家。

第 3 篇乃〈讀《永樂大典》補闕一則〉。本文用避諱法考出《永樂大典》卷3145,其所引《處州志》記載陳汝錫生平,於該條「子」字下注有「原本闕」三字。其實非原本闕,此處乃有佚字。蓋明成祖名棣,《永樂大典》書寫儒士范濱以避帝王名諱,故闕其「棣」。本文以避諱法進行輯佚,竟考得其實。

第 4 篇乃〈《勞乃宣致羅振玉書札十六通》一文楷定錯誤與斷句之失〉。勞函原件珍藏旅順博物館,初未發表,固佚文也。勞函以行書寫就,《文獻季刊》1999 年 10 月第 4 期有韓行方、房學東二人之楷定本,頗多誤失,拙文一一予以指正。

第 5 篇乃〈最近發現之簡朝亮先生資料〉。簡氏生平資料,僅見者為其門人張啟煌所撰〈簡竹居先生年譜〉。年前,余輾轉借得香港富商利希慎家所珍藏張啟煌《殷粟齋集》稿本,其書卷 26 載有〈簡先生傳〉、〈儗同門祭簡先生文〉及〈挽簡先生聯〉,均屬研治簡氏生平罕為人知之史料,乃用以撰成本文紹介之。

第 6 篇乃〈葉德輝《致孫毓修》未刊書劄十通考述〉。原件為摯友宋緒康先生珍藏,固葉氏佚函也。其函內容涉及葉、孫二人商榷上海商務印書館編理《四部叢刊》選書及徵用善本事,其第八通則載及葉德輝先世資料。是故,此十通佚函對研治中國近代出版史,及撰作郋園年譜,均屬珍貴史料。

第 7 篇乃〈黃克強先生《致 國父書》讀後〉。黃〈書〉乃佚函也。該函涉及 國父與同盟會同志於宣統元年(1909)在日本東京內閧事,可資研治民前革命史參考。

第 8 篇乃〈梁啟超《飲冰室合集》佚文──李誡《營造法式》跋〉。此〈跋〉乃檢自中國嘉德國際拍賣有限公司二零一四年五月出版之《嘉德二十年(1993~2013)精品錄・古籍善本卷》。該〈跋〉不惟可親梁氏手澤,及閱其評介《營造法式》之意見;〈跋〉且記及飲冰室主人與其兒、媳間一段學術史事,殊可貴也。由是亦可開創利用圖錄以為輯佚之一路。

第 9 篇乃〈《陳垣來往書信集》(增訂本)拾遺一通──《致王樹聲書》〉,第 10 篇乃〈《陳垣來往書信集》(增訂本)拾遺又一通──《致李濟書》〉。王

氏，中華人民共和國開國大將軍；李氏，國立中央研究院第一屆人文組院士，二函均足矜貴。

第 11 篇乃〈葉恭綽先生佚文二篇——《秫音集》題記與《玉鶯樓詞鈔》題記〉。二佚文乃檢自《香港大學饒宗頤學術館藏品圖錄 II 館藏古籍珍善本》。葉氏乃晚清名儒葉衍蘭裔孫，當代名學者與文物收藏家。其〈《秫音集》題記〉乃評陳洵及黎國廉二人合撰之詞集。黎字六禾，陳字述叔，乃取其中「禾」與「朮」字相合，稱其書為《秫音集》。至〈《玉鶯樓詞鈔》題記〉，則評黎詞。葉氏評陳、黎二人詞，皆深入肯綮。

第 12 篇乃〈楊樹達《與董作賓書》二通讀後〉。楊函原件，好友葉國威先生珍藏，固遇夫教授佚文也。楊、董二人均當代甲骨學專家，彼此以學術相切劘。二函寫成於民國卅四年（1945）抗戰後期，足證二氏之重視國故，在動亂中仍治學不殆。

第 13 篇乃〈楊樹達教授遺詩輯存與述釋〉。計得楊氏遺詩凡九首。本人治楊詩為時甚早，其時《積微居詩文鈔》猶未面世。故拙文所得楊詩雖尟，然發凡起例，意義頗大。

第 14 篇乃〈跋疑古玄同《致楊樹達書》〉。疑古玄同即錢玄同。錢氏此函之影本乃得自遇夫教授弟子周易先生。函乃錢氏請教楊氏有關葉德輝、皮錫瑞之生卒年，藉是得覩疑古玄同法書，及楊、錢交誼。

第 15 篇乃〈陳寅恪先生事蹟及其著述拾遺〉。拙文寫成於民國六十年（1971），其時寅老逝世未久，海內外學者對其生平及著述研究正當起步。余於文中考出寅老早歲嘗師事王瀣，至其著述則補出〈明季滇黔佛教考序〉、〈論語疏證序〉、〈論唐代之蕃將與府兵〉、〈書《唐才子傳・康洽傳》後〉四文，亦輯佚有功也。

第 16 篇乃〈陳寅恪先生遺詩述釋〉。此篇乃繼考楊樹達遺詩後，而為陳詩輯佚。共收得 35 首，文成於民國六十五年（1976）元月。曾持以就教陳榮庵院士，院士讀而樂之，並賜題篇名，以增榮寵。

第 17 篇乃〈《陳寅恪先生論文集補編》出版緣起〉。先是，臺北九思出版社刊行《陳寅恪先生論文集》，用以紀念寅老，然其書闕遺尚多。余乃輯其佚文，得 14 篇，編成《論文集補編》，並以陳氏遺詩附後，交九思出版社印行。此篇〈緣起〉，撰成於民國六十六年（1977）8 月 6 日，時在臺北旅次。

　　第 18 篇乃〈董作賓《答楊樹達》未刊書函二通讀後〉。董函原件為楊氏弟子周易先生旅遊香江行篋所攜，承借影印。不意董函二通乃回答本書第 12 篇之楊氏〈與董作賓書〉者。機緣巧合如斯，實屬難逢，因就二函而撰〈讀後〉，從中可觀董、楊之學術友誼。

　　第 19 篇乃〈《董作賓先生全集》佚文——《書王可亭挽聯及跋語》〉。董氏佚文乃檢自中國書店《二零一六年春季書刊資料文物拍賣會（二）宗教典籍‧古籍善本資料專場》圖錄。得此佚文，不惟可悉董、王友誼之誠篤，且可補嚴一萍《董作賓先生年譜初稿》「民國廿六年十月」條所闕弔挽王可亭事。

　　第 20 篇乃〈錢穆（賓四）教授逝世卅周年紀念——兼考《錢賓四先生全集》之一篇佚文〉。拙文不惟用以紀念錢夫子，且為其《全集》補佚文。所輯得之佚文，乃〈李榕階著《論語孔門言行錄》序〉也。

　　第 21 篇乃〈《張元濟蔡元培來往書信集》校讀記——以該書所刊傅斯年《致張元濟函》為例〉。考《張元濟蔡元培來往書信集》，乃香港商務印書館為慶祝建館九十五周年而出版，所收張、蔡二位與友朋來往書函甚富贍，且甚珍貴。所惜全書排印不慎，魯魚亥豕，錯舛脫誤甚多。拙文僅舉傅斯年〈致張元濟函〉為例，以作獻疑。

　　第 22 篇乃〈李滄萍教授佚文一篇——清康熙雙清閣景宋本《王荊公唐百家詩選》題記〉。李氏此佚文亦檢自《香港大學饒宗頤學術館藏品圖錄 II 館藏古籍珍善本》，評及王荊公編撰《唐百家詩選》，亦述及李氏與梁任公之交往，殊可貴也。

　　第 23 篇乃〈葉君重先生珍藏槐屋居士《書贈陶重華詩卷》跋〉。葉國威（君重）先生乃撰人摯友。俞平伯（槐屋居士）之〈書贈陶重華詩卷〉乃俞氏之佚詩兼墨寶。承葉先生命，書跋語以留鴻爪，故撰此文以記眼緣。

　　第 24、25、26、27 四篇，皆為《羅香林論學書札》一書拾遺補闕而撰，其李滄萍〈與羅香林書〉乃輯自廣東崇正拍賣有限公司二零一四年秋季拍賣會圖片；其朱自清〈與羅香林書〉亦輯自同上拍賣會圖片中。至〈羅香林來書〉與朱希祖〈致羅香林書〉，則同輯自北京中華書局二零一二年八月之《朱希祖書信集》。四文內容甚富贍，於研究恩師之學術，甚有參研價值。

　　第 28 篇乃〈羅香林教授文學專著之佚文——《李滄萍傳》〉。羅教授乃撰人之恩師，恩師此文，《乙堂文存》及其《續編》均失收，固佚文也。李滄萍，民國時任廣州中山大學教授，民國以來各種人名大辭典於其生平均無記載，此篇恰補其闕，甚足珍也。

第 29 篇乃〈感戴鴻恩‧緬懷懿範——恭讀曉雲法師函牘感言〉。比丘尼曉雲法師為宗教家兼教育家，以儒佛會通理念創辦臺灣華梵大學，育才甚眾。法師亦書法家，擅二王，其生前賜示之書函，未嘗結集，亦佚文也。至法師之畫藝，師承高劍父，得嶺南派真傳，造詣更在法書之上。

第 30 篇乃〈張舜徽教授佚函一通——《致金景芳教授》信札〉。張氏乃當代著名文獻學家，名揚遐邇；金氏亦《周易》專家，著作富贍。二氏交誼甚篤。此佚函檢自泰和嘉成拍賣有限公司之《二零一五年秋季藝術品拍賣會影象、手迹、版畫專場》圖錄，可與張、金二老學術、友誼研究相參證。

第 31 篇乃《近代粵詞蒐逸》續補〉、第 32 篇乃《近代粵詞蒐逸》及其補編、續編、補遺、續補纂輯工作之考述〉。二文均談近代粵詞輯佚事。大抵近世粵詞蒐逸，用力最鉅者乃余少颿先生。余氏發凡起例，為一代開山，成就最弘。嗣後則阮廷焯氏繼軌，對蒐逸事大力推動，建樹亦富。而余則蠅附驥尾，略盡綿薄而已。

以上僅就本書所收卅二篇拙文，略作解題，聊為介紹，用以敬告讀者，並以為自序云。

書成，承蒙臺灣花木蘭文化事業有限公司惠予版行，龔鵬程教授賜贈題耑，毋任感激，曷勝榮寵。

西元二零二零年元月四日，何廣棪撰於新亞研究所，時年八十。

目 次

一、陳振孫生卒年新考

　　陳振孫（1179～1262），字伯玉，號直齋，南宋著名目錄學家。有關振孫之生卒年，自宋迄清似無人考及之者。宋人劉克莊《後村大全集》卷七十五〈外制〉有〈故通奉大夫寶章閣待制致仕陳振孫贈光祿大夫〉一文，曰：

> 疏傅賢哉，方遂揮金之樂；魏公逝矣，可勝亡鑑之悲。於以飾終，為之攬涕。具官某，其文秋濤瑞錦，其姿古柏寒松。早號醇儒，得淵源於伊、洛；晚稱名從，欲輩行於乾、淳。若鳳儀麟獲而來，以鱣舞狐嘷而去。生芻一束，莫挽於遐心；寶帶萬釘，少旌於耆德。尚期難老，胡不憗遺？噫！德比陳太丘，素負海內之望；官如顏光祿，用為宰上之題。可。

此文之作年在宋理宗景定三年壬戌（1262）三月，是則振孫之卒歲亦必在此年，拙著《陳振孫之生平及其著述研究》曾詳考之，[註1] 茲不贅。

〔註1〕拙著《陳振孫之生平及其著述研究》第三章〈陳振孫之仕履與行誼〉、第十一節、〈致仕與去世〉載：「後村景定元年九月兼權中書舍人，十一月除兵部侍郎兼中書舍人；二年八月再兼中書；三年三月，除權工部尚書，陞兼侍讀。是其撰作〈外制〉諸文字，最早不應超過景定元年九月，而最遲不應後於景定三年三月。又考《宋史》卷四十五〈本紀〉、第四十五〈理宗〉五載：『（景定二年）十二月……甲午，以……何夢然參知政事兼太子賓客。』是則〈外制〉之第一篇〈中大夫參知政事兼太子賓客何夢然贈三代〉必作於景定二年十二月。同書同卷〈理宗〉五又載：『（景定）三年春正月……庚午，賜賈似道宅於集芳園，給緡錢百萬，就建家廟。』則〈太傅右丞相兼樞密使兼太子少師魯國公賈似道贈高祖祖母〉之制必作於景定三年正月。同書同卷〈理宗〉五又載：『（景定三年）三月乙丑，以孫附鳳為端明殿學士，簽書樞密院事兼太子賓客。』則〈端明殿學士朝奉郎簽書樞密院事兼太子賓客孫附鳳贈三代〉之制，必作於景定三年三月。〈故通奉大夫寶章閣待制致仕陳振孫贈光祿大夫〉一篇既置於〈外制〉之末，即排在前述諸制之後，則其作年最早亦在景定三年壬戌（1262）三月之時。其後後村則除權工部尚書，陞兼侍讀，是則振孫之卒歲亦必在此年此月左右，固無疑矣。」

　　民國以還，撰文考訂或述及振孫生卒年者有多家，其中最早者厥為陳樂素先生。陳氏於民國三十五年（1946）十一月二十日發表〈《直齋書錄解題》作者陳振孫〉，刊載上海《大公報・文史周刊》第六期上。

　　該文「〈年歷〉」條下載：

　　　　劉克莊《後村大全集》卷七五所載〈故通奉大夫寶章閣待制致仕陳振孫贈光祿大夫制〉，居〈外制〉之末，〈參知政事何夢然封贈三代〉之後。據《宋史・宰輔表》，何夢然以景定二年（1261）十二月除參政；又據《後村集》附林希逸所撰〈行狀〉，則後村以景定二年辛酉八月再兼中書，三年壬戌三月除權工部尚書，陞兼侍讀；直齋蓋卒於景定二年或三年春，而必不在三年三月以後也。以嘉定中始任，至景定之卒，其間四十餘年，縱使未壯已仕，直齋壽亦當七十以上矣。

是陳氏以振孫卒於景定二年或三年春，其壽當七十以上。

　　民國七十二年（1983）八月，陳氏另撰〈略論陳振孫《直齋書錄解題》〉一文，發表於《中國史研究》1984年、第二期，其中論及振孫卒年則有異說。陳氏曰：

　　　　陳振孫的生卒年不詳。但劉克莊《後村大全集》卷七五，有〈故通奉大夫寶章閣待制致仕陳振孫贈光祿大夫制〉，列在〈參知政事何夢然封贈三代制〉之後；何夢然是理宗景定二年（1261）十二月除參政的（《宋史・宰輔表》）；而劉克莊則在景定二年八月再兼中書舍人，三年三月除工部侍郎升兼侍讀（《後村集》附林希逸撰〈行狀〉）。由此推知，陳振孫是卒於景定二、三年之間。他初仕大概在寧宗嘉定元年（1208），當溧水縣縣學教授，寫過一篇〈華勝寺碑記〉（見光緒《溧水縣志》）。假定初仕時是三十歲左右的人，那麼，到景定二年（1261），他已經是八十歲以上的人了。

是陳氏又改謂振孫壽在八十歲以上。

　　法人 Yves Hervouet 編《宋代書錄》（Bibliographie des Sung），該書〈書目類〉「《直齋書錄解題》」條亦考及振孫生卒年，其後潘銘燊撰〈宋代私家藏書考〉即據之。〔註2〕〈宋代書錄〉云：

〔註2〕潘文載見香港中文大學崇基學院所編之《華國》第六期。其文文末有〈參考及徵引書目〉，其「陳振孫」條云：「陳振孫（1190～1249）《直齋書錄解題》清光緒九年（1883）重刊本。」是潘氏言振孫生卒年，乃據《宋代書錄》也。

Chih-chai shu-lu chieh-t'i 直齋書錄解題，22ch.（'Catalogue of books with explanatory notices of the Chih Studio'）by Ch'en Chen-sun 陳振孫（T.Po-yu 伯于，H. Chih-chai 直齋），ca.1190-after 1249.

是《宋代書錄》以約西元 1190 年，即約光宗紹熙元年庚戌為振孫生年，而以西元 1249 年後，即理宗淳祐九年己酉後為其卒歲。惟此說不惟乏據，即其譯振孫之別字為「伯于」，則更屬錯誤之至，是故其可信度應甚可疑。

臺灣國立政治大學喬衍琯教授於民國六十九年（1980）六月出版《陳振孫學記》一書，〔註3〕其書第一章、〈傳略〉云：

> 振孫生年不詳。《宋代書錄・書目類・直齋書錄解題》條云，約一一九零年（光宗紹熙元年）生，則初仕溧水教授，年方二十一。疑生年當在前此數年，卒年則云在一二四九年（理宗淳祐九年）之後。雖未肯定，要俱相去不甚遠。而潘銘燊在〈宋代私家藏書考〉，乃削去疑辭，又不言其所據，則未可從。使振孫未強而仕，享壽逾七十矣。

據是，則喬氏考證振孫生卒年，大抵參照《宋代書錄》而略作推移；至其謂「使振孫未強而仕，享壽逾七十」，其所持論乃依倚陳樂素〈《直齋書錄解題》作者陳振孫〉一文，喬氏雖未言所據，然陳、喬二氏所考皆誤也。

拙著《陳振孫之生平及其著述研究》，其第三章、〈陳振孫之仕履與行誼〉、第十一節、〈致仕與去世〉中亦考及振孫生卒年，所得結論為：

> 綜上所考，振孫致仕在理宗淳祐十年庚戌（1250），時年七十，其卒歲在景定三年壬戌（1262）三月左右，春秋八十又二。由是而上溯，則振孫之生年，當為宋孝宗淳熙八年辛丑（1181）也。

然此一結論亦未盡允當。

考張先字子野，北宋仁宗時著名詞家，人稱「張三影」者。張先有〈十詠圖〉，描繪其父張維於吳興南園所作十首詩之種種內容。圖後有陳振孫長跋一篇。《十詠圖》，今人徐邦達曾見之。徐氏撰〈北宋張先十詠圖卷〉一文，〔註4〕中有云：

> 此〈十詠圖〉卷，到清乾隆年間收入內府，著錄在所編《石渠寶笈・續編》重華宮；同時阮元《石渠隨筆》亦記述此圖所畫的內容。一

〔註3〕《陳振孫學記》，民國六十九年（1980）六月初版，臺北文史哲出版社印行。
〔註4〕原刊 1995 年《翰海》秋季拍賣會特刊。

九九五年秋，原件我在北京見到了它。蓋此亦溥儀自故宮中攜出之物，後輾轉從偽滿長春偽宮流散出來的。

張先之圖為設色絹本，圖卷後之陳振孫長跋則另紙所寫。振孫跋文，周密《齊東野語》卷十五「〈張先十詠圖〉」條曾詳載之，惟闕載文末之署年，其署年於考證振孫生卒年至關重要。振孫〈跋〉文所記之署年為：

> 庚戌七月五日直齋老叟書，時年七十有二。後六年，從明叔借摹，併錄余所跋於卷尾而歸之。丙辰中秋後三日也。

〈跋〉署年左下方鈐「陳氏山房之印」六字，乃篆書陽文方印。考庚戌（1250）乃淳祐十年，據〈跋〉語知是年振孫七十二歲。後六年，即寶祐四年丙辰（1256），是年振孫七十八歲。據此上推，則振孫生於淳熙六年己亥（1179），其卒歲在景定三年壬戌（1262），則春秋八十有四。余前撰有〈陳振孫仕履年表〉，〔註 5〕及今觀之，其所繫年或錯誤不足據。茲據新考所得生卒年，另撰新表如下：

中　曆	西　元	行事或所任官職	年　齡
孝宗淳熙六年（己亥）	1179	振孫生。	一
寧宗嘉定元年（戊辰）	1208	任溧水縣教授，嘉定四年辛未（1211）去官歸。	三〇
嘉定六年（癸酉）	1213	補紹興府教授。	三五
嘉定十一年（戊寅）	1218	任鄞學教官。	四〇
嘉定十四年（辛巳）	1221	為南城縣宰。	四三
理宗寶慶三年（丁亥）	1227	充興化軍通判。	四九
紹定元年（戊子）	1228	除軍器監簿。	五〇
端平元年（甲午）	1234	除諸王宮大小學教授。	五六
端平三年（丙申）	1236	二月初六以朝散大夫知台州，兼權浙東提舉，常平茶鹽事；八月正除，十月二十八日到任。	五八
嘉熙元年（丁酉）	1237	五月改知嘉興府。	五九
嘉熙三年（己亥）	1239	四月十三日前後升浙西提舉。	六一
嘉熙四年（庚子）	1240	返湖州，向湖守王侑借《易林》校勘。	六二

〔註 5〕見《陳振孫之生平及其著述研究》第三章〈陳振孫之仕履與行誼〉，頁 186～187。

淳祐元年（辛丑）	1241	二月任職郎省。	六三
淳祐四年（甲辰）	1244	秋、冬間改除國子司業。	六六
淳祐十年（庚辰）	1250	以某部侍郎、通奉大夫除寶章閣待制致仕，家居雪川，修《吳興人物志》、《吳興氏族志》。	七二
景定三年（壬戌）	1262	三月間卒，贈光祿大夫。	八四

綜上所述，有關陳振孫之生卒年，陳、喬諸氏及余前所考得者均錯誤不足據。茲據振孫〈跋〉語署年推判，確知振孫生年在淳熙六年，又據其歿時在景定三年，則其卒年為八十四歲。余新考得此一結論，殆可成定讞矣。

民國八十九年元宵節撰於華梵大學東方人文思想研究所

（原刊《新亞學報》第二十卷、革新號）

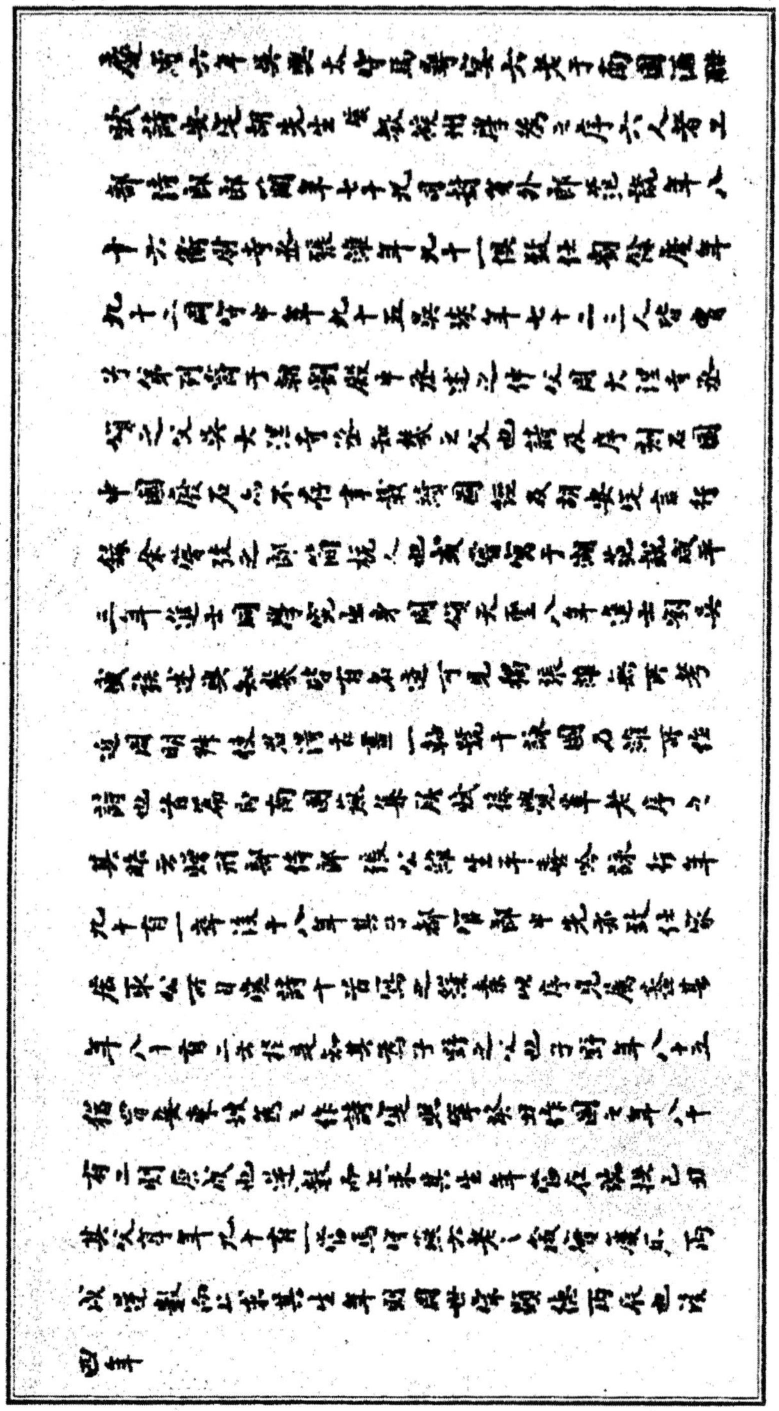

陳振孫〈吳興張氏《十詠圖》跋〉手迹

二、陳振孫文學創作考述

　　陳振孫以目錄學成就知名於時，然細讀其《直齋書錄解題・集錄》之部，可見其對先秦迄南宋之文學，有頗多真知灼見及理論見解；而對各朝代文學家及其文學成就，亦有甚確當之論述與恰如其份之褒貶，余於拙著《陳振孫之文學及其〈直齋書錄解題〉集錄考證》第二章處已就《解題》及相關文獻多舉實例，並一一分析之。由是觀之，振孫雖不能稱之為文學家，惟其對歷代文學固多所涉獵與深究矣，故其於《解題・集錄》鑽研所及，其中所呈現之褒貶及見解，均可被視作研究「陳振孫文學」之素材而應備受吾人重視者也。

　　陳振孫雖非文學家，惟亦有文學作品流傳後世。余前曾撰就《陳振孫之生平及其著述研究》，〔註1〕該書第六章乃〈陳振孫之其他著作〉，〔註2〕其中所采錄作品，計有史學著作《白文公年譜》一種，另〈華勝寺碑記〉、〈陳忠肅公祠堂記〉、〈重建碧瀾堂記〉等「記」三篇，〈崇古文訣序〉、〈寶刻叢編序〉等「序」二篇，〈玉臺新詠集後序〉、〈關尹子跋〉、〈易林跋〉、〈吳興張氏十詠圖跋及詩〉等「跋」四篇，〈律呂之說定於太史公考〉、〈貢法助法考〉等「考」二篇，另有〈皇祐新樂圖記題識〉一篇。其後，余又於《直齋書錄解題》中發現振孫尚有〈洛陽名園記跋〉一篇、〈追昔遊編題識〉、〈文章玄妙題識〉二篇，斯皆前所未嘗考論及者也，是則振孫所撰「跋」，凡五篇；「題識」之文，凡二篇矣。

　　綜上所列示振孫之作品，除《白文公年譜》以白居易生平事迹為內容，屬史學著作不計算外，則其文學作品，今猶可得而欣賞者，蓋凡十五篇。

　　以下擬將振孫之文學作品分類迻錄，並針對其實況進行考述如次：

〔註1〕該書收入臺灣臺北縣花木蘭文化出版社《古典文獻研究輯刊》第八編第十一、十二冊。2009 年 3 月增訂初版。

〔註2〕同註1，頁 341～408。

一、陳振孫之「記」

振孫所撰「記」體文章凡三篇，其首篇即為〈華勝寺碑記〉，其文曰：

嘉定四年十二月，邑教諭陳振孫記曰：「嘉定初，余為吏溧水。南出縣門二里，有寺曰華勝，間送迎賓客至其所。寺據南亭岡，右臨官道，為旁出。其南則贛船、馬鞍諸山，環列如屏障。北眺縣郭，市井屋木，歷歷可數。丈室後，稚松成林，蔥翠茂悅。由左而下，隙地十餘畝，井泉洌甘，仲竹半圍。其前稍空曠，誅茅為亭，與向之諸山相賓揖。余樂其境幽勝，每至，輒裴回不能去。顧寺猶草創，殊弗稱其境，僅有講堂、寢室及左廡數十楹而已。主僧宗應方聚材於庭，為興造計。余因叩以建置本末。應言：『寺本在邑西佛子墩，久廢。當紹興十七年，吳興僧如日駐錫此地，得古井焉，浚之以飲行旅。縣民倪實為卓庵其傍。至乾道五年，始請於郡，得寺之故名，揭之。日年九十餘死，其徒嗣之者志常；常老，以屬宗應，由紹興迄今，六十餘年矣。邑無富商大賈，其民力農而嗇施；無深林壽木，作室者常取材他郡。寺無常產，丐食足日，斂其餘，銖銖積之，綿歲月適能集一事，故祖孫三世所就僅若此。今將為門，為右廡，即廡為翰藏；所未暇者：佛廬、鐘閣，役最大，度未易彊勉。以吾三世六十餘年所不能為之事，而欲以一身數年之力為之哉！姑盡吾力，以為前所欲為者。幸而有成，則與求文刻石，為記其已成者，以期其未成者。方將有請於君，而未敢也。』會歲薦饑，弗果役。三年，余去官歸。其冬，應以書來曰：『役且畢矣，向所言者，今無不酬，石具而未有文，敢以請。』書再至，請益勤，余不獲辭。釋氏行乎中土千餘歲，余生長浙右，見其徒皆赤手興大役，捐金輸盡，聞者爭勸。其規制奢廣，飛檐傑棟，金碧晃耀，往往談笑而成之，視應所為，若不足乎紀。顧俗有富貧，緣法有深淺，以彼其易，以此其難，所遭者固殊焉。要之，釋氏之教，以空攝有。所謂華嚴樓閣，克遍十方；毘耶室中，容納廣坐；回觀世間諸所有相，皆是虛妄，尚復區區較計於規摹之廣狹、功力之難易哉！均之以有為法作佛事，而其艱勤積累，苦行勞力，視夫因順乘便，持福禍之說以聳世俗，而為媮食安座之資者，猶愈也。故樂為之書。」

案：振孫〈碑記〉之文，載見《溧水縣志》卷二十、〈二氏志·寺觀類〉。〔註3〕據文首所記年月，可推知此篇乃作於宋寧宗嘉定四年辛未（1211），時振孫正卸任溧水縣教授未久。〔註4〕有關〈碑記〉之文學特色與成就，前撰《陳振孫之生平及其著述研究》曾予評述，茲迻錄如次：

> 案：直齋撰作此〈碑記〉，行文謹嚴而有法度，確具匠心。文首寫華勝寺周遭景物，筆法雄奇雅健，得柳子厚模山範水意趣。繼述華勝寺建置本末，由主僧宗應絮絮道來，娓娓可聽。文末夾敘夾議，所記浙右僧徒與信眾捐金建寺，飛檐傑棟，談笑而成。是段文字，直可作南宋佛教建築史觀。至直齋所論釋氏「以空攝有」之義，亦深入肯綮。蓋直齋博極群書，兼通內典，《解題》卷十二、〈釋氏類〉所收佛教典籍甚富，讀此〈碑記〉，更足證直齋既冠後，已涵泳浮屠典籍，故此篇議論風發，造意精微，且不墜釋氏宗旨。〔註5〕

是則振孫撰此「記」之成就，殆可覘之。

振孫所撰「記」，其第二篇乃〈陳忠肅公祠堂記〉，其文云：

> 故贈諫議大夫忠肅陳公，立朝著節，為宋名臣，去之百有餘歲，其精忠確論，絕識危行，士無賢不肖，皆口誦心慕，磊磊落落，若前日事。孟子有言：「奮乎百世之上，百世之下聞者，莫不興起也。」公之謂矣。始公事祐陵，為諫官，首論蔡京交結外戚，謫監當。未幾，以司攝夕拜，又坐上時相書，言私史、邊費，謫外祠；遂入黨籍，遷嶺表。甫自便，則又以子訟蔡氏不軌，謫通川；以進《尊堯集》，謫天台。晚稍牽復，則又以飛語連徙南康、山陽以歿。其平生出處本末如此。知、仁、勇，天下之達德也。士生斯世，維其知不足以知，勇不足以行，仁不足以守，則至於敗名喪節，失國負身而不恤。夫既知之矣，而行之或不決，守之或不固者，亡他焉，其知之非真知故也。是故三達德，以知為首，而《大學》、《中庸》之教，必於明德、明善拳拳焉。公之攻蔡氏不遺餘力，至以射馬擒王為喻。凡人孰不樂富貴而悲貧賤，公視美官若將浼己，而甘心於廢放竄斥；凡人之蒙患難，始而安，中而悔，終而變者有矣。公坐謫至六七不

〔註3〕《溧水縣志》，清傅觀光主纂、丁維誠纂輯，臺北成文出版社民國五十九年據清光緒九年刊本影印。

〔註4〕請參考同註1，第三章第一節，頁42～44。

〔註5〕請參考同註1，第六章第三節，頁357～358。

變，卒窮以死，可謂行之決而守之固矣。其論絕滅史學，比之王衍，謂必有南北分裂之禍。方是時，天下承平，不見牙孽；未三十年而其言信，雖灼兆食墨，撲蓍命縣，不足喻其先見之審也。公之所以大過人者，豈非《大學》、《中庸》所謂明德、明善之君子，而兼天下之達德者歟！公之在台凡五年，始至，無以居，借僦皆莫與；末迺寓寶城之僧舍，故老相傳，能指其處。紹定癸巳，趙侯為州，訪公遺跡而得之。深惟昔賢遷謫之地，往往有祠，以見其高山景行之意，如韓文公之於潮、蘇文忠公之於黃，邦人至今奉嘗不懈。台人之於公，不可以莫之知也，迺即其處而祠焉。明年正月祠成，擇郡士林表民掌之，取田之在官者十有二畝，畀寺僧以為晨香夕燈之費，而屬振孫為之記。後學不佞，何足以識先儒之大節，竊嘗論之，其事如右，遂書以遺台人，使刻之。侯名必願，丞相忠定公嗣孫。妙年擢世科，立身有家法，為政識大體，歷數郡皆有循聲能名，他舉錯率類是，不盡紀。今以直秘閣，知婺州。

案：振孫此文，載見南宋林表民所編《赤城集》卷八。文中提及之陳忠肅，名瓘，字瑩中，南劍州沙縣人，《宋史》卷三百四十五、〈列傳〉第一百四有傳。振孫此〈記〉，於忠肅大節，推崇備至，均符史實。文中之趙必願，或作必愿，字立夫，丞相忠定公趙汝愚嗣孫，《宋史》卷四百一十三、〈列傳〉第一百七十二有傳。其傳略云：

> （紹定六年癸巳），詔依舊主管官告院兼知台州，一循大父之政，察民疾苦，撫摩凋瘵，修養濟院，建陳瓘祠，政教兼舉。端平元年，以直秘閣，知婺州。

是趙汝愚亦嘗知台州，故必愿乃得「一循大父之政」。史謂必愿「建陳瓘祠」，參證振孫此〈記〉，是祠始建於紹定六年（1233），而成於端平元年（1234）正月。惟祠成未久，必愿即「以直秘閣，知婺州」，故振孫〈記〉云：「今以直秘閣，知婺州。」〈記〉與史傳正相吻合。振孫此〈記〉末數語，頗暗示出〈記〉之作年。竊謂必愿既知台州，嘗訪陳瓘遺跡而建祠紀念，則其對瓘崇敬欽仰，固不在振孫之下；至祠成之日，必愿離台州而改知婺州。故未及為祠堂作〈記〉；振孫既知台州，乃以此事相囑矣。據此推判，則〈記〉之作年當為端平三年（1236），而其時必愿已在婺州任也。〔註6〕

〔註6〕請參考同註1，第六章第七節，頁374～376。

振孫所撰第三篇「記」為〈重建碧瀾堂記〉，乃闕文。全文現僅存「鏡波藍浪，萬頃空闊」八字，見元人韋居安《梅磵詩話》卷上。《梅磵詩話》載：

> 吾鄉地瀕具區，故郡以湖名。葉水心為趙守希蒼作〈勝賞樓記〉，有「四水會於雲溪，鏡波藍浪」等語；然直齋為吳守子明記重建碧瀾堂，亦云：「鏡波藍浪，萬頃空闊。」以是觀之，則水晶宮之稱，非浪得也。環城數十里，彌望皆菰蒲芰荷，城中月河、蓮花莊一帶亦然。余賞愛楊廷秀〈過雪川大溪〉詩數語，形容最佳。詩云：「菰蒲際天青無邊，只堪蓮蕩不堪田。中有一溪元不遠，摺作三百六十灣。正如綠錦衣地上，玉龍盤屈於其間。」味此詩，則雪之勝概大略可見。

讀《梅磵詩話》此條，是知直齋此〈記〉，祇存者「鏡波藍浪，萬頃空闊」八字耳，而前四字且采自葉適〈勝賞樓記〉也。〔註7〕此「記」有若七寶樓臺，僅存片礫，固可惋矣！

二、陳振孫之「序」

振孫所撰「序」，現可見者凡二篇，首篇乃〈崇古文訣序〉。《崇古文訣》一書，乃宋樓昉所編著，而〈序〉則見載清陸心源《皕宋樓藏書志》卷一百十四、〈集部・總集類〉「《迂齋先生標注崇古文訣》二十卷」條，惟序首有闕文，文中有闕字。其〈序〉曰：

> 上缺則又何足以為文，迂齋樓□文名於時，士之從其游者一□□援，皆有師法。閒嘗采集先□□以來迄於今世之文，得一百六十有八篇，為之標注，以誥學者。凡其用意之精深、立言之警拔，皆深索而表章之，蓋昔人所以為文之法備矣。振（孫）觀公之去取，至於伊川先生講筵二〈疏〉，與夫致堂、澹齋二胡所上高廟〈書〉，彼皆非蘄以文著者也，而顧有取焉，毋亦道統之傳，接續孔、孟，忠義之氣，貫通神明，殆所謂有本者，非耶？然則公之是編，豈徒文而已哉！昔之論文者，曰文以氣為主，又曰文者貫道之器也。學者其亦以是觀之，則得所以為文之法矣。公名昉，字暘叔，鄞人；迂齋，其自謂也。寶慶丙戌嘉平月既望，永嘉陳振孫序。

〔註7〕請參考同註1，第六章第十三節，頁405～408。

案:《解題》卷十五、〈總集類〉載:

> 《迂齋古文標注》五卷,宗正寺簿四明樓昉暘叔撰。大略如呂氏《關
> 鍵》,而所取自《史》、《漢》,而下至於本朝,篇目增多,發明尤精
> 當,學者便之。

同卷〈總集類〉又載:

> 《古文關鍵》二卷,呂祖謙所取韓、柳、歐、蘇、曾諸家文,標抹
> 注釋,以教初學。

據上所引,竊疑《解題》著錄之《迂齋古文標注》,亦即《皕宋樓藏書志》著
錄之《迂齋先生標注崇古文訣》,二者同書而異名。惟前者作五卷,後者作二
十卷。而此書亦有作三十五卷者,《皕宋樓藏書志》同卷、〈集部·總集類〉
載:

> 《新刊迂齋先生標注崇古文訣》三十五卷,明吳邦楨刊本。宋樓昉編。
> 姚珤序,寶慶丁亥。陳森跋。寶慶三禩。

是此書明吳邦楨所刊本即作三十五卷,乃新刊本。蓋三書所收材料迭有遞增,
至遞增實況若何,斯則容俟研究樓書版本者詳考之。

　　迂齋既師事呂東萊,故其《崇古文訣》乃一本呂氏《古文關鍵》以為選
文標注之準的,俾誘來學。凡文之用意精深,立言警拔者,皆深索而表章之。
茲所流傳之振孫〈序〉,〈序〉首雖有闕文,然全篇評騭允當。如〈序〉謂迂
齋所取「毋亦道統之傳,接續孔、孟,忠義之氣,貫通神明,殆所謂有本者,
非耶」?又謂「昔之論文者,曰文以氣為主,又曰文者貫道之器也。學者其
亦以是觀之,則得所以為文之法矣」。蓋迂齋所甄選者,多為程伊川、胡致堂、
胡澹齋之文,此類文章皆貫道之作,非僅蘄以文著者也。振孫之〈序〉,作於
宋理宗寶慶二年丙戌(1226)嘉平(十二)月既望,考其時,振孫將充興化
軍通判矣。〔註8〕

　　振孫另一序文乃〈寶刻叢編序〉。《寶刻叢編》,南宋臨安人陳思所編著,
而振孫為之序。其〈序〉云:

> 始歐陽兖公為《集古錄》,有卷秩次第,而無時世先後。趙德甫《金
> 石錄》,迺自三代、秦漢而下敘次之,而不著所在郡邑。及鄭漁仲作
> 《系時》、《系地》二錄,亦疏略弗備。其他如《諸道石刻錄》、《訪
> 碑錄》之類,於所在詳矣,而考訂或雜焉。都人陳思償書於都市,

〔註8〕請參考同註1,第六章第五節,頁365~371。

士之好古博雅，蒐遺獵忘，以足其所藏；與夫故家之淪墜不振，出
其所藏以求售者，往往交於其肆。且售且償，久而所閱滋多，望之
輒能別其真贗，一旦盡取諸家所錄，輯為一編，以今九域、京府、
州縣為本，繫其名物於左，昔人辨證審定之語，具著之。既鋟木，
首以遺余，求識其端。凡古刻所以貴重於世，歐陽公以來言之悉矣，
不待余言。余獨感夫古今宇宙之變，火焚水漂，陵隳谷堙，雖金石
之堅不足保恃，載祀悠緬，其毀勿存，存弗全者，不勝數矣。矧今
河洛尚隔版圖，其幸而存且全可椎榻者，非邊牙市不可得，得或賈
兼金，固不能家有而人見之也；則得是書而觀之，猶可想象彷彿於
上下數千載間，其不謂之有補於斯文矣乎！思，市人也，其為是編，
志於償而已矣，而於斯文有補焉；視他書坊所刻，或蕪釀不切，徒
費板墨、靡樅楮者，可同日語哉！誠以是獲厚利，亦善于擇術矣。
余故樂為之書，是亦柳河東述宋清之意云爾。紹定辛卯小至，直齋
陳伯玉父。

案：振孫此〈序〉，末署「紹定辛卯小至，直齋陳伯玉父」。是〈序〉乃撰就
於宋理宗紹定四年辛卯（1231）小至日，即冬至前一日也，其時振孫在軍器
監簿任中。〈序〉首歷論歐陽修《集古錄》、趙明誠《金石錄》、鄭樵《系時
錄》、《系地錄》及《諸道石刻錄》、《訪碑錄》諸書，皆指責其短，極具卓識。
至陳思以一市人，償書於臨安市上，乃能蒐求好古博雅君子所需及淪墜不振
故家所藏金石名碑，並一旦盡取諸家之所錄，而輯為《叢編》。振孫謂其書
以宋之九域、京府、州縣為本，而繫其名物於左，至前人辨證審定之語亦著
焉，所輯別具理致，確有補於斯文者矣。《叢篇》凡二十卷，資料至富贍。
〔註9〕

三、陳振孫之「跋」

振孫所撰「跋」，茲可得者凡六篇。首篇為〈玉臺新詠集後序〉。考《玉
臺新詠》，南朝陳徐陵編。《解題》卷十五、〈總集類〉著錄此書，曰：

《玉臺新詠》十卷，陳徐陵孝穆集，且為作〈序〉。

惟《解題》並未附載振孫〈後序〉。〈後序〉，最早見於明人趙均小宛堂覆宋本《玉
臺新詠》，陸心源《皕宋樓藏書志》卷一百十二、〈總集類〉一轉錄之，曰：

〔註9〕請參考同註1，第六章第六節，頁371～374。

右《玉臺新詠集》十卷，幼時至外家李氏，於廢書中得之，舊京本也。宋失一葉，間復多錯謬，版亦時有刓者，欲求他本是正，多不獲。嘉定乙亥在會稽，始從人借得豫章刻本，財五卷，蓋至刻者中徙，故弗畢也。又聞有得石氏所藏錄本者，復求觀之，以補亡校脫，於是其書復全，可繕寫。夫詩者，情之發也。征戍之勞苦，室家之怨思，動於中而形於言，先王不能禁也。豈惟不能禁，且逆探其情而著之，〈東山〉、〈杕杜〉之詩是矣。若其他變風化雅，謂「豈無膏沐，誰適為容」、「終朝采綠，不盈一掬」之類，以此《集》揆之，語意未大異也。顧其發乎情則同，而止乎禮義者蓋鮮矣！然其間僅合者亦一二焉。其措詞託興高古，要非後世樂府所能及。自唐《花間集》已不足道，而況近代狹邪之說，號為以筆墨動淫者乎！又自漢魏以來，作者皆在焉，多蕭統《文選》所不載，覽者可以睹歷世文章盛衰之變云。是歲十月旦日書其後，永嘉陳玉父。

案：《後序》末之「永嘉陳玉父」，乃「永嘉陳振孫伯玉父」之誤，文字有訛脫。拙著《陳振孫之生平及其著述研究》第三章〈陳振孫之仕履與行誼〉、第二節〈補紹興府教授〉中詳考之矣，茲不贅。〔註10〕振孫〈後序〉撰就於宋寧宗嘉定八年乙亥（1215），振孫時三十七歲，在紹興府教授任。據〈後序〉所記，振孫整治《玉臺新詠》，最初所得之本，乃舊京本（即北宋汴京本），書乃取自外家李氏。《解題》卷十七、〈別集類〉中載：

> 《丁永州集》三卷，知永州吳興丁注葆光撰。元豐中余中榜進士。
>
> 喜為歌詞，世所傳〈催雪·無悶〉及〈重午·慶清朝〉，皆有承平閒
>
> 雅氣象。有女適樂清令富春李素見素，實先妣之大父母也。

觀《解題》此條，是李素乃振孫外曾祖父，其妻丁氏則振孫外曾祖母也。〈後序〉所言「外家李氏」者，即指富春李素家，《玉臺新詠集》十卷舊京本，當取自李素後人也。此本「宋失一葉」，所失之葉即在卷第四。又此本多錯謬，版亦時有刓者，振孫不得已乃從人借得豫章刻本，才五卷；又求觀於石氏所藏錄本，以為補亡校脫，其書始得復全，可繕寫。振孫所補校之《玉臺新詠》，其後有宋本刊行，明崇禎六年癸酉（1633）趙均小宛堂有覆宋本，即據振孫此本，故覆宋本書後仍附振孫〈後序〉也。〔註11〕振孫〈後序〉評《玉臺新

〔註10〕請參考同註1，第三章第二節，頁51～52。
〔註11〕請參考同註1，第六章第三節，頁358～363。

詠》，既謂其與《詩經》變風化雅「語意未大異」；又謂「其措詞託興高古，要非後世樂府所能及」；評價頗高。然又謂《玉臺新詠》所收作品，「顧其發乎情則同」乎《詩經》，「而止乎禮儀者蓋鮮矣」。振孫知其妍亦知其疵，其所批評亦可謂優劣兼貶矣！

振孫所撰〈關尹子跋〉則為其跋文第二篇。有關《關尹子》一書，《解題》卷九、〈道家類〉著錄：

> 《關尹子》九卷，周關令尹喜，蓋與老子同時，啟老子著書言道德者。案〈漢志〉有《關尹子》九篇，而〈隋〉、〈唐〉及〈國史志〉皆不著錄，意其書亡久矣。徐藏子禮得之於永嘉孫定，首載劉向校定〈序〉，篇末有葛洪〈後序〉。未知孫定從何傳授，殆皆依託也。〈序〉亦不類向文。

案：今人張心澂《偽書通考》上海商務印書館 1957 年 11 月三版修訂本，其書〈子部・道家類〉載有振孫撰〈關尹子跋〉，較諸《解題》多出一百一十二字，惜張氏未注明其引文所依據與出處。茲將原〈跋〉迻錄如次：

> 陳振孫曰：「周關令尹喜蓋與老子同時，啟老子著書言道德者。按〈漢志〉有《關尹子》九篇，而〈隋〉、〈唐〉及〈國史志〉皆不著錄，意其書亡久矣。徐藏子禮得之於永嘉孫定。首載劉向校定〈序〉；篇末有葛洪〈後序〉。未知孫定從何傳授？殆皆依託也。〈序〉亦不類向文。今考其書，時取釋氏及神仙方伎家，如識想起滅，暨嬰兒蕊女、金樓絳宮之類，周時或無是語也。至豆中攝鬼，杯中釣魚，又似漢、晉間左慈、郭景純事。豈本書存而或附益之歟？抑假託者歟？然文詞峻潔，闡揚道意，深得二氏肯綮，非冥契玄解者不能作也。謂為關令書，則不可必爾。丁丑夏日志。」《書錄解題》〔註12〕

案：振孫此〈跋〉，末署「丁丑夏日」，即為宋寧宗嘉定十年（1217），是年振孫三十九歲，蓋在紹興教授任也。《偽書通考》修訂本徵引此條，較館本《解題》多出之文字，正全篇精華所在，蓋乃辨《關尹子》為偽書之考證也，微此一節，全文真黯然失色矣！此段文字，余嘗檢明宋濂《文憲集》卷二十七、〈諸子辨・關尹子〉條，確知宋濂得讀之《關尹子》亦有此節，故《偽書通考》修訂本所載，殊非杜撰，可確信也。〔註13〕

〔註12〕振孫〈關尹子跋〉，見載張心澂《偽書通考》，上海，商務印書館，1957 年 11 月三版（修訂本），頁 803。

〔註13〕請參考同註1，第六章第四節，頁 363～365。

　　振孫第三篇「跋」文為〈易林跋〉。考漢焦延壽《易林》一書，《解題》亦有著錄。《解題》卷十二、〈卜筮類〉載：

　　　　《易林》十六卷，漢小黃令梁焦延壽贛撰。又名《大易通變》。唐會昌丙寅越五雲谿王俞〈序〉。凡四千九十六卦，其辭假出於經史，其意雅通於神祇。蓋一卦可以變六十四也。舊見沙隨程迥所記，南渡諸人以《易林》筮國事，多奇驗。求之累年，寶慶丁亥始得之莆田，皆韻語古雅，頗類《左氏》所載繇辭，或時援引古事。閒嘗筮之，亦驗。頗恨多脫誤，嘉熙庚子從湖守王寺丞侑借本，兩相校，十得八九。其中亦多重複，或諸卦數爻共一繇，莫可考也。

至朱彝尊《經義考》卷六、「《易林變占》」條則載：

　　　　陳振孫曰：「又名《大易通變》。唐會昌景寅越五雲谿王俞〈序〉。凡四千九十六卦，蓋一卦可以變六十四也。」又曰：「舊見沙隨程氏所紀：紹興初，諸公以《易林》筮時事，奇驗。求之多年，寶慶丁亥始得其書於莆田，錄而藏之。皆韻語古雅，頗類《左氏》所載繇辭。閒嘗筮之，亦驗。獨恨多脫誤，無他本是正。嘉熙庚子自吳門歸雲川，偶為鄉守王寺丞侑道之，因以家藏本見假，雖復多脫誤，而用兩本參互相校，十頗得八九，於是兩家所藏，皆成全書。其間亦重複，或數爻共繇，莫可稽究。校畢，歸其書王氏，而誌其校正本末於此。淳祐辛丑五月。」

案：將《解題》之「《易林》」條，與《經義考》之《易林變占》條「陳振孫曰」相較，二者所著錄實同屬一書，而後者記載較詳明。從文章撰作體裁觀之，《經義考》所載，明顯為校讎後之跋文，故文末有「校畢，歸其書王氏，而誌其校正本末於此」諸語，則此〈跋〉當誌於《易林變占》書上，是亦可稱之為〈易林跋〉矣！今人陳樂素則稱此〈跋〉為「識語」，樂素所撰〈略論陳振孫直齋書錄解題〉八〈解題的傳本〉，於徵引《解題》「《易林》」條後，亦迻錄《經義考》「《易林變占》」條，惟樂素竟抄脫三十七字，亦可謂失慎之至矣。樂素其後續曰：

　　　　這是一篇識語。《經義考》引自《解題》，還是朱彝尊有《易林變占》這部書，書中有陳振孫這篇識語？不易斷定。但《通考·經籍考》和現行武英殿本《解題》所載，顯然是一篇節文，不如識語詳明。

樂素疑朱彝尊有《易林變占》一書，上有振孫識語；此與愚見相合。至其謂
《解題》所載為節文，故不如識語詳明；此說則未盡然。蓋《解題》之撰作，
自有其體例，與題跋顯有不同。例如題跋文末可明署寫成年月，《解題》大可
不必，否則即為蛇足矣。是故《解題》此條，盡符目錄書體例，且內容適當，
殊非節文；樂素所言，未甚愜當。

　　據〈易林跋〉文末署年，此〈跋〉蓋撰於宋理宗淳祐元年辛丑（1241）
五月，其時振孫剛離浙西提舉任未久，故〈跋〉有「嘉熙庚子自吳門歸霅川」
之語。案：嘉熙庚子，即嘉熙四年（1240）；吳門即平江府，乃浙西提舉治所
之地。霅川，即吳興，振孫故里也。余前撰《陳振孫之生平及其著述研究》
第三章〈陳振孫之仕履與行誼〉、第九節〈知嘉興府與升浙西提舉〉，曾疑振
孫離浙西提舉任不遲於淳祐元年（1241）二月；茲依此〈跋〉，則知其準確之
年應為嘉熙庚子。是則前所疑振孫離任歲月，猶幸與事實相距匪遙。至〈易
林跋〉中「嘉熙庚子自吳門歸霅川，偶為鄉守王寺丞侑道之，因以家藏本見
假，雖復多脫誤，而用兩本參互相校，十頗得八九」一段，《解題》僅作「嘉
熙庚子從湖守王寺丞侑借兩本相校，十得八九」，文辭雖較簡潔；獨惜刪去「自
吳門歸霅川」六字，反使振孫離任後曾返霅川一事隱沒無聞。是又《解題》
文字之簡潔，猶不若〈跋〉文記述詳明為尤愈也。〔註14〕

　　振孫第四篇「跋」乃〈吳興張氏十詠圖跋及詩〉。此篇見載南宋周密《齊
東野語》卷十五、「〈張氏十詠圖〉」條，其辭曰：

　　先世舊藏〈吳興張氏十詠圖〉一卷，乃張子野圖其父維平生詩，有
　　十首也。其一〈太守馬太卿會六老於南園〉，云：「賢侯美化行南國，
　　華髮欣欣奏宴娛。政績已聞同水薤，恩輝遂喜及桑榆。休言耳外榮
　　名好，但恐人間此會無。他日定知傳好事，丹青寧羨〈洛中圖〉。」
　　其二〈庭鶴〉，云：「戢翼盤桓傍小庭，不無清夜夢煙汀。靜翹月色
　　一團素，閑啄苔錢數點青。終日稻粱聊自足，滿前鷄鶩漫相形。已
　　隨秋意歸詩筆，更與幽樓上畫屏。」其三〈蝴蝶花〉，云：「雪朵中
　　間蓓蕾齊，驟聞尤覺繡工遲。品高多說瓊花似，曲妙該將玉笛吹。
　　散舞不休零晚樹，團飛無定撼風枝。漆園如有須為夢，若在藍田種
　　更宜。」其四〈孤帆〉，云：「江心雲破處，遙見去帆孤。浪闊疑升
　　漢，風高若泛湖。依微過遠嶼，彷彿落荒蕪。莫問乘舟客，利名同

<hr>

〔註14〕請參考同註1，第六章第九節，頁382～388。

一途。」其五〈宿清江小舍〉，破損，僅存一句云：「菰葉青青綠荇齊。」其六〈歸燕〉，云：「社燕秋歸何處鄉，群雛齊老稻青黃。猶能時暫棲庭樹，漸覺稀疏度苑牆。已任風庭下簾幕，却隨煙艇過瀟湘。前春認得安巢所，應免差池揀杏樑。」其七〈聞砧〉，云：「遙野空林砧杵聲，淺沙棲雁自相鳴。西風送響暝色靜，久客感秋愁思生。何處征人移塞帳，即時新月落江城。不知今夜擣衣曲，欲寫秋閨多少情。」其八〈宿後陳莊〉，云：「臘凍初開苕水清，煙村遠郭漫吟行。灘頭斜日鳧鷖隊，枕上西風鼓角聲。一棹寒燈隨夜釣，滿犁膏雨趁春耕。誰言五福仍須富，九十年餘樂太平。」其九〈送丁遜秀才赴舉〉，云：「鵬去天池鳳翼隨，風雲高處約先飛。青袍賜宴出關近，帶取瓊林春色歸。」其十〈貧女〉，云：「萬簪掠鬢布裁衣，水鑑雖明亦嬾窺。數畝秋禾滿家食，一機官帛幾梭絲。物為貴寶天應與，花有秋香春不知。多少年來豪族女，總教時樣畫蛾眉。」孫覺莘老序之云：「富貴而壽考者，人情之所甚慕；貧賤而夭短者，人情之所甚哀。然有得於此者，必遺於彼。故寧處康強之貧、壽考之賤，不願多藏而病憂、顯榮而夭短也。贈尚書刑部侍郎張公諱維，吳興人。少年學書，貧不能卒業，去而躬耕以為養。善教其子，至於有成。平居好詩，以吟詠自娛。浮游閭里，上下於谿湖山谷之間，遇物發興，率然成章。不事彫琢之巧、采繪之華，而雅意自得，徜徉閑肆，往往與異時處士能詩者為輩。蓋非無憂於中，無求於世，其言不能若是也。公不出仕，而以子封至正四品，亦可謂貴；不治職，而受祿養以終其身，亦可謂富：行年九十有一，可謂壽考。夫享人情之所甚慕，而違其所哀，無憂無求，而見之吟詠，則其自得而無怨懟之辭，蕭然而有沈澹之思，其亦宜哉！公卒十八年，公子尚書都官郎中先亦致仕家居，取公平生所自愛詩十首，寫之縑素，號〈十詠圖〉，傳示子孫，而以序見屬。余既愛侍郎之壽、都官之孝，為之序而不辭。都官字子野，蓋其年八十有二云。」此事不詳於郡志，而張維之名亦不顯，故人少知者。會直齋陳振孫貳卿方修《吳興志》，討摭舊事，見之大喜，遂傳其圖，且詳考顛末，為之〈跋〉云：「慶曆六年，吳興郡守宴六老於南園，酒酣賦詩，安定胡先生瑗教授湖學，為序其事。六人者，工部侍郎郎簡年七十九，司封員外

郎范說年八十六，衛尉寺丞張維年九十一，俱致仕。劉維慶年九十二，周守中年九十五，吳琰年七十二，皆有子弟列爵於朝。劉，殿中丞述之仲父；周，大理丞頌之父；吳，大理丞知幾之父也。詩及序刻石園中，園廢，石亦不存。其事見《圖經》及《安定言行錄》。余嘗考之，郎簡，杭人也，或嘗寓於湖。范說，治平三年進士，同學究出身。周頌，天聖八年進士。劉、吳盛族，述與知幾皆有名蹟可見，獨張維無所考。近周明叔史君得古畫三幅，號〈十詠圖〉者，乃維所作詩也。首篇即南園宴集所賦，孫覺莘老序之，其略云云。於是始知維為子野之父也。時熙寧五年，歲在壬子，逆數而上八十二年，子野之生當在淳化辛卯，其父享年九十有一，正當為守。會六老之年，實慶曆丙戌。逆數而上九十一年，則周世宗顯德丙辰也。後四年宋興，自是日趨太平極盛之世，及於熙寧、元豐，再更甲子矣。子野於其間，擢儒科，登膴仕，為時聞人，贈其父官四品，仍父子皆耄期，流風雅韻，使人遐想慨慕不能已，可謂吾鄉衣冠之盛事矣。世固知有子野，而不知有其父也。自慶曆丙戌後十八年，子野為〈十詠圖〉，當治平甲辰；又後八年，孫莘老為太守，為之作〈序〉，當熙寧壬子；又後一百七十七年，當淳祐己酉，其〈圖〉為好古博雅君子所得。會余方緝《吳興人物志》，見之如獲拱璧，因細考而詳錄之，庶幾不朽於世。其詩亦清麗閑雅，如『灘頭斜日鳧鷖隊，枕上西風鼓角聲』，又『花有秋香春不知』，皆佳句也。子野之墓在卞山多寶寺，今其後影響不存矣。此〈圖〉之獲，豈不幸哉！本朝有兩張先，皆字子野。其一博州人，天聖三年進士，歐陽公為作〈墓志〉；其一天聖八年進士，則吾州人也。二人名姓字偶皆同，而又適同時，不可不知也。」且賦詩云：「平生聞說張三影，〈十詠〉誰知有乃翁。逢世昇平百年久，與齡耆艾一家同。名賢敘述文章好，勝事流傳繪素工。遐想盛時生恨晚，恍如身在畫圖中。」南園故址在今南門內，牟存叟端平所居是也。其地尚為張氏物，先君為經營得之。存叟大喜，亦嘗賦五絕句，其一云：「買家喜傍水晶宮，正是南園故址中。我欲築堂名『六老』，追還慶曆太平風。」蓋紀實也。余家又偶藏子野詩一帙，名《安六集》，舊京本也。鄉守楊嗣翁見之，因取刻之郡齋。適二事皆出余家，似與子野父子有緣耳。

案：《齊東野語》此條，不惟記及振孫致仕鄉居修輯《吳興人物志》情事，更難得者則為載及振孫〈張氏十詠圖跋及詩〉。至振孫遐想慨慕北宋昇平盛世之情懷，於跋語及所賦詩中均足以覘之。振孫撰此〈跋〉後，繼附以詩。詩乃七律一首。首二句及頷聯均寫張維、張先父子事。張三影指先，乃翁指維，〈十詠詩〉正維所作也。維、先父子，皆生逢北宋盛世；維卒年九十一，先卒八十九，故頷聯二句詠之。頸聯「名賢」云云，指胡瑗與孫覺作〈序〉事，惜胡〈序〉散佚，不可見矣。〈十詠詩〉後繪為圖三幅，〈跋〉謂：「近周明叔史君得古畫三幅，號〈十詠圖〉者，乃維所作詩。」此即詩所云「〈十詠〉誰知有乃翁」及「勝事流傳繪素工」之意。末二句則亦感慨系之，振孫生值南宋戎馬倥傯之時，而遙想承平，恨已生之晚，乃哀思無窮，不覺將一腔幽恨，流諸楮墨間矣。

振孫此〈跋〉與〈詩〉之作年，蓋在淳祐十年庚戌（1250）振孫致仕家居後，故《齊東野語》謂：

> 會直齋陳振孫貳卿方修《吳興志》，討摭舊事，見之大喜，遂傳其〈圖〉，且詳考顛末，為之〈跋〉云。

蓋振孫致仕後，欲修《吳興志》，討摭舊事，因得周晉所藏〈張氏十詠圖〉，乃喜而跋之，且附〈詩〉以詠其事。淳祐十年，振孫年七十二，已過古稀矣。〔註15〕

振孫第五篇「跋」乃〈洛陽名園記跋〉，附見《解題》卷八、〈地理類〉、「《續成都古今集記》二十卷」條，其條曰：

> 《續成都古今集記》二十卷，知府事王剛中居正撰。定紹興三十年。
> 余嘗手寫〈洛陽名園記〉，而題其後曰：「晉王右軍聞成都有漢時講堂，秦時城池、門屋、樓觀，慨然遠想，欲一遊目。其〈與周益州帖〉，蓋數致意焉。近時呂太史有感於宗少文臥遊之語，凡昔人記載人境之勝，錄為一編。其奉祠亳社也，自以為譙、沛真源，恍然在目，而兗之太極、嵩之崇福、華之雲臺，皆將臥遊之。噫嘻！弧矢四方之志，高人達士之懷，古今一也。顧南北分裂，蜀在境內，雖遠，患不往爾，往則至矣。亳、兗、嵩、華，視蜀猶邊封也，欲往，其可得乎？然則太史之情，其可悲也已！余近得此〈記〉，手寫一通，與《東京記》、《長安》、《河南志》，《夢華錄》諸書並藏，而

〔註15〕請參考同註1，第六章第十節，頁389～400。

時自覽焉，是亦臥遊之意云爾。于時歲在己丑，蜀故亡恙也。後七
年而有虜禍，秦、漢故跡，焚蕩無遺，今其可見者，惟此二《記》
耳，而板本亦不可復得矣。嗚呼！悲夫！」〔註16〕

案：此〈跋〉見清陸心源《皕宋樓藏書志》卷三十三、〈史部・地理類〉五，
〔註17〕惟文字有出入。且「蓋數致意焉」句作「蓋所致意焉」；「凡昔人記載
人境之勝，錄為一篇」句，無「錄」字；又闕「于時歲在己丑」至「嗚呼！
悲夫」數句；而〈跋〉末反增「永嘉陳瑗伯玉書」七字，未悉陸氏所本。陳
瑗即陳振孫，今人陳樂素撰〈直齋書錄解題作者陳振孫〉，其「本名」條云：

> 末題永嘉陳瑗伯玉書。此文具載《解題》卷八《續成都古今集記》
> 條中，則固直齋之文也。《藏書志》所載有譌奪字，今依《解題》。
> 然則直齋本名瑗，字伯玉，倣春秋蘧大夫。《宋史・寧宗紀》：「嘉定
> 十七年（公元1224）閏八月，帝崩，史彌遠傳遺詔立姪貴誠為皇子，
> 更名昀，即皇帝位。」是為理宗。直齋之更名振孫，蓋緣於此，避
> 嫌名也。〔註18〕

是則《皕宋樓藏書志》所載之「永嘉陳瑗」，即振孫也。有關振孫原名瑗，更
名振孫之說，余未敢以為然，見拙著《陳振孫之生平及其著述研究》第二章、
第三節。〔註19〕至振孫之撰此〈跋〉，蓋欲抒發其對國土淪亡，欲往無從之幽
憂之思耳，至謂效「宗少文臥遊」云云者，反可藉以推知其內心之沉痛與無
奈。

四、陳振孫之「題識」

　　陳振孫所撰「題識」，第一篇乃〈皇祐新樂圖記題識〉。其文收入《四庫
全書》宋阮逸、胡瑗奉敕撰《皇祐新樂圖記》書末，其辭曰：

> 嘉熙己亥良月，借虎邱寺本錄，蓋當時所賜，藏之名山者也。末用
> 蘇州觀察使印，長、貳押字，志頒降歲月。平生每見承平故物，輒

〔註16〕見《直齋書錄解題》，徐小蠻、顧美華點校本，上海：上海古籍出版社，1987
　　　　年12月第1版，頁256～257。
〔註17〕收入《續修四庫全書》第928冊，上海：上海古籍出版社，1995年初版，頁
　　　　369～370。
〔註18〕陳樂素文，初發表1946年11月20日《大公報・文史周刊》。徐小蠻、顧美
　　　　華點校本《解題》轉載，頁691～704。
〔註19〕同註1，頁36～40。

慨然起敬，恨生不於其時。乃錄藏之，一切倣元本，無豪釐差。伯玉識。

案：此識語即振孫所撰〈皇祐新樂圖記題識〉也。嘉熙己亥良月，即宋理宗嘉熙三年（1239）己亥十月，此乃〈題識〉作年，其時振孫正調升浙西提舉。至其錄藏虎邱寺藏本《皇祐新樂圖記》亦在此時。惟《解題》卷十四、〈音樂類〉著錄：

> 《皇祐新樂圖記》三卷，屯田員外郎阮逸、光祿寺丞胡瑗撰。凡十二篇，首載詔旨，次及律、度、量、衡、鍾磬、鼓鼎、鸞刀，圖其形製，刊板頒之天下。虎丘寺有本，當時所頒，藏之名山者也。其末志頒降歲月，實皇祐五年十二月二十一日，用蘇州觀察使印，長、貳押字。余平生每見承平故物，未嘗不起敬，因錄藏之，一切依元本摹寫，不少異。

考《解題》此條，應成於撰〈題識〉後，故《解題》內容與〈題識〉似一致而略有增益，如虎丘寺藏本頒降歲月，乃〈題識〉所闕記者。蓋振孫所撰〈題識〉乃逐寫於借錄本上，而借錄本則一切倣虎丘寺藏本摹寫，「無毫釐差」，因其上已明識頒降歲月，〈題識〉無須再贅，此行文所宜然也。今振孫借錄本已散佚，虎丘寺藏本頒降歲月，反藉《解題》所記而得獲悉其蹤跡，斯固非振孫撰《解題》時所可卜之者矣。〔註20〕

振孫第二篇「題識」為〈追昔遊編題識〉，其文附見《解題》卷十九、〈詩集類〉上、「《追昔遊編》三卷」條。該條云：

> 《追昔遊編》三卷，唐宰相李紳公垂撰。皆平生歷官及遷謫所至，述懷紀遊之作也。余嘗書其後云：「讀此編，見其飾智矜能，誇榮殉勢，益知子陵、元亮為千古高人。」〔註21〕

案：李紳《追昔遊編》，振孫所撰〈書後〉僅二十四字，抨擊紳之「飾智矜能，誇榮殉勢」。紳，兩《唐書》均有傳。《舊唐書》卷一百七十三、〈列傳〉第一百二十三載之曰：

> 紳始於文藝節操進用，受顧禁中。後為朋黨所擠，瀕於禍患。賴正人匡救，得以功名始終。歿後，宣宗即位，李德裕失勢罷相，歸洛陽，而宗閔、嗣復之黨崔鉉、白敏中、令狐綯欲置德裕深罪。大中

〔註20〕請參考同註1，第六章第十一節，頁400～403。
〔註21〕同註16，頁570。

初，教人發紳鎮揚州時舊事，以傾德裕。初，會昌五年，揚州江都
縣尉吳湘坐贓下獄，準法當死，具事上聞。諫官疑其冤，論之，遣
御史崔元藻覆推，與揚州所奏多同，湘竟伏法。及德裕罷相，群怨
方構，湘兄進士汝納，詣闕訴冤，言紳在淮南恃德裕之勢，枉殺臣
弟。德裕既貶，紳亦追削三任官告。〔註22〕

《新唐書》卷一百八十一、〈列傳〉第一百六亦載之曰：

始，紳以文藝節操見用，而屢為怨仇所報卻，卒能自伸其才，以名
位終。所至務為威烈，或陷暴刻，故雖沒而坐湘冤云：〔註23〕

讀兩《唐書》所載李紳事，其中引吳汝納言，謂「紳在淮南恃（李）德裕之
勢」，枉殺其弟吳湘；《新唐書》更指斥其「所至務為威烈，或陷暴刻，故雖
沒而坐（吳）湘冤云」；是則與振孫所抨擊者庶幾相近。

振孫第六篇「跋」文乃〈文章玄妙書後〉，附見《解題》卷二十二、〈文
史類〉、「《文章玄妙》一卷」條。其條云：

《文章玄妙》一卷，唐任藩撰。言作詩聲病、對偶之類。凡世所傳
詩格，大率相似。余嘗書其末云：「論詩而若此，豈復有詩矣。唐末
詩格汙下，其一時名人，著論傳後乃爾，欲求高尚，豈可得哉？」

〔註24〕

案：任藩《文章玄妙》，振孫撰〈書後〉，凡三十五字，指其論詩僅重聲病、
對偶，而不及其餘，遂使詩格汙下，欲求其高尚而不可得。藩，兩《唐書》
無傳。元人辛文房《唐才子傳》作任蕃。其書卷五、〈任蕃〉載：

蕃，會昌間人，家江東，多遊會稽苕、霅間。初，亦舉進士之京，
不第，牓罷進謁主司曰：「僕本寒鄉之人，不遠萬里，手遮赤日，步
來長安，取一第榮父母不得。侍郎豈不聞江東一任蕃，家貧吟苦，
忍令其去如來日也？敢從此辭，彈琴自娛，學道自樂耳！」主司慚，
欲留不可得。歸江湖，專尚聲調。去遊天台巾子峯，題寺壁間云：「絕
頂新秋生夜涼，鶴翻松露滴衣裳。前峯月照一江水，僧在翠微開竹
房。」既去百餘里，欲回改作「半江水」，行到題處，他人已改矣。
後復有題詩者，亡其姓氏，曰：「任蕃題後無人繼，寂寞空山二百年。」

〔註22〕《舊唐書》，後晉劉昫等撰，北京：中華書局，1975年5月第一版，頁4500。
〔註23〕《新唐書》，宋歐陽修、宋祁撰，北京：中華書局，1975年2月第一版，頁
5350。
〔註24〕同註16，頁645。

才名類是。凡作必使人改視易聽，如〈洛陽道〉云：「憧憧洛陽道，
塵下生春草。行者豈無家，無人在家老。雞鳴前結束，爭去恐不早。
百年路傍盡，白日車中曉。求富江海狹，取貴山嶽小。二端立在途，
奔走何由了？」想蕃風度，此亦足舉其梗概。〔註25〕

是《唐才子傳》亦謂蕃「專尚聲調」，其人風度亦不佳也。會昌，唐武宗李炎
年號，是蕃其時人。

五、陳振孫之「考」

　　振孫有「考」二篇，皆余從馬端臨《文獻通考》中所發現，並撰《陳振
孫之生平及其著述研究》時有所考證者也。其一為〈律呂之說定於太史公考〉，
其二為〈貢法助法考〉。茲不妨將前此研究所得，迻錄如次，以供參考。

　　「考」之第一篇乃〈律呂之說定於太史公考〉，拙文云：

直齋此篇，本無篇名，篇名乃余所命定。直齋之有此〈考〉，自宋迄
清，以至近人如陳樂素、喬衍琯二氏，皆不之知；而為余偶所蒐獲，
且為之命名者，亦云幸事矣。此篇載見馬端臨《文獻通考》卷一百
三十一、〈樂考〉四〈漢文帝令丞相北平侯張蒼始定律曆〉條，馬氏
於條末引「永嘉陳氏曰」，繼乃錄及此文。「永嘉陳氏」，疑即直齋也。
茲將全文迻錄如下：

永嘉陳氏曰：「律呂之法，起於黃帝氏。律呂之說，定於太史公。知
黃帝氏之法，而不知太史公之說，則難於制律；知太史公之說，而
未知黃帝氏之法，則雖未能制律，而不害其為律矣。何者？黃帝使
伶倫取嶰谷之竹，制十二之宮，吹陽律以候鳳，吹陰律以擬凰；而
十二律之法，由是而定，信乎起於黃帝氏者也。黃帝氏之法雖存，
而太史公之說未出，則天下之人雖知律之不可闕於樂，而不知所以
制律之本；雖知律之不可廢於度量衡，而不達所以制律之意。本不
知而意不達，則雖斷竹鑄銅，定形穴竅，區區用上黨之黍，分其長
短而較其合否，窮日夜之力以為之，未見其能定也。然則，太史公
之說果安在哉？蓋太史公之為《律書》也，其始不言律而言兵，不

〔註25〕《唐才子傳》，元辛文房撰。見《欽定四庫全書》〈史部〉七、〈傳記類〉三、
　　　　〈總錄之屬〉，第451冊，頁448。上海：上海古籍出版社，1987年6月第一
　　　　版。

言兵之用而言兵之偃,及言兵之偃,而於漢之文帝尤加詳焉。既曰:
『陳武請伐朝鮮,而文帝以謂願且堅邊設候,結和通使;由是而天
下富庶,鳴雞吠狗,煙火萬里,可謂和樂者矣。』又曰:『文帝之時,
能不擾亂,由是而百姓遂安,耆老之人不至市廛,游敖嬉戲,如小
兒狀。』嗚呼!若太史公者,可謂知制律之時,而達制律之意者也。
何則?當文帝時,偃兵息民,結和通使,而天下安樂,則民氣歡洽。
陰陽協和,而天地之氣亦隨以正。苟制度以候之,其氣之相應自然,
知吾律之為是;其氣之不合自然,知吾律之為非。因天地之正氣,
以定一代之正律,律有不可定者乎?古人所謂天地之氣,合以生風;
天地之風氣正,而十二律定,殆謂是歟!然則,律呂之說,豈非定
於太史公者哉!」

案:馬端臨《文獻通考》中引用宋人之說,有作「致堂胡氏曰」、「山齋易氏
曰」、「巽巖李氏曰」、「西山真氏曰」者,此皆連用其字號與姓氏以表示其人
者也。致堂胡氏者,胡寅也;山齋易氏者,易祓也;巽巖李氏者,李燾也;
西山真氏者,真德秀也。亦有作「東萊呂氏曰」、「山陰陸氏曰」、「江陵項氏
曰」、「永嘉陳氏曰」者,此則連用其祖籍與姓氏矣。東萊呂氏者,呂祖謙也;
山陰陸氏者,陸游也;江陵項氏者,項安世也;是則永嘉陳氏者,其必屬陳
振孫無疑矣。蓋直齋有所撰作,其序跋署名多作「永嘉陳振孫伯玉父」,或「永
嘉陳振孫序」、「永嘉陳振孫伯玉書」,皆冠祖籍,是可推知馬端臨於《通考》
中逕稱直齋為「永嘉陳氏」,應屬適當,此篇必直齋之文矣。直齋此篇,幾全
取材《史記・律書》。考《史記》卷二十五、〈律書〉第三有曰:

高祖有天下,三邊外畔,大國之王雖稱蕃輔,臣節未盡。會高祖厭
苦軍事,亦有蕭、張之謀,故偃武一休息,羈縻不備。歷至孝文即
位,將軍陳武等議曰:「南越、朝鮮,自全秦時,內屬為臣子,後且
擁兵阻阨,選蠕觀望。高祖時,天下新定,人民小安,未可復興兵。
今陛下仁惠撫百姓,恩澤加海內,宜及士民樂用征討逆黨,以一封
疆。」孝文曰:「朕能任衣冠,念不到此。會呂氏之亂,功臣宗室共
不羞恥,誤居正位,常戰戰慄慄,恐事之不終。且兵,凶器,雖克
所願,動亦耗病,謂百姓遠方何?又先帝知勞民不可煩,故不以為
意。朕豈自謂能?今匈奴內侵,軍吏無功,邊民父子荷兵日久,朕
常為動心傷痛,無日忘之。今未能銷距,願且堅邊設候,結和通使,

休寧北陲，為功多矣。且無議軍。」故百姓無內外之繇，得息肩於田畝，天下殷富，粟至十餘錢，鳴雞吠狗，煙火萬里，可謂和樂者乎！

太史公曰：「文帝時，會天下新去湯火，人民樂業，因其欲然，能不擾亂，故百姓遂安。自年六七十翁亦未嘗至市井，游敖嬉戲，如小兒狀。孔子所稱有德君子者邪！」

案：漢文帝仁惠愛民，偃兵息戰，故太史公借孔子語而稱之。《史記》卷十、〈孝文本紀〉第十亦載：

太史公曰：「孔子言：『必世然後仁。善人之治國百年，亦可以勝殘去殺。』誠哉是言！漢興，至孝文四十有餘載，德至盛也。廩廩鄉改正服封禪矣，謙讓未成於今。嗚呼，豈不仁哉！」

是史公又以「德至盛也」、「豈不仁哉」推譽文帝。竊意直齋此篇，雖名為論史公律呂之說，惟史公所欲探求者，乃制律之本與制律之意，而其本旨則在說明制律以偃兵。蓋偃武修文，「而天下富庶，雞鳴狗吠，煙火萬里，可謂和樂者矣」。此史公探研律呂之意也。直齋此篇作論，乃不惜辭費詳引《史記・律書》之文，其於漢文帝事尤加詳焉，揣其用意蓋在暗示偃兵息武之重要。考宋寧宗世，權臣韓侂冑有伐金開邊之舉，《宋史》卷四百七十四、〈列傳〉第二百三十三、〈姦臣〉四載：

或勸侂冑立蓋世功名以自固者，於是恢復之議興。以殿前都指揮使吳曦為興州都統，識者多言曦不可，主西師必叛，侂冑不省。安豐守屬仲方言淮北流民願歸附，會辛棄疾入見，言敵國必亂必亡，願屬元老大臣預為應變計，鄭挺、鄧友龍等又附和其言。開禧改元，進士毛自知廷對，言當乘機以定中原，侂冑大悅。詔中外諸將密為行軍之計。先是，楊輔、傅伯成言兵不可動，抵罪；至是，武學生華岳叩閣乞斬侂冑、蘇師旦、周筠以謝天下，諫議大夫李大異亦論止開邊。岳下大理劾罪編置，大異斥去。

竊意直齋之撰此篇，固不止在論律呂，其用心乃反對韓侂冑妄開邊釁而塗炭生靈，故屢引漢文帝為喻，並以有德之君開導寧宗。惜寧宗非孝文比，故言者諄諄，而聽者藐藐耳。直齋此篇固足與楊輔、傅伯成言兵不可動，及李大異論止開邊同功。後楊、傅二人以抵罪聞，大異則遭斥去。開禧改元，歲在乙丑（1205），其時直齋年二十

七，尚未出仕，乃庶免於被懲耳。然則直齋偃武仁民之思，及此篇
作年在開禧元年，或可因是而推考得之。

至振孫第二篇「考」乃〈貢法助法考〉，余亦從《文獻通考》中輯出此文，
並嘗作考證如次：

《文獻通考》卷一、〈田賦考〉一、〈歷代田賦之制〉條又另引「永嘉陳
氏曰」一段文字，此亦直齋文也。惜無篇名，茲據其內容而為之命名。此篇
亦前人所未論及，乃余所蒐獲者也。《文獻通考》凡二百卷，引「永嘉陳氏曰」
者，僅此二條，此條曰：

> 永嘉陳氏曰：「鄉遂用貢法，〈遂人〉是也。都人用助法，〈匠人〉是
> 也。按〈遂人〉云：『百夫有洫，十夫有溝。』即不見得包溝洫在內，
> 若是在內，當云百夫、十夫之間矣。〈匠人〉溝洫却在內，故以間言。
> 方十里者，以開方法計之為九百夫。方百里者，以開方法計之為萬
> 夫，〈遂人〉、〈匠人〉兩處，各是一法。朱子總其說，謂：『貢法十
> 夫有溝，助法八家同井。』其言簡而盡矣，但不知其必分二法者，
> 何故？竊意鄉遂之地，在近郊、遠郊之間，六軍之所從出，必是平
> 原曠野，可畫為萬夫之田，有溝有洫，又有途路方圓，可以如圖。
> 蓋萬夫之地所佔不多，以井田一同法約之，止有九分之一，故以徑
> 法攤算，逐一見其子數。若都鄙之地，謂之甸。稍縣都乃公卿、大
> 夫之采地，包山林、陵麓在內，難用溝洫法整齊分畫，故逐處畫為
> 井田，雖有溝洫，不能如圖，故但言在其間。其地綿亘，一同之地
> 為萬夫者九，故以徑法紐算，但止言其母數。」

案：直齋此篇論貢法與助法，其撰作目的，固欲補朱子論此二法之所未及。《文
獻通考》此條之前引朱子《集註》之論曰：

> 周時一夫授田百畝，鄉遂用貢法，十夫有溝；都鄙用助法，八家同
> 井。耕則通力而作，收則計畝而分，故謂之徹，其實皆什一也。貢
> 法固以十分之一為常數，惟助法乃是九一，而商制不可考。周制則
> 公田百畝中，以二十畝為廬舍，一夫所耕公田，實計十畝，通私田
> 百畝，為十一分取其一，蓋又輕於什一矣。竊料商制亦當似此，而
> 以十四畝為廬舍，一夫實耕公田七畝，是亦什一也。

是朱子此處所論者，不過考證貢法、助法、徹法三種田賦之制，皆同為十一
之法耳。至於何以必須分貢、助二法之因由，朱子則未遑道及，故直齋乃撰

此篇而詳言之。竊疑直齋此篇乃其讀《四書集注》之劄記耳。嘗讀《直齋書錄解題》之人，固應知直齋於朱子，不惟拳拳服膺，且推崇備至。如《解題》卷三、〈孝經類〉云：

> 《孝經刊誤》一卷，朱熹撰。抱遺經於千載之後，而能卓然悟疑辨惑，非豪傑特起獨立之士，何以及此？後學不敢傚倣，而亦不敢擬議也。

又同卷〈語孟類〉云：

> 《論語集注》十卷、《孟子集注》十四卷，朱熹撰。大略本程氏學，通取注疏、古今諸儒之說，間復斷以己見。晦翁生平講解，此為第一，所謂毫髮無遺憾者矣。

然而朱子之著述，直齋亦非盲從而不敢置喙者。如《解題》卷十六、〈別集類〉上則載：

> 《校定韓昌黎集》四十卷、《外集》十卷，晦庵朱侍講熹以方氏本校定。凡異同定歸於一，多所發明，有益後學。《外集》皆如舊本，獨用方本，益大顛三書。愚案：方氏用力於此《集》勤矣，《外集》刪削甚嚴，而存此書，以見其邀速常語，初無崇信之說，但欲明世間問答之偽，而不悟此書為偽之尤也，蓋由歐陽公〈跋〉語之故。不知歐陽公自以《易大傳》之名與己意合，從而實之，此自通人之一蔽，東坡固嘗深辨之，然其謬妄，三尺童子所共識，不待坡公也。今朱公決以為韓筆無疑，方氏未足責，晦翁識高一世，而其所定者迺爾，殆不可解。今案：《外集》第七卷曰「疑誤」者，韓郁注云：「潮州靈山寺所刻。」末云：「吏部侍郎、潮州刺史者，非也。退之自刑部侍郎貶潮，晚乃由兵部為吏部，流俗但稱韓吏部爾。」其書蓋國初所刻，故其謬如此。又潮本《韓集》不見有此書，使靈山舊有此刻，集時何不編入？可見此書妄也。然其妄甚白，亦不待此而明。

是朱子以韓昌黎《外集》為「韓筆無疑」，其妄甚白，故直齋辨之，並斥為「殆不可解」。至此篇論貢法與助法，亦用以補朱子所未及。然直齋此文仍有欠詳明者，故馬端臨於此條後下案語曰：

> 永嘉陳氏謂〈遂人〉十夫有溝，是以直度之；〈匠人〉九夫為井，是以方言之。又謂〈遂人〉所言者積數，〈匠人〉所言者方法，想亦有

此意,但其說欠詳明矣。然鄉遂附郭之地,必是平衍沃饒,可以分畫,宜行助法,而反行貢法。都鄙野分之地,必是有山谷之險峻、溪澗之阻隔,難以分畫,宜行貢法,而反行助法。何也?蓋助法九取其一,似重於貢。然地有肥磽,歲有豐凶,民不過任其耕耨之事,而所輸盡公田之粟,則所取雖多,而民無預。貢法十取其一,似輕於助。然立為一定之規,以樂歲之數,而必欲取盈於凶歉之年,至稱貸而益之,則所取雖寡,而民已病矣。此孟子所以言莫善於助,莫不善於貢也。鄉遂迫近王城,豐凶易察,故可行貢法;都鄙僻在遐方,情偽難知,故止行助法。此又先王之微意也。然鄉遂之地少,都鄙之地多,則行貢法之地必少,而行助法之地必多。至魯宣公始稅畝。杜氏注:「以為公無恩信於民,民不肯盡力於公田,故履踐案行,擇其善畝好穀者稅取之。」蓋是時公田所收,必是不給於用,而為此橫斂。孟子曰:「《詩》云:『雨我公田,遂及我私。』惟助為有公田。由此觀之,雖周亦助也。」則是孟子之時,助法之廢已久,盡胥而為貢法矣。孟子特因《詩》中兩語,而想像成周之助法耳。自助法盡廢,胥而為貢法,於是民所耕者私田,所輸者公租。田之豐歉靡常,而賦之額數已定,限以十一,民猶病之,況過取於十一之外乎!

案:馬氏此段案語,分析貢、助二法於民之利弊,所言鞭辟入裏,又足補直齋之未及矣。〔註26〕

　　以上謹將振孫文學作品一十五篇考述完竣,由是可知,振孫雖非以文學家鳴世,惟其於詩、文撰作,亦允稱能兼擅矣。

　　　　　二零零九年十一月廿五日,撰於香港樹仁大學中國語言文學系。
（原刊《漢學與東亞國際學術研討會論文集》香港珠海學院,2011年10月。）

〔註26〕請參考同註1,第六章第十二節,頁403～405。

三、讀《永樂大典》補闕一則

陳振孫《直齋書錄解題》卷十八、〈別集類〉下著錄:「《鶴溪集》十二卷,辟雍博士青田陳汝錫師予撰。紹聖四年進士,持節數路,帥越而卒。青田登科人自汝錫始。希點子與,其孫也。」汝錫之除辟雍博士,慕容彥逢《摛文堂集》卷五、〈制〉有〈將仕郎試辟雍錄陳汝錫可辟雍博士制〉,是其證。惟汝錫於托克托《宋史》、柯維騏《宋史新編》及陸心源《宋史翼》均無傳。其生平事略僅見於《永樂大典》卷三千一百四十五(頁26)載:

> 陳汝錫《處州志》:「汝錫字師予,青田人。幼穎悟,數歲能屬文。或以其詩一聯示黃庭堅,曰:『閑愁莫浪遣,留為痛飲資。』黃擊節稱賞。宋紹聖四年,由太學士第,邑之登第自汝錫始。崇寧間,諸路學事始置提舉,首除提舉福建學事,官至浙東安撫使。有《鶴溪集》,刊于郡齋。子原本闕。以父任,終通判潭州,著《蒙隱集》,刊于宜春。」

《永樂大典》引《處州志》以記載汝錫生平,惟於汝錫子下注「原本闕」三字,則似其子之名不可知,故有拾遺補闕之必要。否則,後人讀書至此,終疑莫能明也。

前引《直齋書錄解題》曾載及汝錫之孫名希點,字子與,據此線索以檢樓鑰《攻媿集》卷九十八、〈神道碑〉,中有〈中書舍人贈光祿大夫陳公神道碑〉,云:

> 公諱希點,字子與,處州青田人,陳姓出于有媯,其來遠矣。九世祖名師訥,吳越王時為銀青光祿大夫,績勳上柱國。曾祖圭,贈宣奉大夫。祖汝錫,擢紹聖四年進士,仕至左朝請大夫、秘閣修撰,

> 知紹興府、兩浙東路安撫，贈中奉大夫。高宗駐蹕會稽，朝廷草創，
> 賴彈壓辦護之力為多，咸名甚犖，直道自將，不能與時高下，一斥
> 不復，士論惜之。父棣，篤學有賢行，奉議郎，通判潭州，贈中大
> 夫。

據是，則希點之父乃陳棣，棣即汝錫子。故《永樂大典》「子」字下注「原本
闕」者，所闕之字乃「棣」也。

陳棣，《宋史》、《宋史新編》、《宋史翼》均無傳。陸心源《宋詩紀事補遺》
卷之五十八、「陳棣」條云：

> 陳棣字鄂父，汝錦之子。以任官，至通判潭州。著有《蒙隱集》。

《宋詩紀事補遺》此條「汝錦之子」乃「汝錫之子」之訛，「錦」、「錫」二字，
字形相近，故易訛也。

綜上所考，則《永樂大典》引《處州志》記載陳汝錫生平，於「子」字
下注「原本闕」。疑非《處州志》原本闕也，蓋明成祖名棣，《永樂大典》此
卷之書寫儒士范濱以避諱故而闕之耳。

民國八十八年二月二日撰就於華梵大學東方人文思想研究所

（原刊《大陸雜誌》第一零一卷、第一期）

四、〈勞乃宣致羅振玉書札十六通〉一文楷定錯誤與斷句之失

　　勞乃宣（1843～1921）致羅振玉書札十六通，珍藏旅順博物館，書札均以行書寫成，韓行方、房學惠二先生予以楷定並標點斷句，發表於《文獻季刊》一九九九年十月第四期，惜有錯誤。茲不辭疎漏，特予訂正如後。

一、楷定錯誤

1. 第二通「久未裁盒」，「盒」應作「答」。
2. 第五通「屬者得寓居青島」，揣上下文意，「屬者」應作「爾者」，疑形近而誤。「爾者」即「邇者」。
3. 第十一通「俾資事蓄」、第十三通「俾得足資事蓄」，「蓄」均應作「畜」。
4. 第十二通「公同為力」，應作「共同為力」。或原函本誤。
5. 第十四通「惟耳劍聾耳」，「劍」應作「愈」。其第八通正有「惟耳愈聾耳」句。

二、斷句失當

1. 第三通「靜安　徵君同此致聲」，應作「　靜安徵君同此致聲」。「聲」疑作「意」。
2. 第四通「表忠闡幽不磨之舉」，應作「表忠闡幽，不磨之舉」。
3. 第五通「今既可不自出房租又略有津貼」，應作「今既可不自出房租，又略有津貼」。

4. 第六通「商量舊學播越，得此殊為幸事」，應作「商量舊學，播越得此，殊為幸事」。

5. 第九通「就念道躬微有感冒，已痊，可日來，眼下若何？」應作「就念　道躬微有感冒，已痊可，日來眼下若何？」

（原刊《碩堂文存四編》）

五、最近發現之簡朝亮先生資料

　　簡先生（1851～1933），諱朝亮，字季紀，號竹居，順德簡岸鄉人也。其治學遠紹宋明理學諸子，邇承南海九江朱氏，為吾粵儒宗。所著書曰《尚書集注述疏》、《論語集注補正述疏》、《孝經集注述疏》、《禮記子思子鄭注補正》、《讀書草堂明詩》、《朱子大學章句釋疑》、《酌加畢氏續通鑑論》、《簡氏大同譜》、《簡岸家譜》、《朱九江先生年譜》、《讀書堂集》等十餘種，卷帙繁富，於經史、譜牒之學，尤多所發明。

　　民國廿二年（1933）癸酉秋八月，簡先生以疾卒於羊城蘆荻巷松桂堂。門人張啟煌撰〈簡竹居先生年譜〉，於簡先生畢生行事及其學術成就，闡述頗詳。〈年譜〉後刊入《讀書堂集》中。數年前，余嘗據張氏所譜及先生著作，先後寫成〈簡竹居先生二三事〉、〔註1〕〈簡朝亮小傳〉〔註2〕二文，以表仰止之思。近日，又輾轉借得香港利希慎先生後人所珍藏張啟煌《殷粟齋集》稿本，〔註3〕其書卷二十六載有〈簡先生傳〉、〈儗同門祭簡先生文〉及〈挽簡先生聯〉諸文，急取與〈年譜〉對勘細誦；爬梳之餘，發見其間有若干罕為人知之材料，竟為〈年譜〉所乏載者。用是不敢自秘，特標點迻錄於後，以備研治簡先生生平及其學術者參考。

　　民國六十七年元月廿日鶴山何廣棪謹識於香港珠海大學中國文史研究所。

〔註1〕〈簡竹居先生二三事〉一文，初刊見《香港時報·教與學》版，後收入拙著《讀書管窺》中。

〔註2〕〈簡朝亮小傳〉，初刊見《傳記文學》，後收入《民國人物小傳》第二冊中。

〔註3〕張啟煌，廣東開平人，簡門高弟，晚歲流寓香江，課館利家。辭世後，遺稿多未刊行，留存利家者，《殷粟齋集》其一也。今利氏富甲一隅，未悉有意整治其先師遺著，付之梓人，俾啟煌文字傳諸不朽否？（近見《殷粟齋集》已由利榮森先生刊行。）

簡先生傳

　　先生諱朝亮，字季紀，順德簡岸鄉人，竹居其號也。父孫揚，旅南海佛山忠義鄉。家故貧，業竹為生。先生貌有奇表，頗匡犀；年十九，為童子師，歲終不樂，以為救貧而教，不如食貧而學也。迺燔所為八股文，借書居竹肆中，篳門一席，書繹經義，避市聲，夜則諷誦，祈饗古人。同治十年辛未，進邑學，有乞鬻文者，先生念鬻文非士也，卻之，而貧如故。然於竹肆中，嗜學逾摯，如是者三年。聞南海朱九江先生講學山中，迺咨友五人，人貸五金，備僕爨之貲。甲戌，遊學於九江朱先生之門。踰年，同門友邑人胡明經景堂伙其留學，踰年，出就賓館。光緒丁丑，復遊學九江，時年二十七。是歲冬，胡明經為壽之金，始昏焉。踰年，以科試第一補廩生，然不任保，設館教授。己卯冬，丁父艱，三日勺水不入口。既葬，毛髮草落。居喪禮，棄館不教授。曰：「吾聞朱先生有言：蘇軾居喪，三年不為詩，今而就館，功令之詩，不可三年廢也。大功誦詩，古人猶不可也。雖然，吾母老矣，廩膳即闕，館穀又荒，今而後雞豚逮存，既不敢忘。計無如何？吾將乞諸人倫之舊、時義之可者。」君子謂先生斯由禮也。昔呂東萊居喪教授，陸象山非之。經曰：「喪事不敢不勉。」先生勉焉。喪居三年，足不履內，常稱貸於人，非其道義，一介不取。壬子春服闋，設館行省六榕寺，時朱九江既歿而無書，先生懼其學術不傳，將失古人所謂實學也。夏五月，迺纂〈九江先生講學記〉。修身之實四：曰敦行孝弟，崇尚名節，變化氣質，檢攝威儀。讀書之實五：曰經學，史學，掌故之學，性理之學，詞章之學。論輕重，修身重於讀書；論先後，讀書先於修身。故〈記〉文，由修身而讀書；其本〈記〉文而一一申明之者，則由讀書而修身，詳《九江集》及《讀書堂集》。斯〈記〉之言，先生之所以為學，及其所以為教者，皆從事於斯矣。是歲秋，丁母艱，復棄館不教授，哀毀執禮如居父喪。既服闋，乙酉反居竹棄六榕之館，於是講學於六榕四年，昏喪宿負皆以脯修償之，吉凶與民同患。於鄉族禁蒱博，治盜賊。鄉人有以孝廉而庇博者，誣先生控盜為挾嫌，臬司不察，留之，將逮邑治，梁太史鼎芬聞而白之。門人四十餘人，申揉于臬司。夜二鼓，臬司于蔭林得狀，大驚，迅釋勿遞，卒得白。當是時，先生於太史，未嘗一面，於後亦不為謝，有祁奚、叔向之風。久之，太史慕其學，投刺六榕學舍，書其名曰：後學梁某，遂與先生交。逮鼎革後，太史志欲再見，卒無由達也。先生應制科，如功令，不挾一字。粵東鄉試萬餘人，大半買謄錄曰「花卷」，無買

者曰「草卷」，先生謂：「買則非正也。」故五試卷為草卷，字譌且脫，閱者讀不能句，皆落卷。先生曰：「吾烏能以讀書可愛之日，雞鳴蓐食，逐逐而隨人後乎？」遂絕意科舉，時年三十九。迺歸簡岸，讀書桑樹之下，簞瓢陋巷，晏如也。而廩期未滿，歲考如例，邑學舉先生為優行首，先生不知也。赴考日，學使樊恭煦獨命升堂面試，自屬草至謄真，閱卷十數次，擊案大歡笑，選一等第一，先生引疾不覆試。是秋為己丑恩科鄉試，遂亦不赴也。學者多從而問學，踰年冬，迺借金築讀書草堂於其鄉，遠方從學者日至。光緒十七年辛卯冬十月，樊學使以先生奏聞，曰：「究心學術，志潔行端，篤實沈潛，澹於榮利。」奉特旨以訓導選用，先生以足疾未赴，於是講學於草堂十年。其教學者，讀書以修身，以九江所定五學為宗，合教之而求其備焉。謂：「夫孔門四教：文行忠信，皆一人而備四教也，此萬世學者之師也。文者，六藝之文，《禮・經解》所稱之六經也，斯讀書事也。學必先知而後行，故文開其始焉。行者，學文而力行也。忠信者，行之主也，斯修身之事也。四教既成，人各有長，於是乎名之以四科，曰德行、曰言語、曰政事、曰文學；名其尤長者，非四分之，以一科教一人也。故四教明，而四科出焉。孔門多才，皆教之備而無分也，而文之教亦無分焉。六藝之文，經學也；《書》與《春秋》，經之史學也；六經之法，掌故之學也；六經之義，性理之學也；六經之言為文言，詞章之學也。五學皆文之教，備教之而後人才興也。而世之為教者，喜四科而忘四教，先分諸科，偏以一科而教一人，終身欲其學焉而得其性之所近也。夫烏知教先偏者，豈其性歟？治經而不治史則迂，治史而不治經則麤；將未治經史而斷斷於掌故之法也，將汎涉百家而藐藐於性理之篋，逐逐於詞章之靡也。五學不備，將失序而進，得偏而止，天下所以罕人才也。」故其為教，必一人而五學皆備焉；斯其發明師說，告之百世而無疑者也。丙申，先生以三鄉隄事，直爭於行省讞局。初，簡岸與槎涌、祿州三鄉，同治五年合築大隄，而槎涌鄭氏小隄，在三鄉大隄西南隅之內，加築小隄，邊隅百餘丈，連為大隄；鄭氏與三鄉人獻圖而請於有司，頌以告文，歲歸三鄉合修。既而司隄侵蝕，隄遂分修，積弊瀕危者二十餘年。先生既歸鄉，三鄉固請修隄，迺集眾復合修原議。光緒十五年請於有司，畝收費六分，眾遵行，無患者八年。惟鄭氏拒合修費，以偽圖誣控，邑三令再履隄，皆不直鄭氏，皆曰：「連也非斷也。斷而大隄外小隄則分修，連而大隄內小隄則合修。」鄭氏不從，賄讞者次三履隄，迺於隄所連者，斷隄面尺餘深，橋以小石，繪圖

而無說,視之似隄斷矣。三鄉人辨之,大吏命次四履隄,奉命者則於其斷處為圖說曰:「似斷實連。」讞者匿其說,不以入告。先生直爭曰:「同隄各主,偏壞多憂。粵中莫大於桑園隄,歲必合修其隄,志以分修為厲戒。凡同隄者皆統管而無各主也,彼將連作斷,將內作外,陽稱分修,陰利免費,其實大隄起止,統小隄於內,合修大隄,即障小隄,何所用其分修乎?」爭之聲加厲,讞者怒,喝擲其冠,曰:「敢復爭者,褫之!」先生曰:「若斯之讞,大害三鄉,雖斷頭不敢從也。」讞者愈怒,遽退;退時故作柔聲,召先生前,反其冠,云:「候兩日再讞。」意欲瞞請上憲,冀許以押候,得遂其讞以賄成之秘計。適梁太史由武昌府任上急電當道,始罷讞耳。未電時,先生與弟子數人住省大馬站克復書院,工部主政告假回籍之康有為聞其事,晡時親到慰問。坐少定,即曰:「吾要即夕將此事告之中丞。」先生止之曰:「我豈不知長素力量,可以上通督撫,但須留為迫不及待時之用,今未可輕試也。」於是通夕皆作閒中周旋語,再無一言及訟事者。弟子隔屏聽之,惑甚。康至達旦退,啟煌因與學長何猷質疑於先生,曰:「覆讞在即,尚非急不及待時邪?康先生業具此誠意,似未可以樂王鮒當之;況前以盜案救于梁太史者,康先生亦與焉。」先生曰:「前事長素非先告於我也,今事長素則先告我而欲為之,烏得同?且有一苦衷殆非爾等所能知者,我未便明言也。」默然者久之,卒細語接耳於何猷曰:「我竹居今日有事,長素救我;長素他日有事,我萬不能救長素,奈何?」聞此,弟子之惑滋甚。待戊戌變政禍後,然後服先生知人之明,但不知先生何以能得此先見也。其尤難者,變政之禍未發,先生對於康之學說,分毫無假借;及禍發後,先生竟無一言議論康。有與之談及康者,先生拒之力,曰:「公論自在,何必過事談短長!」聞此則不惟服先生知人,且服先生知誼,既不以康為祁奚於前,而又不斥康為樂王鮒於後,方之叔向有加焉。獨叔向得祁奚而難解,先生得梁太史為祁奚,訟息而仍未息,先生無如何矣。君子謂先生特達之士也,以公事而可悲若是,何以昌五嶺以南之士氣?宜其去國亡不遠也。隄事延八年,先生從事者數月,數月之外,草堂講誦不輟,日以修學著書為事。其時西學侵中夏,蠱天下之耳目,毒中於人心,先生懼,迺纂〈朱九江先生講學記書後〉一篇,七千七百餘言,倣韓文公〈原道〉以〈原學〉也。其文公載《讀書堂集》中,世多有其書。草堂講學十年,而盜氛四起,先生知鄉不可居。庚子夏六月,遂去簡岸,挈家溯北江至陽山之將軍山。黃氏主人為築讀書山堂,學者自遠而至。於是講學於山

中六年，而中國新政，以外國患故，而師外國，於是乎學術一變。丙午之春，先生遂謝遣學子，默而山居。踰年，配楊卒，不再娶。先生未山居以前，光緒二十年甲午，倭事亟，諸外寇皆可憂。先生寄書與人言兵事者三，曰：「以將才得死士，以吏治得義民，用我所可為之器，而不用外國所借于我之人，銖銖奉外國為師，外國之人皆敵也，以我用之，猶用敵也。一旦有違，我之虛實，敵知之，我之動靜，敵制之。」先生之言果驗矣。民國廿六年丁丑，倭寇由平津糜爛上海，旋又以飛機襲廣州。秋分前七日，敵機有一特別神技者，落之，所獲司機乃意大利人，多年受重聘為飛騰教師於廣州，空軍人員大多曾居弟子之列者也。又是年上海失陷，國軍即退守第一國防線。此防線自福山至乍浦，綿亙數縣，費六年工程，耗金數千萬，以彼堅固，人故美其名曰「興登堡」，乃請德國名軍事家十數人計劃而成者。奈此建築圖早落日人之手，故日人以六日攻破此防線，於是南京失守如此其易也。先生戒用外人為師，謀國者宜知此矣！光緒三十四年戊申，禮部尚書溥良以賓師禮奏聘先生為禮學館顧問官，詔俞其請。春二月，聘書至山中。先生上書以疾辭，而陳〈禮說〉一篇，二千餘言，皆本《禮經》以箴時者，即亦酬問之意也。山居既九年，及是憂盜。夏六月，先生南下，旅佛山忠義鄉之雙桂堂，門人佽其旅費，遂杜門釋經。及宣統庚戌，聞議者將廢經，愀然曰：「經不云乎，乾坤毀則無以見《易》，《易》不可見，則乾坤或幾乎息矣。」其釋經不立門戶，不囿家法，惟求其學之叶於經而已。其不叶者，雖鄭、朱猶補正焉，不以漢學、宋學之名而自畫也。先生曰：「事師無犯無隱焉，禮也。後世事師之禮不明，於是乎天下有黨人憂，門戶政守之風且及釋經家矣。其守也，不知補正而言義之公；其攻也，不樂補正而成人之美。故為補正求叶於經者，其初心本不欲以補正名；其世變不能不以補正名，名之，然後守者攻者皆平也；如不皆平，將有異者承攻守之衰而思滅焉，其世變何如哉！」又曰：「自白鹿洞，賢者風尚流及數世，席間耳食之徒，識朱子書而無慎思明辨者，不擇而守，重以今甲特先朱子，將干祿而專焉。於是乎世之博學自雄者，不能博學以知服也。上資古先以攻所守，凡鄭之說，概稱古義，非許慎《說文》則皆俗，知其相佐，不采唐以後之書，曰：『吾漢學也。』其見乎綿綿讀朱子書者，言則輕之，曰：『彼宋學也。』遂使學者聞而疑之，所學皆失其宗。失之既甚，士無經術，國無人才；其蔽也，無師法以通之，則舍而他求，曰：吾中國之學不足為也。烏虖！吾中國之學，果不足為也哉？經義者，經術也，能強吾

中國者也。」此先生釋經之大旨也。故其為諸經述疏，集漢、宋諸儒之大成，而兼采其長，網羅百家以求叶經義焉。學者讀先生經疏，而知孔子之經可言即可行，非等於三代彝器也，斯明乎經術之用也。先生博通載籍，善屬文。其為文，法乎經，志乎史；其釋經之文，取以文法，皆文言也。及辛亥國變，先生盡簪以行，緇撮如古詩人；平生度歲，每以朱果之青葉者置筆硯間，而不食其果，及是門人始窹先生取不剝義也。自是而後，先生以喪禮自處，不飲酒，不與燕，雖初度之辰，家人不得進酒肉，子孫不得一面，杜門寂然，外人不知其門。乙卯，袁氏自北方命人奉書帛問起居，秋至粵中，久不得其門，又疑其尚在將軍山也，卒無由致。踰年，清史館趙爾巽致書聘為纂修，先生不之應，杜門釋經如故。客有求見者，皆不得見也。當是時，清社已屋，故宮遺老嘻嘻然恬不知恥，先生為〈慈元廟碑〉，深有感焉。慈元廟在新會厓山，其上曰「全節廟」，祀宋楊太后也；其下曰「大忠祠」，祀文信國、陸丞相、張太傅也；曰「義士祠」，祀從軍眾士也。及是廟傾，趙氏子孫復修之，請為碑文，先生迺書之。其略曰：「烏虖；天下豈不有國亡而學亡者哉？宋之國雖亡，宋之學不亡也。《禮》曰：國君死社稷，如其學不明，則背禮焉。制禮者察民人非土穀不生，社稷以土穀為民人之利，天職也。以保社稷故，而立國君以承天職，此國君所由死社稷也。而學不明者，天職之人乃不為社稷亡而死，朋從盜國之佞，遽忘敵國之仇，遂使天職可悲，不知為古所稱天役者，昧昧然不思社稷亡竟何事也。於是乎亡國大夫，方幸變通堯舜，為光天之下蒼生，謂數千年來，開未有之文明，伯夷可不餓於首陽，箕子可為僕於朝鮮。凡古之志士仁人，皆不足與知新同語。如其然也，是背禮而學不明也，是國亡而學亡也；以視宋亡之日，社稷臣負幼主而沈海，從軍不二心眾士，皆從之以俱沈，雖亡猶算禮者，其學何如哉！君子言學，追論宋亡，則嘆其學之明，可守死以終也。」斯言也，後之為史者，豈不賴其言，而定一朝時論之是非哉！既而宗人請修《粵東簡氏大同譜》。戊辰春，為印《譜》故，北行旅滬。踰年冬，先生南歸。壬申秋九月，自佛山至羊城松桂堂。初，先生著書草成，門人醵金請刊之。僦居羊城蘆荻西永福寺，會諸友而校刊焉。無何寺沒入官，因而購得之，顏曰：「松桂堂」。及先生至，喜其得靜趣以著書也，遂子身居焉。時方為《續通鑑論》，門人晨夕侍左右，事之如所生。癸酉秋八月十日戊戌，先生卒，年八十三。遺命以緇撮布衣薄斂，門人衰絰治喪，謹遵韓文公家法，朔望殷奠，日不以七數。喪行之日，執紼而引者千數百人。

先生聲發如雷，秀眉明目，剛直而好學，常以聖賢自勵，視聽言動，非禮不行，雖不睹不聞中，亦懍然戒慎恐懼也。於書無所不讀，而義必宗經，每開堂講學，自朝至於日中昃，正襟危坐，申明修身治人之大法，貫穿經傳，推論及於時務，援古證今，使學者曉然於諸經大義，坐言即可起行，如《漢書》所謂明經術者。辨異學、闢邪說，以明道救世為己任；其浩然之氣，塞乎天地之間，程、朱而後，一人而已。所著除《簡氏大同譜》及《簡岸家譜》外，有《尚書集注述疏》，斯自注自疏也，凡《尚書經》二十九卷、《逸文》三卷、《尚書大名原目》一卷、《書序辯》一卷、《偽古文》一卷，都為三十五卷。附《讀書堂答問》一卷，二百條，自草堂而山堂，越十五年而書成。有《論語集注補正述疏》十卷，斯因朱子《集注》疏明而補正之也，越十年而草成。附《答問》一卷，二百五十六條。有《孝經集注述疏》一卷，亦自注自疏也。附《答問》一卷，八十八條。有《禮記子思子言鄭注補正》三卷，斯釋〈坊記〉、〈表記〉、〈緇衣〉之義，如《詩》鄭箋例也。附錄《禮記儀禮周官大戴禮補正舊注》一卷，二百零六條。有《朱九江先生年譜》一卷，斯以傳九江之學術、言行也。有《讀書草堂明詩》四卷，斯以明《虞書》稱詩在治忽也。有《朱子大學章句釋疑》一卷，斯門人奉命而萃編也。有《酌加畢氏續資治通鑑論》，斯倣司馬氏臣光曰之例，酌加其論焉，且以明畢氏所書之失也。惜天不假年，為論至「建炎三年伯彥知洪州」而絕筆，時維癸酉歲閏五月晦也，踰月而疾作。先生既歿，門人遂校刊之，所著詩文有《讀書堂集》十五卷，學者稱簡岸先生。

儗同門祭簡先生文　庚青蒸用　古韵通押

維癸酉之歲九月戊午朔，門人□□□、□□□等，謹以清酒庶羞之奠，虔告於清故徵士、吾師簡先生之靈曰：嗚呼先生，炎天勁起，太昊真精。以九江授受，作多士典型。臣心至今不死，主眷當年特徵。勉育才以報國，俄棟折而榱崩。豈以世無孝文，故不待伏生之年九十餘，書已成遂賦長征與？又安知待至伏生之年，不有孝文應運，詔太常使掌故，就寫《尚書》於先生之庭與？豈唯《尚書》、《戴禮》、《朱論語》、《唐御注今文孝經》皆有補正，皆與在前之《朱九江集》，最後之《明詩》、《家族譜》、《讀書堂集》次第而付之丹青，唯《續通鑑論》，所以訂畢氏之未逮，使宋儒理學炳如日星者，書半就而未告厥成。《本草》農皇，湯液伊聖，胡為乎焚香禱祝而無靈？嗚呼！先

生有言：或是書不得成，就其已成者刻之，毋變更，蓋隱示以全豹之已斑，而續貂未可輕也。若如趙師淵諸人之於紫陽《綱目》，名為完先生事，恐未當先生之情也。嗚呼！先生之來，早年是庚，先生之去，先日為丁；先生之來，文章為干旄，先生之去，風雨滿寰瀛。繼自今，周公非攝位稱王誰與辯，孔門非分科教人誰與爭？《十三經》古文非盡出劉歆、王莽，誰與匯合今文于一是，不炭而不冰？重有憂者：高山難仰，大樹飄零。後生小子，何顧何忌？不嗥狐狸而舞贙貏。況以今日風雲，雖其出身圭璧者，素以忠孝自鳴，亦大半荃化為茅、鳩化為鷹。嗚呼！何能令先生於九京之下，無滃鬱而不平？凡我同人，誓指誠於天日，守眾志之如城；躪逝者之遺志，呼群醉使齊醒。匪風之風不能風，匪車之車寗舍車，而徒將占孔子〈象傳〉之義弗乘。嗚呼！先生之目可以瞑矣！庶鑒此憑棺之長慟，與薄醊之維馨。尚饗。

挽簡先生聯

仲尼沒而微言絕，豈不然哉！蘭陵偽曾騫，廣川性氣質；康成書注，元公稱王，堯夫易圖，晦翁誤祖；孫芝房之創論，明亡歸咎餘姚；左季高之痛心，髮亂全罪考據；大義自九江後，昭昭日月，長此中天。容易分何者是經，何者非經；得統有先生，布來最上一陽，未必五陰常奪命。

師道立則善人多，伊其信矣！河汾出將相，濂洛產程朱；岩野淵源，滿門國士，羅山弟子，當代功臣；狄仁傑之已遙，春官誰栽桃李；陸機雲之再作，鄉患尚除虎蛟，菲材早卅年前，種種因由，奚堪回首？今竟曉那為殷粟，那為周粟；感恩無盡量，提起在三兩字，本應貳斬始稱情。

（原刊《碩堂文存》）

六、葉德輝〈致孫毓修〉未刊書劄十通考述

壹、前言

　　摯友宋緒康先生，著名建築設計師，開業於臺北市。平日好收藏，常乘赴北京、上海公幹之便，收購漢文古籍文物不少。數月前從上海拍賣行購得葉德輝〈致孫毓修〉書劄一疊，未經處理。今年七月間，余遊臺北，親往造訪，蒙告以其事，並首肯將書函複印件全數奉詒，俾資研究。暑期多暇，乃將諸函細讀，整治句讀，依年月為序試予編理，凡十通。後於每函之下作按語，就其內容加以考訂，雖無大貢獻，亦消暑一樂事也。

　　葉德輝致孫毓修此十通函劄，從未刊行，余為求其確實情況，嘗細檢北京書目文獻出版社《文獻》、上海圖書館歷史文獻研究所《歷史文獻》、南京大學古典文獻研究所《古典文獻研究》、東北師範大學文學院古籍整理研究所《古籍整理研究學刊》各期，及華東師範大學出版社 2010 年 12 月印行之《葉德輝文集》，其內均無收及此十篇書劄，故知其難得而珍貴。爰急以整治而公諸世，或庶幾對學術研究有「發潛德幽光」之裨益也。

　　余細讀葉德輝致孫毓修書函後，乃悉此十通書信幾全為討論上海商務印書館編刊《四部叢刊》相關事宜，而其內容尤集中商討對《四部叢刊》之選書與板本之採擇。閱其函，每深覺葉德輝高瞻遠矚，常能提供顛撲不破並具確應履行之意見，足徵其學養富贍，見地有過人之處；尤擅板本目錄學，其

助張元濟校理陸德明《經典釋文》一書，殊見卓越。商務印書館出版《四部叢刊》能獲葉氏臂助，可謂深慶得人。而孫毓修氏則每能採用其意見，遂使《四部叢刊》成為研究中國學術徵用善本最可參考之典籍。吾人又因得讀葉氏函牘，始能知悉商務印書館編刊《四部叢刊》，其背後竟有此一段鮮為人知之掌故。是則此十通書剳得以公開發表，其對中國近代出版史之研究，尤其對商務印書館《四部叢刊》編行一事之鑽研，乃最足依據之珍貴文獻。

　　茲為知人論世起見，特於發表葉氏書剳之前，謹將葉、孫二人行事，記述如次：

貳、葉、孫二氏之行事

　　葉德輝（1864～1927），字煥彬，一字奐彬，號郋園，又號麗廔主人。原籍湖南洞庭西山人，其祖游幕楚南，乃寄籍湘潭。生於清同治三年（1864）。年廿歲，補府學生員。光緒十一年（1885），年廿二，舉於鄉。十八年（1892），成進士，朝考二等，任吏部文選司主事。年三十，乞歸故里，奉親讀書。德輝邃于經學，尤精小學、目錄學，恒以《說文解字》、《四庫全書總目》自隨。為學遠宗許慎、鄭玄家法，經史以外，旁及碑版、摹印、占卜、星命之學。家富藏書，多海內善本。其藏書樓稱「觀古堂」。著述亦甚豐贍，所著書，經、史學有《周禮鄭注改字考》、《儀禮鄭注改字考》、《禮記鄭注改字考》、《說文讀若考》、《說文籀文考》、《釋人疏證》、《同聲假借字考》、《六書古微》、《說文解字故訓》、《經學通誥》、《孝經述義》、《春秋三傳人名異文考》、《春秋三傳地名異文考》、《蔡氏月令章句》、《漢律疏證》、《南陽碑傳集》、《南陽祖庭典錄》，目錄學有《隋書經籍志考證》、《四庫全書總目提要板本考》、《書目答問斠補》、《書林清話》、《藏書十約》、《觀古堂藏書目錄》、《郋園讀書記》、《郋園書畫題跋記》，其他著述有《古器釋銘》、《古泉雜詠》、《郋園書寓目記》、《遊藝卮言》、《淮南鴻烈間誥》、《輶軒今語評》、《明辨錄》、《覺迷要錄》、《翼教叢編》、《郋園書剳》、《郋園詩文集》等。德輝卒後，其子啟倬為刻《郋園叢書》，凡 126 種，371 卷，行於世。近華東師範大學出版有《葉德輝文集》，收文亦富。至欲考知葉氏生平事蹟之詳者，則可參考汪兆鏞〈葉郋園先生事略〉、許崇熙〈郋園先生墓誌銘〉、黃兆枚〈葉郋園先生傳〉、金天翮〈葉奐彬先生傳〉及德輝受業弟子楊樹穀、楊樹達昆仲合撰之〈郋園學行記〉。

孫毓修（1871～1922），一作（1869～1939），字星如、恂如，號留庵，別號綠天翁、東吳舊孫、樂天居士，別署小綠天主人，室名小綠天。江蘇無錫人。早歲攻讀南菁書院。後從美國牧師習英文。光緒末年從繆荃孫學版本目錄學。光緒卅二年（1906）入商務印書館，任高級編譯，並為涵芬樓鑒別版本，編輯《四部叢刊》。著有《中國雕版源流考》、《伊索寓言演義》；譯有《北亞美利加洲》、《亞細亞洲》。又先後撰成歷史人物傳記《文天祥》、《王陽明》、《岳飛》、《諸葛亮》等。其出版童話《無貓國》，被夏丏尊譽為中國童話開山祖師。毓修生平資料，茲僅據陳玉堂《中國近現代人物名號大辭典》增訂剪裁而成。欲考其詳者，則可參考上海人民出版社 2011 年 10 月出版之柳和城近著《孫毓修評傳》。

參、葉德輝未刊書函十通考述

葉、孫二氏行事記述既竟，以下乃將書劄依年月先後排次，並對函牘作按語，就其內容略事考訂。因囿於學報、期刊論文有字數限制，故未擬對書函內容所涉作更翔實之考論，尚祈讀者諒之。

一

> 星翁仁兄大人執事：頃奉覆書，知《絳雲目》已收到，跋文有誤，仍望將原稿寄蘇再改，此兩葉紙甚易易也。《四部叢編·例言》匆匆撰就，在鄙人所欲言者已盡於斯，體例既定，則一切築室之議不煩言而自解。菊翁決去《席刻百家》，則唐人專集善本多少可以補入（弟藏善本也甚多，儘尊處所見先錄），惟唐選不可無一二與宋元相配，《才調集》尤要也。此頌撰安。　弟葉德輝頓首。己未舊曆七月廿五日。

按：此函乃所收諸函第一通，撰成於民國八年己未（1919）舊曆七月廿五日。德輝時在蘇州，孫氏則在上海。函中所言《絳雲目》，即錢謙益（1582～1664）所撰《絳雲樓書目》，其目收書近 3000 種，其中宋、元槧本約 50 種。考葉氏所編《觀古堂書目》收有錢謙益《絳雲樓書目補遺》1 卷，函言《絳雲目》或指此本。而《四部叢編》，即其後商務印書館編刊之《四部叢刊》，意此書最初擬用《四部叢編》之名也。「菊翁」即張元濟（1867～1959），字菊生，故敬稱為菊翁，時任商務印書館董事長。葉、孫二人于此組書函所商討

者多涉及《四部叢刊》選書及採用板本事。葉氏函內所言，甚為得體，既尊重張元濟意見，又有一己建設性之提議。至張菊生所決去之《席刻百家》，乃《席刻百家唐詩》之省稱，其書清席啟寓（1650～1702）編，凡 326 卷，所收皆唐至五代詩集。張氏去之，殆以其非宋元善本之故耶？《才調集》，蜀韋穀（生卒年不詳）編，錄詩凡 1000 首。

二

星如仁兄大人執事：前日得書，旋即裁答；又由郵局寄上《四部叢編·例言》，一時倉卒，於燈下就館中原本隨改隨增，即將底稿奉上。菊生同年來書云「不用館中名義發起」，則語氣有無應改之處，尚宜斟酌，方可定行。昨復菊翁書，謂改「敝館」二字為「同人等」三字，如何？其論行欵一條有「兢兢于此致意」，擬改「斷斷於此致辨」。原稿似已塗改，而未將改句加上。菊翁來書云「准刪去《席刻百家唐詩》，增入單行各種」。其中各種，弟所有善本須歸家一查。惟《文泉子》與《孫可之》合刻為閔齊伋墨板本（他書多朱墨套本），似少見，弟有此本，前目已批明。《李群玉》、《李碧雲》二集，弟有黃蕘圃藏影宋書棚本。《釋齊己》、《貫休》、《皎然》（菊翁目間未列《皎然》），傅沅叔同年為弟言有宋本可借，如有人影刻，彼可介紹，不知石印彼亦願否？《沈下賢集》無宋元明刻本，此書弟曾刻過，考之最詳，今江南圖書館有明謝氏小草齋鈔本，謝抄亦名抄，似可用。《羅昭諫集》，瞿有宋本，是甲乙集，詩文不全。江南圖書館舊抄本為何義門物，必可用。此類集部弟所有者，除席刻外，大半汲古本，惟《王右丞專文集》四卷，弟有奇字齋本，系明刻白文。元刊六卷本，有詩無文，不全也。連日秋燥，酷熱異常，夜不成寐，即檢閱瞿目、江南圖書館目，其中足供印者，多不過十餘種。印書非藏書比，有缺葉不能用，鈔配太多不能用，印本模胡不能用，此舉亦不容易，局外人烏足知吾輩苦心耶！此頌撰安。　弟葉德輝頓首。己未舊曆七月廿七日。

　　按：此函為第二通，撰於民國八年己未（1919）農曆七月廿七日。葉氏仍在蘇州。函首討論《四部叢編·例言》文字修訂事，葉氏所擬改各點應甚允恰。繼則商討選書及所用板本之良否與取捨。函中所言之《文泉子集》，唐

劉蛻（850 年進士）撰；《孫可之集》，唐孫樵（855 年進士）撰。葉氏謂其所
藏二書為閔齊伋墨板本。考閔氏（生卒年不詳），字寓五，烏程（今湖州）人。
自幼讀書勤奮，好作詩文，以刻書為事。明萬曆四十四年（1616）採用朱、
墨兩色套印書籍，後又改為五色套印，先後刻印經、史、子、集古書一批，
且及戲曲、小說，甚有名。《李群玉》，即《李群玉詩集》，群玉（約 807～862）
字文山，亦唐代詩人，甚受宰相裴休器重。《李碧雲集》，乃南唐李中（生卒
年不詳）撰，其集皆詩作，凡 3 卷。至函中又言及黃蕘圃，即黃丕烈（1763
～1825），字紹武。嗜學好古，素喜藏書，尤重宋元槧本。函謂黃氏所藏《李
群玉》、《李碧雲》二集乃影宋書棚本，即指影南宋臨安陳起（生卒年不詳）、
陳續芸（生卒年不詳）父子之書坊刻本。《釋齊己詩》，晚唐著名詩僧齊己（863
～937）撰，詩凡 800 餘首，其詩《全唐詩》亦收之。《貫休詩》，晚唐詩僧貫
休（832～912）撰，又名《禪月集》。《皎然集》，唐僧皎然（730～799）撰。
皎然字清畫，謝靈運（385～433）十世孫。《沈下賢集》，唐沈亞之（815 年進
士）撰；下賢，其字也，集凡 12 卷。本函謂《沈下賢集》，江南圖書館有明
謝氏小草齋鈔本。考江南圖書館，清兩江總督端方（1861～1911）於光緒三十
三年（1907）創辦，即今南京圖書館；至謝氏小草齋，乃謝肇淛（1567～1624）
之齋名，謝氏字在杭，號小草齋主人。葉函又謂其有奇字齋本《王右丞專文
集》。奇字齋主人乃顧起經（1515～1569），所刻《類箋唐王右丞集》，世稱奇
字齋本，亦即本函所言之「《王右丞專文集》」。《羅昭諫集》，唐羅隱（833～
910）撰，集凡 8 卷。何義門，清何焯（1661～1722）號，字屺瞻，晚號茶仙，
江蘇長洲人。多蓄宋元舊槧，參稽互證，丹黃稠迭，所評校之書，名重一時，
有《義門讀書記》6 卷傳世。至葉氏函末謂：「印書非藏書比，有缺葉不能用，
鈔配太多不能用，印本模胡不能用，此舉亦不容易，局外人烏足知吾輩苦心
耶！」皆至理名言，非老於此道者，不易言之也。

三

星如仁兄大人閣下：昨由長沙商務印書分館交到尊處上海初五日一
函，謹悉各節。《經典釋文》用通志堂本，附各家校記，此固勝於盧
校，但此事亦非易事。弟如在蘇可一人任之，在湘俗務紛紜，則不
能也。弟藏校本，據家石君公校宋本照校，即一點一畫亦照宋本，
以朱筆改之，其餘過錄乾嘉以來諸儒校語，五色筆相雜，觸目緒多，

恐非細心人不能理董；尚有三本在鄉間一從子手，俟取來寄上。《蘇
欒城》、《宋文鑒》二書既有善本可印，則弟亦免郵寄往還。藝風作
古訃聞想已到蘇，其家人或不知弟回長沙。擬作挽詩，藉伸知感。
托抄禁刻書翻板文，望早寄下，以便增入。今年為日無多，來歲開
正又是閏月，遲下則二月矣！光陰可惜，弟亦急欲回蘇，長沙不可
久居，此人人所共知者，安可因此虛蕩校書之歲月耶！己畦、學山、
分干《三祖集》已印出（午夢堂刻未完），暇時檢交分館寄滬。此頌撰
安。　弟葉德輝頓首。己未十二月十二日。

　　按：此函為第三通，撰於民國八年己未（1919）農曆十二月十二日。時
葉氏由蘇州回長沙。函中主要言及《四部叢刊》所收《經典釋文》用通志堂
本，並擬附各家校記予以整理，所述校書事甚詳悉，皆葉氏經驗談也。考《經
典釋文》，凡 30 卷，唐陸德明（556～627）撰。通志堂本，則指清納蘭成德
（1655～1685）《通志堂經解》本，其書收錄先秦、唐、宋、元、明經解 138
種，凡 1800 卷。函中又述及藝風作古，另託孫氏抄禁刻書翻板文。藝風即繆
荃孫（1844～1919），學問淵贍，亦精目錄板本學者，葉氏摯友，卒時七十六
歲。至函內所提《蘇欒城》，即宋蘇轍（1039～1112）所撰《欒城集》，其書另
名《蘇文定公文集》，宋刻甚多。《宋文鑒》，原名《皇朝文鑒》，宋呂祖謙（1137
～1181）奉詔編輯，乃北宋詩文總集，凡 150 卷。《三祖集》，其書所收計為葉
燮（1627～1703）《己畦文集》22 卷、《己畦詩集》10 卷、《己畦殘餘詩稿》1
卷、《己畦原詩》4 卷、《訌文摘謬》1 卷，另葉舒穎（1631～？）《學山詩稿》，
及葉舒璐（1663～？）《分干詩鈔》4 卷等。又函中言及之「午夢堂」，乃晚明
葉紹袁（1589～1648）家族堂號。紹袁，天啟五年（1625）進士，吳江（今
屬江蘇）人。明亡攜三子出家為僧，法名木拂。葉氏此函，余近考得孫氏有
回函，函撰於民國九年庚申（1920）農曆元月廿八日，收入柳和城《孫毓修
評傳》附錄二〈孫毓修書劄輯錄〉，頁 428。孫函云：「前承惠家刻三種，手書
致謝，想邀青睞。頃菊生學部檢示音書，知《四部叢刊》極蒙記注，實衛道
之切，垂愛之深。希風南望，荷感何言！宋元明清禁止翻版示帖，輯錄無多，
遲遲未寄，今承指教，應即鈔奉，以備採擇。藝老作古，知極感念。『異口趨
宣重別後，書絲行想不忍聞』。弟雖未列門生之籍，而亦不無知己之感。中邙
帳秘，半曾窺見，然早已十去七八。唯臥榻之旁，尚留十餘篋，造談之頃，
往往引之入室，出以相賞。零星小種，此老乃愛護如頭目，棄寓瓠而室瓦缶，

殊不可解。其公子輩仰仗先志，亦頗□親，借印之事或可賡續。鼎之輕重，則固不忍問者矣。此亦《書林清話》中一段掌故，因縷及之。庚申一月廿八日。」孫函有「宋元明清禁止翻版示帖，輯錄無多，遲遲未寄」；又函中有「藝老作古，知極感念」云云，兩相比勘，皆足證其為復函也。

<h2 style="text-align:center">四</h2>

星如仁兄道契執事：奉書知貴恙已全，忻慰無似。《家集》及借《佳趣堂書目》系由長沙分館裝箱運寄，不如郵局之速，故未到也。弟在家數月甚忙，當道甚糾纏，因家事不能擺脫，不然早已回蘇矣！此次宋本《說文》已從日本借得，菊生同年有書來告，大是快事。《經典釋文》應如尊議，以通志堂初印本入印，附以校勘記，此事弟可與聞，書成亦必傳之作。嘗笑康雍以來儒者誤用汲古閣《說文》解經，《說文》沿訛襲謬；嘉道以後學者又誤用阮刻《十三經》、盧校《經典釋文》，以為經學之功，得此即可升堂入室。粵之陳東塾、浙之俞曲園，皆坐井觀天，至可輕薄，五、六十年人人奉為大師，中國乾嘉以來一百年，直可謂無一開眼者，豈不可笑！《四部叢刊》能以此等古本餉人，實莫大之功德，公與菊生同年實古人、今人所同託命者也。承寄翻板禁文尚未到，以寄物較寄信略遲，掛號尤緩也。此頌撰安。　弟葉德輝頓首。庚申二月初三日。

《書林清話》「翻板有禁例始于宋人」一則，當時止錄得段昌武《叢桂毛詩集解》附錄一條；祝太傅宅刻《方輿勝覽》禁人翻板一段，在蘇遍借各藏書目翻檢，均無其文，詢之繆藝風老人亦不記憶。去年歸家檢楊惺翁《日本訪書志》得之，已將此一葉改添四葉，正在刻板。適奉書寄來，恐不及補矣！然將來入之《續話》亦甚易易也。

去年收到舊刻書及明板集部甚多，但無宋本、抄本（舍任得抄本元人小集甚多，均秀野草堂舊藏，得在弟未回湘之先半月）。元板《文獻通考》、明馮天馭刻《文獻通考》，其最大部也。　輝再拜。

按：此函為第四通，撰於民國九年庚申（1920）農曆二月初三日。其時葉氏留居長沙已將三月矣。函中所言《佳趣堂書目》，清人陸漻（約1657～1727）撰，其書不分卷，僅依經、史、子、集、地理、金石、目錄、佛道為序，著錄書籍1547部，以詩文集居多。此書目收入葉德輝所輯《觀古堂書目》，故

孫氏求借諸葉氏也。又函中言商務印書館能從日本借得宋本《說文》，收入《四部叢刊》中，大是快事；繼重述對《經典釋文》之整理，以為書成乃必傳之作。惟函內對康雍以來儒者治經，有誤用汲古閣本《說文》及阮刻《十三經》者，皆給予苛評；即如陳東塾（1810～1882）、俞曲園（1821～1907）之治經，亦評為「皆坐井觀天，至可輕薄」；並謂「中國乾嘉以來一百年，直可謂無一開眼者」。讀函至此，深覺葉氏之自負，已屆目無餘子矣！函末補記《書林清話》「翻板有禁例始于宋人」一則相關情事。《書林清話》一書，乃德輝所撰，其書詳論古籍版本目錄，書凡 10 卷。又函中言及段昌武（生卒年不詳）《叢桂毛詩集解》，其書凡 30 卷。另《方輿勝覽》，則宋祝穆（？～1255）撰，乃南宋地理總志，計前集 43 卷，後集 7 卷，續集 20 卷，拾遺 1 卷，凡 71 卷。而函中謂及楊惺翁，即指楊守敬（1839～1915），字惺吾，曾任職駐日使館，留日時訪書有獲，撰成《日本訪書志》。函後另言及其侄兒去年收得舊刻書及明板集部書，其中道及之秀野草堂，乃清康熙進士顧嗣立（1665～1722）室名，顧氏博學多才，喜藏書；而馮天馭（1503～1568），則明世宗嘉靖十四年（1535）進士，以刻《文獻通考》有名。

五

星如吾兄有道左右：奉三月十二日書，知前函已邀台詧。瞿氏書開印，日本岩崎書亦成功，吾輩心願已完，此真天下第一快事。王佩翁多日不見。《盤洲》、《潯南》兩集抄本，問明再報聞。《脈經》即日寄呈。歸湘以來，家事尚未了清；地方事又接起而至，急欲脫身來滬，一經羈絆，竟不得自由，殊可笑也。近日從子輩收得舊書三種（其他元明刻、舊抄甚多，皆尋常之書，特刻本不同。《文獻通考》收得三部：一元板、一明馮天馭刻本、一慎獨齋本），皆曾文正所藏。一元翻宋本《陶詩箋注》，即《四部叢刊》擬印之本，有吳尺鳧一跋為可貴；一南宋麻沙本《纂圖互注莊子》，亦恒見之本；一《李習之集》，看似明初本，曾文正手跋以為宋本，曾固非講板本者，其言不足信也。前聞莫楚翁云，沅叔同年到上海新得金板《磻溪集》，此人間未見之書；又有宋本《張司業集》，似可借印。楚翁亦時通信，故得知之也。手復，並頌撰安。小弟德輝頓首。三月十七日。

　　按：此函為第五通，函末雖未署年，推考之實撰於民國九年庚申（1920）農曆三月十七日，乃繼上函而續致孫氏者，德輝仍在長沙也。函中言及《四部叢刊》徵用瞿氏書與日本岩崎書。瞿氏書，乃瞿鏞（約 1800～1860）鐵琴銅劍樓藏書也；岩崎書，則指靜嘉堂文庫所藏書，其創始人為日人岩崎彌之助，至其子岩崎小彌太時又購得陸心源皕宋樓所藏宋元版刻及名人手抄本，大為擴充書庫藏書。「王佩翁」即王謇（1888～1969），字佩諍，故有是稱；「沅叔」，傅增湘（1872～1949）字；「莫楚翁」，乃莫棠（1865～1929），字楚孫，亦作楚生，莫友芝從子，嗜藏書，三人均葉氏書林同道也。至《盤洲集》，宋洪适（1117～1184）撰，書凡 80 卷，适字景伯，號盤洲。《滹南集》，金王若虛（1174～1243）撰，號滹南遺老，書凡 45 卷。《脈經》，西晉王叔和（265～316）撰，書凡 10 卷，98 篇。函中又提及《文獻通考》有慎獨齋本，其書乃明建陽書林著名刊刻家劉弘毅（生卒年不詳）所刊刻，凡 348 卷。慎獨齋本書，密行細字，校勘精嚴，字體版式，頗類元刊。函中又言及元翻宋本《陶詩箋注》，此書實即元初翻刻之宋李公煥（生卒年不詳）《箋注陶淵明集》，凡 10 卷。德輝謂書中有吳尺鳧一跋。尺鳧，清吳焯（1676～1733）字，錢塘（今杭州）人，喜聚書，尤精校勘，家有瓶花齋，所藏宋雕元槧與舊家善本甚富，是知此書曾為尺鳧所藏，故得以校而跋之也。至《纂圖互注莊子》，凡 10 卷，其書用郭象注，附以陸德明《經典釋文・莊子音義》，為宋龔士卨（生卒年不詳）所編《五子纂圖互注》之一。《李習之集》，唐李翱（774～836）撰，書 2 卷。習之，李翱字。德輝函中言及傅沅叔得金板《磻溪集》，乃人間未見之書，至足貴。考《磻溪集》，元邱處機（1148～1227）撰。其書收詞 134 闋，邱詞亦刊見《正統道藏・太平部》。宋本《張司業集》，凡 8 卷，唐張籍（767～830）撰。

六

　　星如吾兄道契左右：頃奉惠書，得悉種切。前夏劍兄函約來滬相會，弟回函已云不能如約，兄殆未細閱耳！去年曾允為菊翁校《經典釋文》，頗以諸經疏附陸氏音釋者不易齊備（瞿氏有七經）。心願頗大，欲撰一書與抱經相抗，若抄撮諸家校本，匯為一箚記，事甚尋常，而翻檢同一費手眼，卻無味也。弟平生于百家雜學皆有撰述，惟經史未有成書。有《南北史刊誤》（此書極生，亦前人所未留意者），久未脫稿。《經典釋文》為群經匯歸，若成一極精之書，可與《南北史刊誤》

對壘，誠快事也。長沙來書，已向分館定購黃紙，印《四部叢刊》三部，皆公家所儲者。菊翁自京歸，印《四庫全書》事妥否？回珂後何日還滬，有便示知。《陳自堂集》，昨得舍侄書云「自擬付刊」，不知主意已定否？宋本《莊子》、元本《陶詩》皆其書，去年冬間得之曾氏者，彼欲弟寄京脫（集）〔售〕，而弟適欲購《四部叢刊》，事成則撥租還舍侄，免攜帶也。石君公校本書，務乞代為訪得。此頌撰安。　　弟德輝頓首。舊曆庚申九月廿七日。

按：此函為第六通，撰於民國九年庚申（1920）農曆九月廿七日。據函中「長沙來書」一句，知德輝已離湘回蘇州。此函仍言整理《經典釋文》事，並謂欲就此以成一極精之書，擬與盧文弨（1717～1796）《群經拾補》相抗衡。而《南北史刊誤》，葉函既謂乃久未脫稿之書，故亦無法多考；《陳自堂集》，疑德輝侄其後亦未付刊。惟檢明《文淵閣書目》卷 10 則有「《陳自堂存稿》一部二冊（闕）」，或即此書。另函中所言「夏劍兄」，指夏敬觀（1875～1953），敬觀字劍丞；「石君公」為德輝二十五世祖，下函言其事甚明。又函中「脫集」一詞，恐乃「脫售」之筆誤。

七

星如吾兄道席：頃奉復書，詳悉一切。《莊子》、《陶詩》無必欲涵芬樓承售之意，不過帶京途中多一番招呼耳！至《四部叢刊》亦無必置之意，因自此事發出目錄後，外間皆知為弟主持，以為必有一部相酬答，不置一部裝點門面，或疑弟所鄙夷，不屑插架，而轉勸人購置，為商務印書館作分銷人，是可笑耳！弟既非股東，張菊翁亦非獨開之店，眾夥之事，非一人所能主持。弟專為菊翁幫忙，亦專為流傳古書起見，初無見好股東之心，亦無責備報酬之理。以宋本相易，亦備一說，何至欲菊翁為難耶？弟自由湘返蘇，僅與菊翁在火車一見，中有應談之事極多（商量《經典釋文》辦法，即其一也。又北宋二僧，有石門，無參寥，終覺外行，必請加入。寧於南宋或元人書中撤換一種，不然則並石門亦不印，因迭有友人詢問何以單用石門之故）；北行之期亦因此時等一長沙來之日本人相會，此時日本人未到，故須稍待也。《法言》如須用《纂圖》本，弟當信至長沙取來；至會通館活字本《文苑英華》，因弟處所藏華氏活字本，僅有蘭雪堂《蔡中郎集》，無會通館

印者一種。前年傅沅叔同年堅欲請讓，弟未之允，俟遇有他種，准
以相讓。如菊翁來滬，即望函知，弟即來也。此頌撰安。　弟德輝
頓首。庚申十月初七日。

　　按：此函為第七函，撰於民國九年庚申（1920）農曆十月初七日，德輝
在蘇。函中申辯種種誤會，繼則商討《四部叢刊》選用書。所言北宋二僧，
其中石門，即釋惠洪（1071～1128），工詩，有《石門文字禪》30 卷；參寥，
即釋道潛（1043～1106），號參寥子，亦喜為詩，有《參寥子集》。至函中提及
之會通館活字本《文苑英華》，實指明無錫華燧（1439～1513）用銅字印製之
《文苑英華辯證纂要》。燧字文輝，號會通，故以「會通」為其館名。葉氏又
述及傅沅叔求讓蘭雪堂本《蔡中郎集》，而己未之允。考《蔡中郎集》，東漢
蔡邕（133～192）撰。蘭雪堂本乃指明無錫華堅（生卒年不詳）之銅活字印
刷本。堅，華燧子。該書印成于明武宗正德十年（1515），凡 10 卷，另〈外
傳〉1 卷。至函首言及之涵芬樓，初名涵芳樓，乃上海商務印書館編譯所珍藏
善本之藏書樓。1907 年建成，1932 年一二八事變毀於戰火矣。

八

　　星如吾兄有道：奉書並承賜先石君手校《詞林萬選》本，謹九頓首
以謝。明末國初，敝族人文最盛。而同在二十五世，石君公與林宗
公以諸生聚宋元舊書，為錢牧翁、遵王、竹林及何義門、徐健庵諸
公所傾倒，可知其聲氣之宏達。橫山公與其任元禮公以文章著，文
敏、九來兄弟二公，文采振耀一時。忠節公則以文學、氣節垂徽千
古。諸公皆七世祖以下族兄弟，為東山嫡支。弟二、三十年來搜求
先世詩文著作，陸續刊行，疏如浙族，尚不能兼顧，東南文學之族，
恐無第二姓也。石君公所校小種唐詩，從子輩亦各有一二種，核其
筆跡，先後相同。如《詞林萬選》乃不經意之書，而一字不肯放過
如此，可見其校《經典釋文》必更精密。箚記之名頗嫌習見，考證
又與盧校雷同，將來定名為校證或校錄，如何？瞿藏各經探聞可借，
惟其藏書禁例不能出門，殊費周折也。弟因族中有續補族譜之事，
須往北京一行，因家譽甫雖籍隸廣東，並非廣東最大之葉姓一族，
其先出自餘姚明工部侍郎諱祖憲者之後（黃梨洲先生外舅），石林公五
子中第三房子孫，與明之文莊、國朝之文敏、忠節同為一房，弟則

二房子孫，與天寥、橫山一家，及石君公同一房也。尚有珂鄉石幢一支，為明工部侍郎諱茂才之後（與弟同二房），將來奉求閣下為弟採訪；祖憲、茂才二公，皆出東林黨魁，均未罹魏奄之禍，其潔身遠引在東林炙手時，可謂明哲也已！《四部叢刊》中如《孫淵如集》必用原刻（岱南閣本少見，弟有之），揚子《法言》，石研齋本常見，入換宋本，弟有《纂圖互注》本，可以借用（明世德堂本六子，即從《纂圖》本，可見其本之善），蓋經部有《書經》，子部亦可配入一種，非獨勝於石研齋之通常，曾一校勘，實有勝於石研齋本之異文也。曾晤莫楚翁，云：「《四部叢刊》消市甚旺。」弟擬置白紙印者一分，惟須從子《莊子》、《陶詩》脫手後始可定局。本意欲寄北京，弟因欲置《四部叢刊》就近交易，不然早已北行矣！涵芬樓《莊子》祇有校宋本，未有宋本，得此可稱雙璧。《陶詩》為吳尺鳧藏書，歸之浙人最妥，一切俟與菊生同年面商。李南澗手卷妙在《貸園叢書》全分信簡皆在，得閣下錄副，多一傳本矣！手此，敬頌著安。　弟葉德輝頓首。
庚申十月上弦。

　　按：此函為第八通，撰於民國九年庚申（1920）農曆十月上弦。上弦，月之初八、九日。函中因從孫毓修處得其二十五世祖葉石君手校《詞林萬選》，乃追述其先世事。此函於研究德輝家世，材料豐富，且屬第一手資料，後之欲撰葉氏年譜者，應取資於此。所言《詞林萬選》，其書凡4卷，乃明人任良幹（生卒年不詳）編。函中提及之錢牧翁即錢謙益，何義門即何焯，前均言及，不重述；遵王（1629～1701），錢曾字，謙益侄曾孫；竹林，其人不詳，待考。徐健庵（1631～1694），乃徐乾學號，上述諸人均清初著名目錄學家兼藏書家。《孫淵如集》，孫星衍（1753～1818）撰，其書22卷，淵如，星衍字。《岱南閣叢書》，則星衍所編輯，《孫淵如集》亦收入其中。本函其他所述，均與《四部叢刊》選書及板本事相關。函中所謂石研齋本，乃指清秦恩復（1760～1843）所刻本書。恩復字近光，號敦夫，江蘇江都人，乾隆五十二年（1787）進士。而世德堂，乃明嘉靖間吳郡人顧春（生卒年不詳）室名。世德堂所刻書在明清時稱善本，頗受藏書家鍾愛。另函中又提及「家譽甫」，則指葉恭綽（1881～1968），恭綽字裕甫，又字譽虎，此處稱「譽甫」，亦通，或偶誤記也。至李南澗，乃李文藻（1730～1778）之號，乾隆進士；錢大昕（1728～1804）入室弟子，《貸園叢書》即由其匯輯，全書收書12種，47卷，又卷首1卷。

九

星如吾兄道契左右：昨因往南翔訪一友人，大雨傾盆，衣履半濕，遂馳回蘇寓換衣。亦緣子異同年世兄臺生門人移家合居，有三五日擾攘，不得不暫避也。去年寄放活字本《朱子同年錄》、《文信國題名錄》，《涵芬樓秘籍》如不重印，乞檢出清還；又會通館活字本《文苑英華纂要》及《辨證》，瞿良士家有宋本，擬託人借校，並乞一併清出，俟弟來滬領取也。餘容面談，即頌撰安。　弟德輝頓首。庚申十月二十四日。

按：此函為第九通，撰於民國九年庚申（1920）農曆十月二十四日，德輝在蘇。函中除談生活瑣屑，另請孫氏檢還書籍，以備其由蘇赴滬時領取。函中所言《朱子同年錄》，初名《紹興十八年同年小錄》，乃記王佐（1126～1191）榜進士題名錄者。至明弘治中（約1496），會稽王鑒之（生卒年不詳）重刻于紫陽書院，始改名《朱子同年錄》。《文信國題名錄》，即文天祥（1236～1283）題名錄，天祥，宋理宗寶祐四年（1256）進士第一。至《涵芬樓秘籍》，書由孫毓修編，全10集，次第攝印宋元善本，凡收書52種。《文苑英華纂要》，書4卷，宋高似孫（1158～1231）輯；《文苑英華辨證》，書10卷，宋彭叔夏（生卒年不詳）撰。

十

星如吾兄有道執事：晤後於次日返蘇，案頭書牘如鱗，竭一日之力一一裁復。隨檢《四部叢刊》目細閱，子部《荀》、《揚》斷不可用時刻，集部《姜白石詩詞》乾隆仿宋本，亦可從緩，再訪善本。此類書以押至第五、六期，不得已而後用之為妙。務乞轉告菊翁，勿學上海人搭漿也。會通館活字本《文苑英華》兩種，乞從友人索來，交大通路青雲里底左臺生門人代收，以十六七日派人到上海取回也。（年來託瞿良士校宋本於其上）此頌撰安。（石君公校詞一種，不日由長沙可以寄滬總館）　弟德輝頓首。庚申十二月十三日。

按：此函為第十通，撰於民國九年庚申（1920）農曆十二月十三日，時德輝由滬返蘇未久。函中提議《四部叢刊》選書莫用時刻，需用善本，足見矜慎；函末又乞孫氏從友人處索回會通館活字本《文苑英華》二種，以便派人取回，此即指上函所言之高似孫《文苑英華纂要》與彭叔夏《文苑英華辨

證》也；又附言不日由長沙寄滬商務總館石君公校詞一種，即指《詞林萬選》。至託校宋本於《文苑英華》二書上之瞿良士（1873～1940），前函已提及其人。考良士，名啟甲，江蘇常熟人，鐵琴銅劍樓後裔，輯有《鐵琴銅劍樓藏書題跋集錄》，亦曾助編《四部叢刊》者，今人瞿鳳起先生，其嗣子也。孫氏接葉氏此函後，即於民國十年（1921）辛酉農曆元月廿四日回一函，該函亦收入《孫毓修評傳》，頁 428，茲迻錄如次。孫函云：「煥彬先生閣下：奉十三日手章，知台駕已安抵吳門。檢贈《宋人說部》11 種，計 18 冊，已託來青閣轉寄。前贈《大戴》、《南雷》二書，不知已收到否？葉校《詞林萬選》，前從中吳某君處取來，以為某君所索想必不奢，深體執事快睹之心，未及問價即以馳寄。乃外間流言謂弟且以此易尊藏《文苑英華纂要》，於是要價極貴，否則還其原書。歲事將闌，相持愈急。弟無法解圍，遂以《纂要》4 冊質於其處，務乞將《詞林萬選》1 冊從速擲下，俾《纂要》4 冊原璧歸趙，不勝禱切。專此即頌年釐。十年元月廿四日。」觀函首謂「奉十三日手章」，即指葉氏此函，其署年正為「庚申十二月十三日」。又葉函附注有「石君公校詞一種，不日由長沙可以寄滬總館」，而孫氏于一月過後去函仍索此書甚急，足證仍未收得葉寄《詞林萬選》也。

肆、結語

　　以上考述葉氏未刊書劄十通既竟，其第一至第三函撰於民國八年（1919）己未農曆七月至十二月，第四至第十函則撰於民國九年（1920）庚申二月至十二月，時葉氏奔波于蘇州、長沙兩地，亦有往返蘇、滬間者。葉氏之函，用於考證商務印書館編理《四部叢刊》事，至為重要，從中亦可考見郎園先生貢獻之巨與學問之博也。葉氏函第八通，內容敘述其家先世，所據至為翔實，乃撰作德輝年譜不可多得之史料。葉氏此十函真跡，乃摯友宋緒康先生不惜重金從上海拍賣行搶購得者。此組書函，前此未嘗刊行，至足珍貴。茲經整理校點，並加考述而公諸世，不惟可發潛德之幽光，且宋先生與余幸得參與其事，略貢愚誠，亦學術史上難得之因緣也。書劄真跡複印件附拙文後，化身千萬，藉資欣賞。

二零一一年九月卅日初稿，十二月十八日增訂於香港樹仁大學中國語言文學系。
（原刊《新亞學報》第 30 卷，2012 年 5 月）

星翁仁兄大人執事頃奉

覆書知緯雲月已收到跋文有誤仍望將原稿

寄蘇再改此兩葉依甚易也四部叢編例言每、

撰刻在鄙人此欲言者已盡于斯體例既定則一切

篡室之議不煩言而自解菊翁决去席刻百家

則唐人專集善本多少可以補入惟唐選不可無

二與宋元相配才調集尤要也此頌

撰安　　　弟藏善本日多進尊處所見先錄

弟葉德輝頓首

己未四厤七月廿五日

星如仁兄大人执事前日得書旋即裁奉大由

郵局寄上四部叢編例言一時倉卒于膝案就

作中原本随改随增即将底稿奉上菊青年

来書云不用依中容義發起則語氣有無意改

之處尚宜斟酌方可言行作復菊青書情報嚴

館二字為同人等三字與何其論行題一條有競

于此改意擬改斷々于此改辨原稿仍已准改如未

特改句加上菊笤来書云准删去席刻有家鹿

詩壇入單行各種其中各種乘多有善本須歸
他書多系宋本
家一壺惟交家子与孫可以合刻為閩齋傢僤核本
似少兄弟有此本前目已批明李犀玉李碧雲二
葡第月間未列懷些
集多有黃崑圃荒敎宋書棚本釋齊三貫保飲並傳
況持同年方勇言有宋本可浩發有人翻刻彼可各紹柯知
若
右卯彼二顧並沈下費集無宋元陰刻本此書竟更國刻
近考之最詳今江南圖書館有阴湔氏小草堂之鈔本謝抄
古吝抄似可用羅昭諫集罹有宋本呈甲乙集詩文不

全江南圖書館四抄本為何義門物必可用此數集部
弟近有去隘席刻外六半徵古本推王荊公專文集四
卷弟有奇字齋本徐明刻白文元刊六卷本有注無注不
全已連日秋燥酷熱異常夜不成寐沖檢查閱目江
南圖書徵目其中足供叩我多不過十如種印書排併
書此有缺葉亦紙用鈔配多多為須用印本模糊亦紙用
此舉上不容易局外人烏呈知其甘苦心邪此頌

撮安

　　弟　葉德輝頓首

　　　　己未四應七月廿七日

星如仁兄大人閣下 昨由長沙商務印書分館寄刊

尊處上海和五日一函謹悉 各節經典釋文用通

志堂本附各家校記此固勝手寫 但此事尤非易

事弟以在蘇可一人任之在相隔務紛紜則不能也

弟藏按本樣家石君口按宋本照校印一點一畫之

照宋本以朱筆鈔之其伯過錄托嘉以來諸儒按讀五

色筆相雜鐌緒多緢非細心人不能理董尚有三

本在鄉問一從子平候取來寄上蘇齋誠宋文鑑

二書陸有善本可印鈔弟山亦郵寄往返甚風作

古計閱想己到蘇其家八畝亦知弟回長沙擬作挽

詩藉伸知感託抄業刻書觀板交望早寄去以便携

去今年各日每多索歲開正又是閏月運下刻二月

交光陰可惜弟上魚頌回蘇長沙不可久居此八八

此共知者與揚集己印出眠時檢交公俊寄遠此頌

山弟平三視集己印出

撝堂　　　　弟葉德輝報告　己未十二月十二月

星舫仁兄道契執事奉書知

貴志已全坊尉無似家集及借佳趣臺書月後曲

長沙分版裝箱運寄而如郵寄版本到也承在

家數月七桁審這世州經因家事未經撰脫而缺早

已回蘇兵此次宋本統文已從日本傳得菊全同年有

書來告大星快事經典擇文應如尊讓以通志堂

集漢陽銃碑字葉氏嘉德堂造後書成二西傳作

初印本入印附校校勘記此事弟可与閣

又作嘗笑席雞以來儒并聯用阮古閣說文解經說文

沿流溯源嘉道以後學者又謀用阮刻十三經盧校

經典釋文刊為經學之功溥此即可升堂入室粵書陳

東塾所之俞曲園哲生甫歎□□□□程博五六十年

人人奉為大師□□嘉以來一百年其可行無一開眼大且

不可笑今四部叢刊據以此彙古本仍久寘莫大之功德

□□寅古人今人多同託命君也承寄新板

集漢揚統碑字葉氏嘉德堂造錢

禁文多年到□寄脃較寄信略達挂號尤穩也□頻

　　撰安

　　　中華書局辟行言　庚申二月初音

書林清話翻板有禁例始于宋人一副當时此錄得

銶昌武叢桂堂毛詩集解附示一條祝太傅寃刻方要勝

嘱芸人翻板一致在蘇画借各廓書册翻撿揚日本访

詢之探藝風老大宮記撿去年歸家撿揚擇書日本访

書志得之時此一葉致添四葉正在刻板適奉

書寄未恐不收補矢望將來之之續話六百昜之此去年

收刻崔解刻書及嘹板集郡也多但無宋本抄本元板文

獻通致明庙天毀刻文獻通考其最大部也

輝再拜

星如吾兄有道 左右奉 三月十二日

書如前函已逮

名譽瞿氏書開印日本落崎書上成功吾輩心

顧已完此甚天下萬一快事主佩弼多日見

盤卯濤南兩集抄本同時再拔閱脈絕即日

寄集歸相完碑字葉氏嘉德堂造錢兩龜律

起而至魚欣脫身來滬一經甚他元明刻印抄

由殊可笑也已自從子輩收得崔印書三種皆

劇本百文獻通考收得三部一元拔一印馮天叔刻本一套書來上

曾文正此荷一元翻宋本陶詩箋注即四部叢刊擬
印之本中有美人鳥一跋為可貴一南宋麻沙本鬱岡
五柳莊子六頃宅□□本一李習之集看何注初本曾文正
手題以為宋本曾園非講板本者其言不足憑也前
閱葉楚芳云阮時向年刊上海新得金板礄溪集
此人閱集兄□書碑字葉氏嘉德堂造幾似可借印
楚寶其內通倜攷得按字梳之也手後再攷

撰去　　小弟葉德輝警启　　三月十七日

星翁吾先道契左右 頃奉

惠書得悉種切 前夏劍先函約來滬相会 事同函已云不

能如約 兄竟未細閱耳

文頗以諸經疏附陸氏音釋者 不易齋備心願頗未檢撰一

書与抱經相抗 若抄撮諸家校本彙爲一礼記書甚尋常

而翔檢同一費手眼却無味也 弟平生于百家雜學皆有

撰述惟經史未有成書 有南北史刊誤久未脱稿 經典釋

文爲摩經彙歸 嘉咸一極精之書可与南北史刊誤

對壘誠快事也長沙素書已向分館定購貴紙印四部叢
刊三部皆以償此儲者蓋書自京歸即四庫全書
事安否回阿筱珊還尾有囮而知陳自壺集昨
得舍松書云自擬付刊不知重童已定否宋本孫子
宪本陶詩皆其書去年冬向得曹氏者彼政軍寄
京既集硯弟適歐靖四部叢刊事成列撥祖區
免揮帶也石君又授本書務乞代為拶得此頌
免攜帶也石君又授本書務乞代為拶得此頌

　　　　　弟葉德輝輩首

　　　　　　旧麻廣甲九月廿七日

撰云

星垓吾兄道席頃奉

復書詳悉一切莊子陶詩無必硕逺书樓來售之意不過藉

京逢中多一書粗可耳以四部叢刊亦無必置之意因自此事

發出目錄汶外同皆知为弟主持以为必自一郡相酬當去置一部

裝點門面或疑弟此郡夷不屑插架而轉勸人購置去高務印

書雅作分銷人是可笑弟乃阮非股東張菊浩亦非獨開之

集漢楊統碑字葉氏嘉德堂告竣亦承專为菊叟辦此二手子流

庶朵雅之事非一人此雜主持承專为菊叟辦此二手子流

傳古書起見初無見好股東之心亦無責偹拓讹之理以宋本

相易之幅一說何玉故菊翁為難耶　弟自曲阜相返蘇

在大車一見中有應讀之事極多此行之期二月此時尋一長

沙未之日本人相會此時日本人未到　故須稍待也法言勿

須用篆圓本來當信玉長沙即來至會通假活字本文太英

華因某處此採華氏活字本僅有蘭雪堂蔡中郎集無会

通後印此一種前年傳沅叔同年堅欲請讓弟未允俟

遇有他種難以相讓以菊翁来滬即坐此知劇印来也此頌

集漢楊統碑字葉氏嘉德堂造後

撰安

葉德輝頓首

庚申十月初七日

星如吾兄有道奉　書弟承

賜先石君手校詞林萬選本謹九稽首如謝明末國初徵

族人文最盛而同在二十五世石君四世林案子以

元舊本書為錢牧齋通王竹林及衍義門徐健庵諸子以

傾倒可知其聲氣之宏達擴山云與其猶元禮之以文章著

文敏九東兩兄弟振耀一時忠節之則以文學氣節

集漢楊統碑字葉氏嘉德堂造錢

垂藏千古諸以貲月七世祖以下族兄弟為惠州嫡支萬二十

年來搜求先世詩文著作陸續刊行疏以浙族尚不終兼

顧東南文學之族恐無第二姓也右君口沙校小種唐詩從

子筆二各二三種核其筆迹先以相同如詞林萬選乃不

經意之書西一室不肯放過此此可見其校經典釋文心

更精密札記之名孫習見考隆又以盧本將雷同將

來定名為校證或校錄以何瞿藏參經擇日可償惟書藏

書禁例不致出門殊費周折也弟因族中有續補族譜

之事須往此京一行因家譽甫雖□隸廣東並非廣東
　集漢楊統碑字葉氏嘉德堂造賸

最古之葉姓一族其先出自脩姚明工部侍郎譚桂憲者

黃葯泚先生外舅

之後石林五子中第三房子孫与朋之文莊國朝之文敏忘

前同石一房兩則二房子孫与天麥橫此一家及石君石巳凡一

房也尚有阿鄉君幢一文為明工都侍郎諱茂才君之後

伯来羅魏庵之禍其儕身遠引在東林炙手時可謂朋

指也巳四部叢刊中孫淵如集必用原刻揚子法言石

研參本常見另操宗本弟有篆圖五佐本可以借印蓋

經部有書經子部亦可配入一種非獨勝于石研等之通常

曾一校勘實有勝于乃研究本之異文也曾聘菜某云

四部叢刊消市甚旺嘉擬買身綫卯者一分惟茲從子莊子

陶詩皖手公猴可望兩本意欲等此京第目欲置四部叢

我已全易去書聿西此行美函書樓片子錢有按宋本未

有宋本得在可稱雙璧陶詩乃某尺見藏書歸之浙人最

妥一切俟与菊生兩商李南洞手春抄在貸圖叢

集漢楊統郵字葉氏嘉德堂造廢俟一傳本美

書全分信札啓在踞圈亦錄副多一條本美手氏敬頌

　　　承　葉德輝　揰青　庚申丁月上弦

星如吾兄道契左右昨因往南翔訪一友人大雨頓

益衣履盡濕遂馳回蘇寓撲被去緣子昊月世兄

臺生門人搬家會房有三吾日擾攘不得不暫避也去年

寄放活字本朱子同年錄文信國題名錄海考樓秘

發如不重郵即乞檢出清還又會通館活字本文苑英

華纂要及辨證瞿良士家有宋本擬託人信後弄乞

集漢楊統碑字葉氏嘉德堂造像印頌

一并傳出候乘灝颍歎也伯崧面陵印畢

　　　　弟德輝拜言　庚申十月二十四日

撰寄

星如吾兄有道執事暌後于次日返蘇紫頣書續到

鱗鴻一日之力一、裁復隨撿四庫叢刊目細閱于部

苟揚斷不可開時刻集部姜白石詩詞乾隆仿宋本之

可從緩再謀善本以數書以押匯第五次期不得已而收

用之為妙務乞轉告菊生句學工海人搭輪此會通俊

里底左臺生門人紫來交大通路書雲

活字本文苑英華兩本气從夜人

集本漢揚統軍字葉氏紙幾本此

石居已檢得一種

撿右

港誌後

弟 德輝頓首

庚申十二月十三日

七、黃克強先生〈致 國父書〉讀後

　　暑期赴臺，偶於祝佛朗（秀俠）前輩處，獲覩黃克強先生（1874～1916）〈致 國父書〉手迹，計五紙。恭讀一過，因悉函中所載，涉及 國父及同盟會同志於宣統元年（1909）在日本東京活動之一些往事，資料極為珍貴，足資研治民前革命史者參考。茲不吝辭費，標點該函，迻錄如後：

　　中山先生鑒：昨接讀由倫敦發來之函，得悉有人冒名致函美洲各埠，妄造黑白，誣謗我 公，以冀燬壞我 公之名譽，而阻前途之運動。其居心險毒，殊為可恨！再四調查，東京團體無有人昧心為此者。但只陶煥卿一人，由南洋來東時，痛加詆誹於 公，并攜有在南洋充當教習諸人之公函（呈 公罪狀十四條），要求本部開會。弟拒絕之，將公函詳細解釋，以促南洋諸人之反省。是函乃由弟與譚人鳳、劉霖生三人出名，因當時公函中有湖南數人另致函弟與譚、劉也。本擬俟其回覆再作處理，不料陶煥卿東來時，一面囑南洋諸人將前公函即在當地發表（即印刷分佈於南洋各埠者），一面在東京運動多人要求開會。在東京與陶表同情者，不過（與）江浙少數人與章太炎而已。及為弟以大義所阻止，又無理欲攻擊於弟；在攜來之附函中，即有弟與 公朋比為奸之語，弟一概置之不理。彼現無如何，只專待南洋之消息，想將來必大為一番之吵鬧而後已。彼不但此也，且反對將續出之《民報》，謂此《民報》專為 公一人虛張聲勢，非先革除 公之總理，不能辦《民報》；見弟不理，即運動章太炎在《日華新報》登一偽《民報》之檢舉狀（切拔附上一覽），其笑劣無恥之手段，令人見之羞憤欲死。現在東京之即非同盟會員亦痛罵之，

此新聞一出，章太炎之名譽掃地矣！前在《民報》所登之〈與吳稚暉君書〉，東京同志已嘖有煩言，知其人格之笑劣，今又為此，誠可惜也。弟與精衛等商量，亦不必與之計校，將來只在《民報》上登一彼為神經病之人，病人囈語，自不可信，且有識者亦已責彼無餘地也。總觀陶、章前後之所為，勢將無可調和，然在我等以大度包之，將亦不失眾望，不知　公之意見若何也？美洲之函，想亦不出陶、章之所為，今已由弟函達各報，解釋一切（函稿另紙抄上），桀犬吠堯，不足誑也，我　公當亦能海量涵之。至東京事，陶等雖悍，弟當以身力拒之，毋以為念。《民報》廿五號已出，廿六號不日亦可出來。美洲之報統寄至《自由新報》盧侯公處轉發。（只能印一千冊，存東者不過五十冊而已，餘皆付南洋、美洲矣！）另郵寄三冊於　公，以慰期望之殷，且博先觀之一快。弟所欠款事，刻尚無從籌得，且利息日加日，今已及四千圓以上矣。欲移步他去，為所牽扯，竟不能也。　公有何法以援我否？港部在東所籌事如能成功，當可少資以活動，刻未揭曉，不知結果如何？餘俟續述。以後覆書，即請寄：「日本、東京府、豐多慶郡、西大久保一五八、桃源寓、黃興收」為要。（勤學舍自六月解散矣！）

此請

籌安

　　　　　　　　　　　弟黃興頓首

　　　　　　　　　　　　　　西十一月初七日

案：此函頗見當日同盟會同志間之齟齬，亦足證　國父及克強先生領導革命之艱厄。函末署作「西十一月初七日」，未明示作於何年。然函中有「《民報》廿五號已出，廿六號不日亦可出來」諸語，若能考出《民報》廿五、廿六號之年代，此函作年問題亦當迎刃而解。《全國中文期刊聯合目錄》頁 338《民報》條云：

民報（月刊）　日本東京民報編輯部　一～廿六

一九零五・一零～一九一零・二

是知《民報》創刊於西元一九零五年（光緒卅一年）十月，以迄西元一九一零年（宣統二年）二月，共出廿六。《民報》廿六號既版行於西元一九一零年二月，則克強先生函當寫於西元一九零九年（宣統元年）十一月初七日也。

克強此函提及之當時人物，依次為：陶煥卿、譚人鳳、劉霖生、章太炎、吳稚暉、汪精衛、盧侯公等。章、吳、汪三氏，吾儕所習知，可不贅；盧侯公事迹不詳，暫付闕如。茲僅簡介陶、譚、劉三人如後：

陶煥卿，名成章，浙江會稽人，同盟會會員，初黨山陰徐錫麟，後深結安化李燮和。燮和萍鄉起義失敗，亡命爪哇，陶氏亦南行。

譚人鳳，字石屏，湖南寶慶人，同盟會會員，光緒卅三年（1907）抵東京，以耆艾骨鯁見重於時。

劉霖生，字揆一，湖南長沙人，同盟會會員，光緒卅四年（1908）一度主理東京同盟會事，然以望淺，眾意不屬。

檢章炳麟《太炎先生自定年譜》，其書光緒卅二年（1906）至宣統二年（1910）所載，不乏與此函可互為參證之資料，試按年摘要條列如下：

光緒卅二年（1906）　卅九歲

五月，期滿出獄。同志自日本來迓。時孫逸仙與善化黃興克強，已集東京學子千餘人設中國同盟會，倡作《民報》，與康氏弟子相詰難。主之者，溥泉（廣校案：溥泉，張溥字，直隸滄州人，後更名繼，仍字溥泉。）及桃源宋教仁遯初、番禺胡漢民展堂、汪兆銘精衛、朱大符執信也。余抵東京，同志迎于錦輝館。未幾，以壽州孫毓筠少侯之請，入同盟會，任《民報》編輯。其冬，《民報》初置滿一歲，赴錦輝館慶祝，觀者萬人。國內學子以得《民報》為幸，師禁之，轉益珍重，化及全域，江湖耆帥皆願為先驅。

光緒卅三年（1907）　四十歲

逸仙自南洋還東京，時日本人入同盟會者八人，自相克伐，漢人亦漸有同異。孫、黃、胡、汪南行，遯初亦赴奉天。同志聞逸仙與日本西園寺侯陰事，漸相攻擊，異議始起。寶慶譚人鳳石屏來，石屏于同志年最長，耆艾骨骾，有湘軍風。是歲山陰徐錫麟伯蓀刺殺清安徽巡撫恩銘，伯蓀性陰鷙，志在光復，而鄙逸仙為人。其黨會稽陶成章煥卿時在日本，與余善，煥卿亦不喜逸仙。而李柱中以萍鄉之敗，亡命爪哇，煥卿旋南行，深結柱中，遂與逸仙分勢矣。

光緒卅四年（1908）　四十一歲

初，孫、黃之南也，以同盟會事屬長沙劉揆一林生。林生望淺，眾意不

屬。既與逸仙有異議，孫、黃亦一意規南服，不甚顧東京同志，任事者次第分散。邐初貧甚，常郁郁，醉即臥地狂歌，又數向《民報》社傭婢乞貸。余知其事，曰：「此為東人笑也。」急取社中餘資賙之。然資金已多為克強移用，報社窮乏，數電告逸仙，屬以資濟，皆不應。其夏，克強襲破雲南河口，旋敗歸，抵東京。頃之，清遣唐紹儀赴美洲，紹儀過日本，因脅日本當事封禁《民報》，使館亦遣人潛入報社下毒。社員湯增璧飲茗，幾死。

宣統元年（1909） 四十二歲

《民報》既被禁，余閒處與諸子講學，克強復南。時東京同盟會頗蕭散，而內地共進會轉盛。煥卿自南洋歸，余方講學，煥卿亦言：「逸仙難與圖事，吾輩主張光復，本在江上，事亦在同盟會先，曷分設光復會。」余諾之，同盟會人亦有附者，然講學如故。

宣統二年（1910） 四十三歲

時東京與南洋聲聞轉疏，孫、黃異議，逸仙亦他去。克強在香港，與丹徒趙聲伯先合。煥卿數言克強得伯先，事或可就，逸仙似無成者。余謂：「集黨數年，未有規畫，恐詒笑後人耳。然清自袁世凱廢，張之洞死，宗室用事，人民胥怨，固不能久。粵人好利而無兵略，湘中朴氣衰矣，亦未必屬孫、黃也。君以光復會號召，所謂自靖自獻，成敗利鈍，誰能知之。」

案：細閱章《譜》上列各條，如所言《民報》創辦以迄其被禁，同盟會同志間齟齬，國父及黃、譚、劉、陶諸人之活動，皆足與此函互為補充。然章氏既力主光復，與煥卿又相善，則與國父立異，在所必然。《譜》中每多誹詆語，亦意中事矣。克強先生謂：「桀犬吠堯。」是知章氏誣謗之論，固不足以取信天下，亦無能玷污國父高潔於萬一也。

章《譜》「宣統元年」條，謂《民報》被禁，克強復南；其事且載在煥卿自南洋歸之前，然證之此函，知其誤也。《民報》被禁，及克強先生赴港，皆是宣統二年間事。章氏既有此誤，用特於文末表出之，以告讀章氏《自定年譜》者。

民國六十八年九月十四日鶴山何廣棪撰於香港珠海文史研究所

（原刊《中國書目季刊》第十四卷、第一期）

八、梁啟超《飲冰室合集》佚文
——〈李誡《營造法式》跋〉

　　梁啟超（1873～1929）字卓如，號任公，別號飲冰室主人，卒於民國十八年（1929）。民國廿五年（1936）元月，上海中華書局初版《飲冰室合集》，余於香港中央圖書館則借讀得其民國三十年（1941）六月之再版本。《飲冰室合集》凡十六冊，第十六冊為〈文集〉，冊中有「書籍跋」類，所收〈陳慶笙《地名韻語》跋〉等文四十三篇。檢閱其間，獨未收梁啟超所撰〈李誡《營造法式》跋〉，此文固《飲冰室合集》佚文也。

　　梁氏此〈跋〉，今見載中國嘉德國際拍賣有限公司二零一四年五月出版之《嘉德二十年（1993～2013）精品錄‧古籍善本卷》頁一四零。該頁著錄云：

65　　李誡編修

營造法式三十四卷附錄一卷

1925 年陶氏精刊彩印本　8 冊　紙本

23　×　23　厘米

中國嘉德 2012 春季拍賣會　　圖錄號：36

成交價：RMB 2,185,000

提要：梁思成舊藏

該頁另附有梁啟超〈跋〉文影本及《營造法式》首頁圖錄。上引頁一四零著錄中言及之「陶氏」，乃指陶湘（1871～1940），其人字蘭泉，號涉園，近代藏書家及刻書家。平生刊書甚富，《營造法式》即為所刻書之一種。

　　茲先將梁〈跋〉及《營造法式》首頁圖錄影本附下，以供參考。其後逐錄並標點梁〈跋〉如次（見圖一、二）。

　　下附之梁〈跋〉云：

> 李明仲　誠　卒於宋徽宗大觀四年，即西曆一千一百一十年。明仲博聞強記，精通小學，善書畫。所著《續山海經》十卷、《續同姓名錄》二卷、《琵琶錄》三卷、《馬經》三卷、《六博經》三卷、《古篆說文》十卷，今皆佚；獨此《營造法式》三十六卷巋然尚存。其書義例至精，圖錄之完美在古籍中更〔無〕與比，一千年前有此傑作，可為吾族文化之光寵也已。朱桂莘校印甫竣，贈我此本，遂以寄思成、徽音，俾永寶之。

民國十四年十一月十三日　任公記

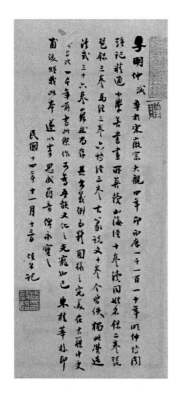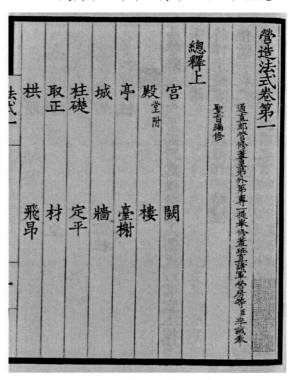

圖一　梁啟超〈跋〉文　　　　圖二　《營造法式》首頁圖錄

　　案：梁〈跋〉文中所提及李誠卒年及著作，其材料多取自闞鐸撰〈李誠補傳〉。〈補傳〉附見陶氏刊本《營造法式》書首，而文末署「乙丑十月，合肥闞鐸」，即撰於民國十四年（1925）十月。〈李誠補傳〉略曰：「李誡字明仲，

鄭州管城縣人。大觀四年二月壬申卒,吏民懷之,如久被其澤者。……誠之著書,有《續山海經》十卷、《續同姓名錄》二卷、《琵琶錄》三卷、《馬經》三卷、《六博經》三卷、《古篆說文》十卷。〈墓誌銘〉。」觀文末附注「墓誌銘」三字,則知闞鐸〈補傳〉實據〈李誠墓誌銘〉而撰成。考〈李誠墓誌銘〉乃宋傅沖益所作,其文初見宋人程俱《北山小集》,陶刊本《營造法式》亦收之。俱,宋高宗時為秘書少監,著有《麟臺故事》。《北山小集》有程俱注,謂沖益乃誠之屬吏,故可知〈墓誌銘〉之撰作有淵源,〈補傳〉所言李誠事跡可信。梁〈跋〉「任公記」下鈐有「梁啟超印」四字篆體白文方印,足證撰者。

又案:梁〈跋〉末處云:「朱桂莘校印甫竣,贈我此本,遂以寄思成、徽音,俾永寶之。」朱桂莘(1872~1962),即朱啟鈐,號蠖公,生平見自編〈蠖園年表〉。清末時,朱氏歷任京師大學堂譯學館提調、監督;入民國後,官交通總長兼代國務總理,轉內務總長,與任公同宦。又朱氏曾創建北戴河海濱公益會、中國營造學會等。《營造法式》中有朱氏所撰〈重刊《營造法式》後序〉,末署「中華民國十四年,歲次乙丑孟夏中澣,紫江朱啟鈐序」,是此書行世伊始,啟鈐即將之貽贈任公也。思成(1901~1972)、徽音(後改名徽因,1904~1955)乃任公兒、媳,梁〈跋〉影本右上角,及此書首頁影本右下角均鈐有「思成徽因珍藏宮室金石圖籍」篆字朱文長方印記。思成夫婦為著名建築師,畢生對國家建築事業貢獻殊鉅。任公送此書時,思成夫婦正結伴赴美國費城賓州大學建築系攻讀,是以梁〈跋〉結處乃有「遂以寄思成、徽音,俾永寶之」之語,蓋指將書遠寄美國也。

再案:思成夫婦學成返國服務,屢立功勳。惜徽音早逝,而中國文化大革命期間,思成竟慘遭批判與抄家,夫妻生前所收藏圖書與古物均被無理沒收。今見梁〈跋〉影本「思成徽因珍藏宮室金石圖籍」印記下,鈐有一「贈」字木印圖章,字甚平庸,竊疑乃抄家者因監守自盜,欲用移形換影之惡劣技倆以避罪嫌,特蓋此章,以圖蒙混。然欲益反損,所犯竊罪,終難逃讀者之覺察。思成所藏此書,今不知流落何方?覷其二零一二年春季拍賣會成交價,竟達人民幣二百一十八萬五千元,則知竊書者所貪得亦為不菲矣!此事似應深究。

余撰作此文,志為《飲冰室合集》拾遺補闕,及保存梁任公與兒、媳間一段古籍珍藏史之往事。至朱啟鈐、陶湘二氏精刊校印李誠《營造法式》,對我國古書流通功不可沒,似亦宜加以褒譽。

九、《陳垣來往書信集》（增訂本）拾遺一通——〈致王樹聲書〉

摘　要

　　上世紀史學大師陳垣先生，平生好交際，與友儕、門生、家屬常通音問。其文孫陳智超教授蒐求其來往書信，凡得 2164 通，編注成《陳垣來往書信集》，成績豐碩。然仍不免有漏網之魚，本文即補「致王樹聲同志」函一通，並考樹聲其人。

關鍵字：陳垣；《陳垣來往書信集》；王樹聲

　　陳垣先生（1880～1971），字援庵，廣東新會人。當代史學大師級人物，著作富瞻，卓有建樹，與江西義寧陳寅恪先生合稱「史學二陳」，蜚聲國際。援老平生好交際，與友儕、門生、家屬常通音問。所撰來往書函不下數千通，甚具史料文獻價值。其文孫陳智超教授嘗據其所蒐得者編注成《陳垣來往書信集》，初版於 1990 年；近又有增訂本行世，2010 年 11 月由北京三聯書店出版。至此書前後二版之同異，智超教授所撰〈增訂本前言〉有以下說明：

> 《書信集》初版計收援庵先生致他人書信 375 封，他人來信 892 封，共計 1267 封。經過近二十年的收集，新增援庵先生致他人書信 467 封，他人來信 180 封，另有援庵先生批復家書 125 封，共計 2039 封。那些批復信，實際上包含了一來一往的兩封信，照此計算，增訂本共收援庵先生致他人信 967 封（為初版的 258%），他人來信 1197 封（為初版的 134%），共計 2164 封（為初版的 171%）。《書信集》

增訂本收錄了經過整理的援庵先生這樣一位大學者、大教育家自1913 年至 1969 年五十六年間來往書信 2164 封，如此規模在書信集中是罕見的。〔註1〕

而智超教授於〈增訂本前言〉文末又曰：

在結束這篇前言的時候，我還要提出一點希望。在本書初版前言中我曾說過，在援庵先生所寫的大量信件中，本書所收的可能不到百分之一。這次雖然作了大量增補，但仍只佔總數的一個較小的比例。援庵先生的來往書信，歷經滄桑，大部分散失了，但就我所知，仍然有相當數量留存人間。我希望收藏者能將它們公之於世，使大家都能共用這份寶貴的文化財產。〔註2〕

智超教授推判援庵先生來往書函仍有相當數量留存人間，確有可能。即友人方寬烈先生便藏有援老致「樹聲同志」函。二十五年前余於撰文中已嘗加以揭示，〔註3〕惜智超教授未能讀及，故《書信集》初版與增訂本均未收及。茲不妨再公諸世，藉作對智超教授呼籲之回應。至「樹聲同志」為誰，亦擬於文末略作考證，以為讀者「知人論世」之參考。援老該函內容為：

樹聲同志：遠道北來，敏而好學，相見甚歡，惜余衰陋，不足以塞其望也。謹檢舊作數種為贈，皆解放前所作，及今觀之，殊多可笑，姑以志舊日之我而已！語曰：「正朝夕者視北辰，正嫌疑者視聖人。」孔孟，古聖；馬列，今聖也。生今之世，宜先讀馬列主義之書，然後以馬列主義衡量古籍，庶幾不迷於方向。吾
樹聲共勉之！

一九五〇年大暑，陳垣。〔註4〕

援老與友朋通音問，堅守古人撰函不書收信人姓氏以示崇敬之例，故令「樹聲同志」究屬何人，余前徵引此函，因不曉悉，故亦未能多所述說。年來讀書偶有所得，乃疑「樹聲同志」姓王，即指王樹聲大將軍也。檢徐友春主編《民國人物大辭典》（增訂本），其「王樹聲」條載：

〔註1〕陳智超編注，《陳垣來往書信集》（北京：三聯書店，2010 年），頁2。
〔註2〕同上注，頁10。
〔註3〕筆者1986 年元月11 日曾撰〈從陳垣先生之一通函牘談起——兼永懷方豪院士〉，刊見臺北：《中國書目季刊》，第 20 卷，第 3 期（1987 年）。方氏所藏援老此函，後售予黃卓明先生，側聞黃氏又轉售他人。
〔註4〕原函無標點，標點乃筆者所加。

王樹聲（1905～1974），原名宏信，湖北麻城人。1905 年（清光緒三十）生。1926 年任乘馬崗小學校長；加入中國國民黨，同年，加入中國共產黨。……中華人民共和國成立後，歷任第一屆全國人民代表大會代表，湖北軍區第二副司令員、司令員，中南軍區第三副司令員兼湖北軍區司令員，中國人民解放軍總軍械部部長，國防委員會委員，中國共產黨第八至第十屆中央委員會委員，中共中央軍事委員會委員，國防部副部長，軍事科學院副院長、第二政治委員、第二書記等。1955 年 9 月，被授予大將軍銜。1974 年 1 月 7 日，病逝於北京。終年 69 歲。〔註5〕

就上引二條資料，余據智超教授所撰〈陳垣簡譜〉，考得援老 1950 年仍任北京輔仁大學校長，甚富令聞；〔註6〕而據「王樹聲」條材料，則樹聲於共和國開國之初，歷任中共黨軍要職，駐守湖北。意王氏不時因事進京，乃得隨緣拜謁援老。故援老於本函開端處即謂「遠道北來」，殆指王氏從鄂進京也。至函中另有「敏而好學，相見甚歡」，又有「吾 樹聲共勉之」之語，其言多作激勵，且甚親切。不意建國伊始，援老與黨軍高級將領如王樹聲者，彼此感情已契合如此，斯固非寅恪先生所能企及也矣！至函中體現援老思想之進步，尤令人刮目相待也。

余疑「樹聲同志」姓王，即為王樹聲，所考蓋欲作知人論世之探究，以告讀者。惟恐未必有當，倘拙文出現「張冠李戴」之訛謬，切盼識者不吝批評指正。

2011 年 3 月 12 日，撰於香港樹仁大學中文系。

（原刊《香江藝林》第 2 期，2011 年 12 月）

〔註 5〕徐友春主編，《民國人物大辭典》（增訂本）上冊，（石家莊：河北人民出版社，2007 年），頁 178。王樹聲事蹟另見《王樹聲傳》，編寫組編，及所附〈王樹聲生平大事年表〉，（北京：當代中國出版社，2004 年 1 月出版）。

〔註 6〕同註 1，附〈陳垣簡譜〉，頁 1198。

陳垣〈致王樹聲書〉

十、《陳垣來往書信集》（增訂本）拾遺又一通──〈致李濟書〉

陳垣先生（1880～1971），字援庵，廣東新會人，當代史學大師級人物。其文孫陳智超教授編注《陳垣來往書信集》，北京三聯書店初版於一九九零年，計收致他人書信三百七十五通，他人來信八百九十二通，共計一千二百六十七通。二零一零年，北京三聯書店又出版該書之增訂本，新增致他人書信四百六十七通，他人來信一百八十通；另有陳垣先生批復家書一百二十五通，三者合計二千零三十九通。蒐求所得已屬豐碩，惟陳智超教授於〈增訂本前言〉文末仍曰：

> 援庵先生的來往書信，歷經滄桑，大部份散失了，但就我所知，仍
> 然有相當數量留存人間，我希望收藏者能將它們公之於世，使大家
> 能共用這份寶貴的文化財產。（陳智超編注，《陳垣來往書信集》，北京市：
> 三聯書店，2010 年，頁 10。）

陳智超教授以上推判不誤。年前余有幸，得讀《陳垣來往書信集》佚收之 1950 年大暑〈致王樹聲書〉，用以撰成〈《陳垣來往書信集》（增訂本）拾遺一通〉，發表於《香江藝林》第二期（2011 年 12 月），後收入拙著《何廣棪論學雜著續編》中。（何廣棪著，《何廣棪論學雜著續編》，新北市：花木蘭文化事業有限公司，2018 年，頁 219～222。）

余近遊臺北，購得泰和嘉成拍賣有限公司《2015 年秋季藝術品拍賣會影像、手跡、版畫專場》圖錄一冊。其書編號八三八收有「陳垣信札」紙本一頁，下附「作者簡介」云：

陳垣（1880～1971），廣東新會人，字援庵，中國歷史學家、宗教史
學家、教育家。歷任輔仁大學、北京師範大學、燕京大學「哈佛・
燕京學社」首任社長。

以上所載「簡介」，足供知人論世。「陳垣信札」讀後，乃悉為「致李濟書」。
此函《陳垣來往書信集（增訂本）》失收，且《書信集》亦未收得李濟先生任
何書函，故此函顯得特別珍貴。茲將佚函影本公開，而釋文附下，以資讀者
研閱。

釋文

濟之兄惠鑒：彬兄索《史諱舉例》，此間已無存，惟哲學書局尚存少
量，已去函代索，請　曲宥是希。《新唐書・地理志》卷四十一謂西
陲已達蒙自、雙柏諸縣之南。此說當可採信，並申　兄之發見也。
耑此奉聞，並候

夏祉不盡　　　　　　　　　　　　　　弟　陳垣頓首　七月廿二夜

案：此函未繫年份，乃垣老致李濟先生者，其撰年俟考於後。有關李氏生平，
上海辭書出版社《中國人名大詞典・當代人物卷》一九九二年十二月第一版
載：

李濟（1896～1979），考古學家。湖北鍾祥人。字濟之。一九一八
年畢業於清華學校。一九二三年獲美國哈佛大學研究院人類學研
究所人類學博士學位。曾任中研院歷史語言研究所考古組主任兼
研究員、清華大學教授、中央博物院籌備處主任、中研院院士。
一九四八年到臺灣，歷任臺灣大學教授兼考古人類學系主任、中
研院歷史語言研究所所長。曾參與殷墟及其他歷史遺址的發掘研
究工作。著有《西陰村史前的遺存》、《殷墟器物》、《安陽發掘史》
等。

據是，則濟之先生之學術成就甚鉅大，尤於考古發掘業績上卓有貢獻。

　　至此函函首之「彬兄」，未知何許人？希識者賜告。而「彬兄」所索《史
諱舉例》一書，則為垣老一九二八年所撰談避諱之專書。〈史諱舉例序〉開宗
明義曰：

民國以前，凡文字上不得直書當代君主或所尊之名，必須用其他方
法以避之，是之謂避諱。（陳垣著，《史諱舉例》，上海市：上海書店出版社，
1997年，頁1。）

〈序〉末又曰：

> 茲編所論，以史為主，體裁略仿俞氏《古書疑義舉例》，故名曰《史
> 諱舉例》。為例八十有二，為卷八：第一避諱所用之方法；第二避諱
> 之種類；第三避諱改史實；第四因避諱而生之訛異；第五避諱學應
> 注意之事項；第六不講避諱學之貽誤；第七避諱學之利用；第八歷
> 朝諱例。凡八萬餘言。意欲為避諱史作一種結束，而使考史者多一
> 門路一鑰匙也。（陳垣著，《史諱舉例》，上海市：上海書店出版社，1997 年，
> 頁 2）

讀之，足知垣老此書之基本內容與用途。至其書之研究方法，則取效俞氏《古
書疑義舉例》。〈序〉中所言之「俞氏」，乃指清末考證學殿軍俞樾曲園先生也。

回觀垣老函中曾云：

> 《新唐書‧地理志》卷四十一謂西陲已達蒙自、雙柏諸縣之南。此
> 說當可採信，並申　兄之發見也。

案：余據此說一再翻檢《新唐書‧地理志》卷四十一，均未見載唐代「西陲
已達蒙自、雙柏諸縣之南」等內容，恐垣老於書名、卷數實有所誤記也。余
嘗檢讀垣老撰《史諱舉例‧重印後記》，其自謂：「是書為 1928 年紀念錢竹汀
先生誕生二百周年而作，當時急於成書，引書概未注卷數，引文又未加引號，
讀者以為憾。」足證垣老治學，亦偶有失矜慎者。

至垣老謂《新唐書‧地理志》所載可申李濟之發見。余因翻檢李光謨撰
《李濟先生學行紀略》「一九四二年四十六歲」條，其上有載：

> 先生參與主編之《雲南蒼洱境考古報告》作為《中博專刊》乙種之
> 一出版。（李光謨撰，《李濟先生學行紀略》，上海市：上海人民出版社，2006 年。
> 收入《李濟文集》）

讀後頗疑垣老所言《新唐書‧地理志》可申李濟之發見，其實乃李濟於《雲
南蒼洱境考古報告》中有此一說，而垣老誤記為《新唐書‧地理志》有記載
耳。惜香港無緣得見《雲南蒼洱境考古報告》原書，無以核實此疑。

又據李光謨《李濟先生學行紀略》「一九四一年四十五歲」條，謂李濟於此
年受聘為中央博物院第二屆理事，故得以參與主編《中博專刊》乙種之一。（李
光謨撰，《李濟先生學行紀略》，上海市：上海人民出版社，2006 年。收入《李
濟文集》）如據上述諸條資料，用以推判垣老〈致李濟書〉之撰年，或可訂其函
最早乃寫於一九四二年七月廿二夜，惟不得遲於一九四三年七月廿二夜也。

綜上所述，余先後輯得陳垣先生佚函二通，其先為〈致王樹聲書〉，後又發現〈致李濟書〉。茲二函先後得以揭之於世，則不惟可用以紀念垣老及響應智超教授年前之號召，而余於輯佚一事，庶亦有裨益於學術探研也。

（原刊《國文天地》414 期，十一月號，2019 年 11 月。）

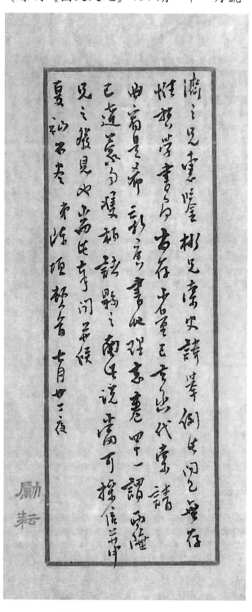

「陳垣信札」手迹影本

十一、葉恭綽先生佚文二篇——〈《秋音集》題記〉與〈《玉簥樓詞鈔》題記〉

　　余邇來頗嗜輯考近代名家佚文，絡繹就所得之梁啟超〈李誠《營造法式》跋〉、朱自清〈與羅香林書〉、董作賓〈書王可亭輓聯及跋語〉、李滄萍〈與羅香林書〉、羅香林〈李滄萍傳〉，撰成論文五篇，次第發表於二零一八年元月至今年三月間臺北《國文天地》。己亥春節多暇，居家翻閱《香港大學饒宗頤學術館藏品圖錄Ⅱ館藏古籍珍善本》，（以下簡稱《館藏品圖錄》）又就所檢獲佚文，寫成〈李滄萍教授佚文一篇─《清康熙雙清閣景宋本〈王荊公唐百家詩選〉題記》〉，刊見《國文天地》第34卷、第11期（二零一九年四月號）。《館藏品圖錄》書中蘊藏近代名家佚文仍多，茲就從中檢讀得之葉恭綽先生佚文二篇，細經研考後，又撰成本文。

　　余從《館藏品圖錄》檢出所收葉氏佚文之二篇，其一為〈《秋音集》題記〉，其二為〈《玉簥樓詞鈔》題記〉。為方便讀者閱讀起見，擬先將〈《秋音集》題記〉之影本，暨同書頁七十八附見之《秋音集》首頁影本與「說明」影本等四篇列呈，以資觀覽，而〈題記〉釋文則附下：

釋文：

术叔詞佳在沈鬱，猶玉溪學杜，以綿麗生光瑩也。然門廡不大，且乏胸襟，故言之無物；其立身行己，末路披猖，蓋有由也。季裴平生頗似玩世，第中有所主，絕不隨波逐流；其胸中清濁了然，但罕露圭角耳！詞則過于麗績處，意境轉晦；然其斠律實有功詞學，用心之苦，用力之專，海內未之或先也。余昔輯

《廣篋中詞》，于季裴詞注云：「取其無針線迹者。」季裴不悅，然余

實自居諍友也。觀其

全集，如取六分之一，可

稱完璧。遐翁。

粵詞近數十年，突過前時，亦風會使然也。

案：本文列示之〈題記〉，其撰者均為葉恭綽（1881～1968）。葉氏字裕甫，
號遐庵，晚更號遐翁。廣東番禺人，晚清名儒葉衍蘭裔孫。少承家學，後畢
業京師大學堂。善詩、書、畫及文物考證。1929 年與朱祖謀組詞社，又與龍
榆生創《詞學季刊》。抗日時期避居香江，組織中國文化協進會，輯印《廣東
叢書》。著有《遐庵彙稿》、《遐庵談藝錄》、《遐庵清秘錄》、《矩園餘墨》等。
葉氏此二〈題記〉，均不見載《遐庵彙稿》諸書籍，固佚文也。據「說明」所
記則《秔音集》作者乃黎國廉與陳洵，而書排印成於己卯（1939）年。緣此
以推，葉氏此〈題記〉，應寫於抗日避居香港時。考黎國廉（1874～1950），
號六禾，又號玉黍詞人。廣東順德人。清光緒十九年（1893）舉人，官至漳
泉道臺，填詞以自遣。著有《玉黍樓詞》，常與陳洵倚聲唱和，並合刊《秔音
集》。陳洵（1871～1942），則字述叔，一作术叔，廣東新會人。補南海生員，
善倚聲，見賞於梁鼎芬，後得交黃節，有「陳詞黃詩」之譽。所撰《海綃詞》，
獲朱祖謀激賞，被刻入《滄海遺音集》中，詞名乃大振。晚年受聘廣州中山
大學、廣州大學。吳清庠將之與張爾田並稱，謂「南有海綃，北有遁庵」。朱
祖謀《彊邨語業》亦許其與況周頤為「並世兩雄，無與抗手」。至《秔音集》
之得名，蓋從黎六禾取「禾」字，陳术叔取「术」字組成，書名乃陳洵所訂
定。葉恭綽於黎、陳二家詞，觀其於〈題記〉中所評價，則譽黎而貶陳，惟
於黎詞「過于麗績處」，亦自居諍友，無所掩護。蓋葉氏於黎、陳二人認知既
久，於其詞亦研閱至深，故所褒譽或針砭之言，殆多獨到之見地。

　　《館藏品圖錄》所收葉氏佚文，其二為〈《玉黍樓詞鈔》題記〉，茲續依
前法，先將〈題記〉影本，暨同書頁八十附見《玉黍樓詞鈔》首頁與「說明」
之二篇影本列附，而〈題記〉釋文則仍附下：

釋文：

月前季裴以新刊此帙見贈，緣數年來余無時不促其付

印，今始出版也。乃不兩月，季裴遽卒，若有先見者。詞之傳否

固不易言，然倘並遺稿失去，他復何冀。余之促之，蓋有以也。季

裴詞刻意求工，獨行（獨）孤往。此編之以調為次，近日已無行之者，可見

一斑。然佳作猶占三分一強，殊非易事也。前年，余在廣州與季（廉）裴

曾屢唱和，余怯其斠律過嚴，遂少下筆，今欲求賡續，不可得矣！

粵中詞侶日稀，主持風

會未知誰屬，念之悵然。

遐翁識。時年七十。

既以調為次，而又不盡以類相從。間有同調之詞而分列前

後者，雖字數仍復依次，但其例已亂，此編次時失檢之故也。

案：觀本書編者「說明」，謂《玉霙樓詞鈔》版本乃「己丑（一九零五）排印本」，其實誤也。考己丑乃西元一九四九年，其年正與葉氏〈題記〉謂「月前季裴以新刊此帙見贈」，及其自署撰歲之「時年七十」相吻合。蓋葉氏生於西元一八八一年，一九四九年正當遐翁年屆古稀，亦即黎氏《玉霙樓詞鈔》面世之時，故知「說明」將己丑推作一九零五年，殆誤植也。葉氏此篇〈題記〉，與前此所撰〈《秫音集》題記〉，意見多相呼應，內容亦足互補。舉例言之，如前者謂黎詞「過于麗繢處，意境轉晦；然其斠律實有功詞學，用心之苦，用力之專，海內未之或先也」；而此篇則謂「季裴詞刻意求工，獨行孤往。此編之以調為次，近日已無行之者，可見一斑」。是二者所評，先後仿如一轍。惟黎氏斠律過嚴，葉氏固不以為然；又《玉霙樓詞鈔》之編次，每自亂其例，遐翁亦予點破，並以「失檢之故」四字批評之。

葉遐庵先生，乃清末後入民國之大儒，學問富贍，著作等身。茲檢得葉氏佚文二篇，則有若滄海遺珠，殊足珍貴。而拙文之撰就，倘能作拾遺補闕，並可發潛德之幽光，則不勝欣幸矣！

（原刊《華人文化研究》第七卷、第一期，2019 年 6 月）

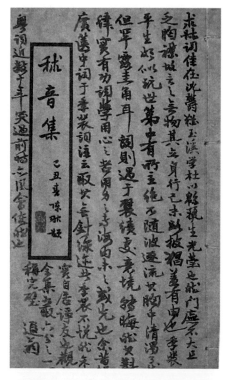

〔說明〕

《秋音集》，此冊為黎國廉親筆題贈本，葉恭綽亦曾兩次題跋。書中乃黎國廉、陳洵二人唱和之作，亦粵中詩詞之珍寶也。

版本：己卯（一九三九）排印本

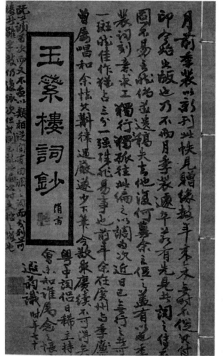

〔說明〕

《玉縈樓詞鈔》，書為黎國廉題贈本，封頁有葉恭綽題跋文字，大抵敘述與作者之交往並評此書之編輯，又慨嘆粵中詞侶之消亡，而倍有哀思之感。

版本：己丑（一九零五）排印本

十二、楊樹達〈與董作賓書〉二通讀後

　　楊樹達先生〈與董作賓書〉二通，向為葉國威先生所珍藏，未嘗對外發表。書函內容涉及楊氏抗日戰爭時期對甲骨文之研治，甚富學術價值。楊書首通寫於民國三十四年（1945）二月廿八日，次通寫於同年四月十九日。余嘗旁參楊氏《積微翁回憶錄》（以下簡稱《回憶錄》）、《積微居甲文說》（以下簡稱《甲文說》）、《卜辭瑣記》諸書及相關材料，以細考其致董書中關涉之人與事，頗有所得。茲不辭疏陋，闡釋如次，敬乞學術界先進不吝賜教。

　　以下先簡介楊、董二人之生平：

　　楊樹達（1885～1956），字遇夫，號積微，晚更號耐林翁，湖南長沙人。中國現代著名語言文字學家與經、史學家。早歲留學日本，歸國後執教清華大學、北京師範大學等高等學府；抗日戰爭以迄逝世前，則任教湖南大學。民國三十七年（1948）三月被選為中央研究院第一屆人文組院士。平生勤於著述，造詣極高。所撰之書，以《積微居小學金石論叢》、《積微居小學述林》、《積微居金文說》、《積微居甲文說》、《漢書窺管》、《淮南子證聞》等，最為學林所重。

　　董作賓（1895～1963），字彥堂，又字雁堂，號平廬，河南南陽人。畢業於北京大學研究所國學門。歷任協和大學、中州大學、中山大學副教授，中央研究院歷史語言研究所研究員，中央研究院第一屆人文組院士。以發掘與研究甲骨文最負盛名，為「甲骨四堂」之一。晚年旅居臺灣，仍任中央研究院歷史語言研究所研究員，兼執教臺灣大學，一度出任中央研究院歷史語言研究所所長。著有《中華民國十七年十月試掘安陽小屯報告書》、《殷曆譜》、《平廬文存》、《中國歷史參考圖譜》、《董作賓先生全集》等，而以《殷曆譜》最為學林稱道。

茲將〈與董作賓書〉第一通略加標點，並錄其內容如下：

彥堂先生左右：北海聞 教後，忽忽十餘年。時局滄桑驚人至此，
良可歎也。近維 著述日新，無任忭頌。弟僻居荒徼，去年重治甲
骨，時有肊見，惟苦無書，無由質證。茲以印稿三紙寄呈求 教，
務懇 兄勿存客氣，詳加指示。其前人已說者，尤望 示及，以便
刪削；其疵謬處，尤祈 督教之，至荷至企。昨在沅陵晤辛樹幟兄，
問知 尊居。辛兄並允先為弟道求教之意。惟渠甚忙，不知曾有簡
札奉寄否？近日治甲文者尚有何人？亦望 示及。如 能介紹弟相
與討論，尤厚幸也。此頌
著安

弟楊樹達頓首三四、二、廿八。

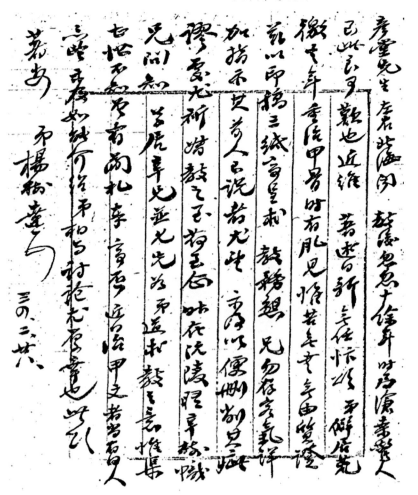

案：民國三十四年（1945）二月廿八日，其時抗日戰爭尚未勝利，遇夫先生隨湖南大學播遷湖南西部之辰溪，函中所云「僻居荒徼」者，即指此。

楊、董之初識，未知始自何時？《回憶錄》「民國十八年七月二十五日」條則載：

> 二十五日。同余季豫到北海靜心齋訪董彥堂（作賓），觀中央研究院所得安陽甲骨。〔註1〕

二人初識或於此時之前。《回憶錄》所記之余季豫，即余嘉錫先生，亦中央研究院第一屆人文組院士，以著《四庫提要辨證》馳名。函首「北海聞　教後，忽忽十餘年」二句，正指與季豫同訪董氏事也；而由此函署年之民國三十四年（1945），上溯至民國十八年（1929），正與「忽忽十餘年」之語相應。

函中繼謂「去年重治甲骨，時有肊見」。考《回憶錄》「民國三十三年十一月七日」條載：

> 七日。閱《甲骨文編》。甲文時代早，無後起之字。一，會意字尚未加聲旁，如戔不从爿聲作臧，竇不从缶作寶，是也。二，無加形旁字，或不从囗作國，辰不从水作派，是也。形、事、意三書，無後起之形聲字，有獸無狩，是也。編者不知此，犬部記狩字，以獸字當之，不知甲文本無狩字也。獸字仍當入嘼部獸字下，使其形一致，說明獸字作後世狩字用可矣。〔註2〕

同書「民國三十三年十一月八日」條：

> 八日。閱甲文，知同字从凡口，與合从亼口，咸从戌口，僉从亼吅組成同。許云从口，非也。〔註3〕

同書「民國三十三年十一月九日」條：

> 九日。甲文㸿，疑是奉字。〔註4〕

同書「民國三十三年十一月十三日」條：

> 十三日。甲文紗，乃雜帛為物之本字。〔註5〕

〔註1〕楊樹達：《積微翁回憶錄》（上海：上海古籍出版社，1986 年 11 月第 1 版），第 43 頁。

〔註2〕楊樹達：《積微翁回憶錄》，第 217 頁。

〔註3〕楊樹達：《積微翁回憶錄》，第 218 頁。

〔註4〕楊樹達：《積微翁回憶錄》，第 218 頁。

〔註5〕楊樹達：《積微翁回憶錄》，第 218 頁。

同書「民國三十三年十二月廿二日」條：

廿二日。甲文有溲字，余疑為洪，字从溲聲；又𤁳疑隹水本字。
〔註6〕

同書「民國三十四年一月五日」條：

五日。鏑字甲文作𡲶，从矢；料作酐，从酉；脛作雔，从隹；碻能
以事為名，較篆書之从金、从木、从肉者劓切多矣。此義今之治甲
文者似多不知之。〔註7〕

同書「民國三十四年一月廿八日」條：

廿八日。閱《甲骨文字編》訖。此書余在北方曾一再讀之，半年來
又習三通。其中雖尚多肊說，然精要之處屢見不一。十年來余說字
之文不少，無形中實得力於此書，近始自覺之也。〔註8〕

以上所記凡六條，皆遇夫先生自民國三十三年（1944）十一月起，至三十四
年（1945）一月止研治甲文之記錄，其所發明之處殊不少也。函中「肊見」
云云者，蓋謙挹之辭耳。惟末條「《甲骨文字編》」之書名，乃《甲骨文編》
之筆誤。《甲骨文編》，孫海波撰，有民國二十二年（1933）十月哈佛燕京學
社石印本。遇夫先生云「在北方曾一再讀之」，蓋指抗日戰爭前任教清華大學
時也。

楊函又謂：「茲以印稿三紙寄呈求　教。」惟函中卻未明言所寄董氏者究
屬何稿？考《回憶錄》「民國三十四年二月廿七日」條載：

廿七日。〈甲文蠡測撢要〉講義印成，將以求教於諸友。〔註9〕

同書「民國三十四年四月十五日」條載：

十五日。前以〈甲文蠡測撢要〉寄董彥堂，今日得復，云近年專治
天文曆法，甲骨文字未深注意。〔註10〕

知所寄與彥堂者乃〈甲文蠡測撢要〉一文。

又函中言及在沅陵晤辛樹幟。辛氏（1894～1977）字先濟，湖南臨澧人。
曾任中山大學物理系教授、國立編譯館館長等職，著有〈猺山調查〉等文。《回
憶錄》「民國三十四年二月五日」條載：

〔註 6〕楊樹達：《積微翁回憶錄》，第 218 頁。
〔註 7〕楊樹達：《積微翁回憶錄》，第 219 頁。
〔註 8〕楊樹達：《積微翁回憶錄》，第 220 頁。
〔註 9〕楊樹達：《積微翁回憶錄》，第 221 頁。
〔註10〕楊樹達：《積微翁回憶錄》，第 223 頁。

五日。在沅陵，辛樹幟告余：「《春秋大義述》到編譯館後，鄂人張
西堂抑置不理。事為顧頡剛所聞，大不謂然，頗以責張，因有文史
社出版之議。」張昔年曾訪余於清華，余以其人淺薄，未與加禮，
張蓋懷恨出此耳。〔註11〕

據是，則楊先生於致董函前確有與辛氏沅陵之晤，樹幟其時應任職國立編譯
館。至楊氏《春秋大義述》一書，民國三十二年（1943）十二月已由商務印
書館於重慶版行。

楊先生與董書第二通寫於同年四月十九日，茲亦標點並錄其內容如次：

彥堂先生左右：奉到三月三十日　賜復，忭慰之至。　大著數紙拜
讀一過，於天文略無知曉。然　尊說「左右逢源」、「閱字字形既合，
義亦相符」，自是確詁，佩服，佩服。弟〈蠡測〉雖已寫訖，未敢付
印，只以未核對卜辭之故。原序云：「姑存篋衍，俟他日之刊刪。」
即此意也。其所以示人者，完全出於求　教之心。今果承郭沫若兄及
我　公與李君詳為　示及，良深感謝。沫若只及五、六字，　兄及李
君示到三十餘文，尤為忭喜。有多文前已有釋及者，第是真理，不
必自我發之。弟不惟不以為恨，且以為幸事；蓋用此可知弟雖閉門
造車，仍偶有可以合轍者在也。近日讀到胡厚宣書，輒妄有論列，
茲以一份求　教，尚祈　督正為感。胡君「黃尹」之釋，或恐當是「寅
尹」。如是「寅尹」，則「寅」、「伊」對轉，結論相同，不必以「阿
衡」為說矣。統求　示知為荷。　大著發表於《研院集刊》者，不知
有無餘份，可以　賜示一二否？〈斷代研究〉一文，尤盼　賜示。如
有多份則更佳，當囑校書購取，並求　示及為禱。專頌
著安

　　　　　　　　　　　　　　　　　　弟楊樹達頓首　四月十九日

〔註11〕楊樹達：《積微翁回憶錄》，第220頁。

案：據函首所言，知董復楊二月廿八日書在三月三十日。又據《回憶錄》所載，則楊接董書為四月十五日，此點前已引及。為說明方便計，仍將《回憶錄》「民國三十四年四月十五日」全條揭載如下：

> 十五日。前以〈甲文蠡測擷要〉寄董彥堂，今日得復，云近年專治天文曆法，甲骨文字未深注意。取余文付李孝定鑑簽注意見。知此、正、是、往、跟、設、誖、救、鷸、亼、缶、京、畫、圖、齒、困、朔、香、痛、瘳、羈、化、儿、允、欠、豕、炊、熯、元、聖、雌、或、紹、級、竈、圣、季、漳三十八文已有人釋出，亦有不然余說者。李，常德人，南京中央大學畢業。〔註12〕

─────────────

〔註12〕楊樹達：《積微翁回憶錄》，第223頁。

據是，則楊函第二通所言及之「李君」，乃指李孝定；又函中謂「李君示到三十餘文，尤為忻喜」，殆即《回憶錄》所記之三十八文也。考李孝定（1918～1997）又名陸琦，湖南常德人，時任中央研究院歷史語言研究所考古組助理研究員，乃彥堂先生曾指導之研究生。李氏既於民國二十九年（1940）八月編有《中央大學藏甲骨文字》石印本，凡摹甲骨二百五十二片；民國三十一年（1942）又撰有《甲骨文字集釋》十六卷，頗為甲骨學界所稱許，故董氏取楊文付為「鑑簽注意見」。至董寄楊有關「天文」之文章，疑即〈殷代之天文〉一文，該文民國二十九年（1940）發表於《中國天文學會十五屆年會會刊》。

郭沫若（1892～1978），號鼎堂，四川樂山人，甲骨四堂之一。著有《卜辭通纂》、《甲骨文字研究》等書，有聲於時。故其後遇夫先生出版《甲文說》，所撰自序亦謂：「郭君神識敏銳，博學多通，能於無字縫中讀書，據甲文未見武乙夾妣戊，因定紂遷朝歌，妣戊之卒當在紂遷以後，其最著之例也。」〔註13〕則推譽之情，溢於言表矣。《回憶錄》「民國三十四年四月四日」條云：

> 四日。郭鼎堂（沫若）得余〈甲文蠡測撮要〉，覆書云：「中多巧思密合之釋。」又告「設、者、硪」三文，彼曾釋出；**九**釋以，李旦丘曾言之；**並**釋星，高田忠周曾言之。〔註14〕

斯則楊函中所言「沫若只及五、六字」之事也。郭氏所告之五字，倘不求證《回憶錄》，恐難究得其實矣。

胡厚宣（1911～1995），字福林，河北望都人，甲骨學專家。著述極富，晚歲以編就《甲骨文合集》，更獲盛名。楊函謂「近日讀到胡厚宣書，輒妄有論列，茲以一份求 教，尚祈 督正」，所指乃〈讀胡厚宣殷人疾病考書後〉一文。《回憶錄》「民國三十四年三月十四日」條載：

> 十四日。撰〈讀胡厚宣殷人疾病考書後〉。〔註15〕

是其證。其後楊文刊於民國三十四年（1945）八月《史學》第二十三期，又收入《甲文說》卷下〈考史之文〉第五類〈雜考之屬〉中。

函中又有「胡君『黃尹』之釋，或恐當是『寅尹』」之說。楊函此處之「胡君」，實乃「郭君」之筆誤。郭君即郭鼎堂也。檢遇夫先生《卜辭瑣記》，其第十九條「寅尹」云：

〔註13〕楊樹達：《積微居甲文說》，附《卜辭瑣記》（北京：中國科學院排印本，1954年），第1頁。

〔註14〕楊樹達：《積微翁回憶錄》，第222頁。

〔註15〕楊樹達：《積微翁回憶錄》，第221頁。

《戩壽堂殷虛文字》玖之玖云：「丙寅，△，即貞，△𠂤宷𠂤。」
王國維云：「宷𠂤，羅參事釋寅父，然卜辭寅字皆从矢，而人名之宷
尹皆从大，疑非寅字也。𠂤，確是尹字。」《考釋》廿壹下郭沫若云：
「王釋尹，至確，宷亦確非寅字。此黃字，乃假為衡，黃尹即阿衡
伊尹也。」《通纂》式之伍拾下樹達按：《殷虛書契前編》參卷柒之
肆「戊寅」，寅字作宷；《龜甲獸骨文字》壹卷拾陸之式「△寅己卯」，
寅字作宷，並與此字同，羅釋寅，是。王疑非寅，郭釋黃，並非也。
寅伊一聲之轉，寅尹殆即伊尹也。〔註16〕

是楊函之「胡君」，確應作「郭君」，遇夫先生《卜辭瑣記》此條乃糾郭氏《卜辭通纂》之誤者也。

　　楊致董書第二通後，同年六月九日得董復函。《回憶錄》「民國三十四年六月九日」條載：

　　九日。余前以說甲文字寄董彥堂求教，今日得復書云：「拜讀新著，
　　感佩無已！公此時手頭無書，而能有如此新見，確屬難得。鳥星之
　　字，〈釋味〉猶具卓見，弟亦仍舊說釋鳥也。評騭胡君書均極扼要。
　　昔太炎先生不理卜文，學林以為憾事。以公之博雅，從事於斯，貢
　　獻自不可量」云云。友朋謬獎，不可不努力也。〔註17〕

董函中之〈釋味〉，即〈釋𠂤〉，該文後收入《甲文說》卷上〈說字之屬〉第一類〈識字之屬〉。

　　遇夫先生乃余最敬佩之學人，一直以來對其生平及相關學術資料至為關注。前以因緣際會撰就《楊樹達先生甲骨文論著編年目錄》、〈楊樹達先生遺詩述釋〉，藉表傾慕之忱。近又有幸得讀葉國威先生珍藏楊氏〈與董作賓書〉二通，欣悅之餘，乃就一己所稔知，試行爬梳材料，詳為闡釋，撰成「讀後」。至拙文中錯誤及未盡周延之處，倘蒙方家不吝斧正，則毋任翹盼。

　　　　二零零六年五月十五日何廣棪撰於華梵大學東方人文思想研究所
（本文宣讀於二零零六年十二月十三至十五日香港大學中文學院舉辦之「學藝兼修‧漢學大師──饒宗頤教授九十華誕國際學術研討會」。原刊《饒宗頤教授九十華誕國際學術研討會論文集》，《華學》第九、十輯〔二〕）

〔註16〕楊樹達：《積微居甲文說》，第67頁。
〔註17〕楊樹達：《積微翁回憶錄》，第225頁。

十三、楊樹達教授遺詩輯存與述釋
——為紀念楊樹達教授 130 歲誕辰而作

近代學人，余所仰慕心儀者，楊遇夫教授其一也。教授諱樹達，字遇夫，號積微，晚更號耐林翁，湖南長沙人。生於清德宗光緒十一年乙酉（1885）四月十九（陽曆六月一日），卒於民國四十五年丙申（1956）正月初三（陽曆二月十四日）；春秋七十有二。

教授畢生篤好清儒高郵王念孫、王引之喬梓及金壇段玉裁之學，鑽仰既久，卓有所成。歷任北京師範大學、清華大學、中國大學、湖南大學、中山大學、湖南師範學院教授，中央研究院院士、湖南省文史館館長、中國科學院哲學社會科學學部委員。平生著作豐贍，所出版專書，計有《積微居文錄》、《積微居小學金石論叢》、《積微居小學述林》、《積微居甲文說》、《卜辭瑣記》、《耐林廎甲文說》、《卜辭求義》、《積微居金文說》、《積微居金文餘說》、《積微居讀書記》、《中國語法綱要》、《詞詮》、《古書疑義舉例續補》、《馬氏文通刊誤》、《高等國文法》、《漢文文言修辭學》、《古書句讀釋例》、《古聲韻討論集》、《中國文字學概要》、《文字形義學》、《周易古義》、《老子古義》、《論語古義》、《論語疏證》、《春秋大義述》、《淮南子證聞》、《漢書補注補正》、《漢書窺管》、《鹽鐵論要釋》、《漢代婚喪禮俗考》、《群書檢目》、《積微翁回憶錄》、《積微居詩文鈔》等卅餘種，久為士林推重；另發表論文百數十篇，多能發千古之覆，創獲極富，令人賞歎。

教授一生鮮事吟詠，然偶發清興，亦成短章。年前，余因蒐藏教授著述之故，亦兼輯及其詩。（其時《積微居詩文鈔》仍未面世）多方尋求，共得四題九首。茲以詩作年月為序，過錄如次；並試於每首之後，就管見所及，略予述釋，以供喜讀教授遺詩者參考。

民國十二年秋，車過確山，有懷劉武仲先生

秋午晴陰過確山，峰巒斌媚似鄉關。遺書已自成瓌寶，記否劉家有
二難？

案：此首初載《積微居文錄》卷中〈劉武仲先生《助字辨略》跋〉，〔註1〕另
見《積微居小學金石論叢》卷五〈劉武仲先生《助字辨略》跋〉，〔註2〕又見
《積微居小學述林》卷七〈跋劉武仲魯田兄弟手書詩卷〉。〔註3〕蓋民國十二
年（1923）秋，教授南歸後復北上，京漢道中車過確山時作。確山，在今河
南確山縣東南六里，一名浮石山，乃劉氏故里所在。此詩頗見教授於劉氏昆
仲景仰之懷，蓋與之若有針芥之契也。武仲，諱淇，清康熙間撰《助字辨略》
五卷，其書精詣足與王引之《經傳釋詞》相埒。「遺書已自成瓌寶」一句，蓋
褒揚《助字辨略》也。武仲有弟，字魯田，以詩書鳴世，故教授句末及之。「二
難」，用劉義慶《世說新語‧德行篇》陳元方、季方昆弟故事。蓋將劉氏兄弟
與陳氏昆仲相比況也。〔註4〕

送綏之先生南歸並題雪夜校書圖二首

萬卷琳瑯插架盈，袁安庭院冷無聲。瑤華照耀虛生白，老眼無花一
樣明。

辨章學術劉中壘，思索誤書邢子才。吳中子弟真堪羨，剗漢初亡安
定來。

　　　　　　　　　　　　　　　丙子秋日長沙後學楊樹達遇夫敬題

〔註1〕楊樹達：《積微居文錄》（上海；商務印書館，民國廿年十月初版），卷中，頁
　　　　1～8。
〔註2〕楊樹達：《積微居小學金石論叢》（北京；科學出版社，1955年3月12日），
　　　　卷5，頁228～233。
〔註3〕楊樹達：《積微居小學述林》（臺北；大通書局，民國六十年五月初版），卷7，
　　　　頁287。
〔註4〕案：楊樹達〈跋劉武仲魯田兄弟手書詩卷〉（1936年8月26日）云：「此余民
　　　　國十二年秋車過確山，有懷劉武仲先生所得句也。越二年，家弟季常刊武仲所
　　　　撰《助字辨略》，余為之跋，曾附及之。今歲春，余南歸省視老父，旋由長沙
　　　　北上，道出夏口，徐行可先生出示此卷。余曩日第見劉氏著書，今復獲親其手
　　　　翰，詩意肫摯，非泛泛酬應之為；字體飛舞沈著，可想見其為人。魯田書學李
　　　　北海，亦為精絕，知當日二難之目，非妄贊也。行可以余於武仲先生有針芥之
　　　　契，屬為題記，因書此以誌眼福。」此〈跋〉與教授之詩至相關涉，特迻錄以
　　　　資互參。〈跋〉中之徐行可，即徐恕（1890～1959），近代著名文物、文獻收藏
　　　　家。

案：丙子，民國廿五年（1936）。二首載見胡玉縉（1859～1940）《許廎學林》。
〔註5〕教授詩於綏之推譽至隆，然非虛美。近人王欣夫（1900～1966）嘗撰〈吳縣胡先生傳略〉云：「胡先生玉縉，字綏之，江蘇元和人。……及日寇入犯，時先生年將八十，痛心國事，遂浩然而歸，卜宅光福鎮虎山橋。其地為高士徐枋所徘徊不去，距此五六里，即四世傳經惠氏之東渚故居也。先生仰慕往哲，俯事著述，擁書萬卷，閉門謝客，有終焉之志。所著書及身所刊者，有《穀梁大義述補闕》七卷，假名弟子張慰祖；《說文舊音補注》一卷、《補遺》一卷、《續》一卷、《改錯》一卷；《甲辰東游日記》六卷。欣夫為整理編定者，《許廎學林》二十卷、《四庫全書總目提要補正》六十卷、《四庫未收書目提要補正》二卷、《四庫未收書目提要續編》二十四卷、《許廎經籍題跋》二十卷，合為《許廎遺書》五種。其《讀說文段注記》、《釋名疏證》、《獨斷疏證》、《新序注》、《說苑注》、《論衡注》、《金石萃編補正》、《金石續編補正》，稿逸待訪。」又云：「溯吾吳學術之盛，三百年來，經儒輩出。自顧炎武開之，至三惠而博大，繼之以江聲、顧千里、沈欽韓、宋翔鳳、陳奐等，訖先生及吾師復禮曹先生而殿焉，咸著述美富，沾溉靡窮。」〔註6〕欣夫所撰之傳，足為此詩之注腳。是教授以劉中壘、袁邵公、邢子才比況綏之，蓋記實也。至第二首末句，「荝漢初亡」乃指章炳麟（1869～1936），章氏室號荝漢，著有《荝漢昌言》，而於是年六月十四日卒，故詩云「初亡」；「安定來」三字則喻以北宋胡瑗，瑗以經術教授吳中，祖籍安定，學者稱安定先生。故此句以胡瑗比綏之，亦褒揚之意也。

跋吳中丞《字說》成感賦

新書一卷不盈握，勝義紛陳足解頤。朝旭摧霜嗟李鄭，（自注：李陽冰、鄭樵。）晴雲披霧見倉斯。請纓未繫胡兒頸，求雨曾窺董相姿。狂寇又深吾欲老，短文裁罷淚如絲。

案：此首載見《積微居小學述林》卷七〈讀吳愙齋中丞《字說》書後〉。〔註7〕〈讀吳愙齋中丞《字說》書後〉一文寫成於民國廿八年（1939）三月十六日，詩亦其時作。愙齋（1835～1902），諱大澂，字清卿，江蘇吳縣人。同治間入翰林，官至湖南巡撫。吳氏於古文字之學頗多懸解，其《字說》一書，卷帙

〔註5〕胡玉縉：《許廎學林》（北京：中華書局，1958年7月初版），卷首。

〔註6〕王欣夫：〈吳縣胡先生傳略〉，載胡玉縉《許廎學林》（北京：中華書局，1958年7月初版），卷首，頁3～4。

〔註7〕楊樹達：《積微居小學述林》（臺北：大通書局，民國六十年五月初版），卷7，頁270。

雖少，而精義紛陳，深有裨益於小學，故此詩亟稱道之。頷聯處以李陽冰、鄭樵、倉頡、李斯褒譽愙齋古文字學成就。「朝旭摧霜」、「晴雲披霧」二語，則譽其所著書能為學者清除障礙，解決困難。頸聯「請纓」、「求雨」二句，〈讀吳愙齋中丞《字說》書後〉記其事曰：「中丞當遜清光緒癸巳（1893）、甲午間（1894），巡撫吾湘，禮賢下士，頗多政聲。甲午湘中大旱，以禱祠求雨，親步街衢。由今觀之，事殊可哂，而其勤民之心固可尚也。余時方十齡童子，先大父携往市中觀之，中丞肅穆之容，至今如在耳目間。性本文士，忽乃請纓禦寇，榆關敗衄，致喪令名。」讀之，遂知頸聯二句出處。教授所撰文又曰：「日月如矢，忽忽四十餘年。今倭寇猖獗，百倍於前，中原淪喪，國命垂危。余窮老投荒，陳編自遣，適讀中丞遺著，振觸前塵，哀國步之多艱，悵童年之難再，不知悲來之何從也！」詩謂「狂寇又深吾欲老，短文裁罷淚如絲」，亦即此意。教授愛國之情，油然紙上。

六十述懷五首

浮生六十逮今茲，往事真如電火馳。文史三冬初鼓篋，海波萬頃遠居夷。（自注：余於清光緒甲卯補縣學生，明年乙辰遊倭奴國。）故書到老還成癖，甘寢今知勝啜飴。（自注：前年患失眠症幾死，近日頗得美睡。）一事報君差足喜，正逢周甲茁孫枝。（自注：去冬次兒德驤舉一女，今春長子德洪得一子。）

投荒寂處冷如冰，舊夢春明忘未曾。走馬西山雲撲面，泛舟北海月為燈。酒邊慣聽催詩鼓，戶外時過問字朋。何意國門來越寇，參天兵氣九州騰。

恩勤教誨記庭闈，投老猶傷未報暉。差幸壯男能自食，卻愁乳燕不成飛。（自注：洪兒服務昆明銀行，驤兒任職重慶鋼廠，以下諸兒尚未成立。）平生述作塵封字，晚歲山河淚濕衣。辛苦營巢嗟一炬，欲謀歸去定何歸。（自注：築居室於麻園嶺，三十一年春，寇退時燬去。）

西征避地五溪峯，剝啄聲稀便養慵。日對川光看飛鳥，偶隨天籟響秋蟲。老來骨肉歧生死，（自注：余一兄一弟，女兄弟三人，今存女兄弟二人。）別後妻孥視雇傭。攬鏡沈吟還自詫，壯心渾不稱龍鍾。

平生貪誦《劍南》稿，不道衰遲境與同。卻喜健兒能殺賊，故探聖典記攘戎。（自注：國難後著《春秋大義述》，首期攘夷復讎之義。）百年積辱驟前約，上將衡心策轉攻。身及弧張看日落，不須家祭告乃翁。

案：此五首載見民國卅四年（1945）六月《文史雜誌》第 5 卷，第 5、6 期，乃教授六十初度之作。詩有自注，可裨了解內容。惟詩第一首自注之「光緒甲卯」應為癸卯，西元 1903 年；「明年乙辰」，應為甲辰，西元 1904 年，時教授十九、二十歲，此詩所記蓋偶有誤也。第二首乃回憶昔年北京授學上庠生活。次句用清人孫承澤（1593～1675）《春明夢餘錄》典故，春明殆指京師。錢謙益〈寄長安諸公書〉亦有「春明之夢已殘，京華之書久絕」二句，則以「春明」與「京華」對舉。是以詩中所寫西山走馬，北海泛舟，其地皆在舊京；催詩鼓，問字朋，則寫京中所過歲月充滿溫馨文化氣息。惟教授反顧如今之「投荒寂處」，乃與前時大不相侔，斯皆拜「國門來越寇」、「兵氣九州騰」之賜也。教授對敵人之怨恨，殆可想見。第三、四首記家庭瑣事及不幸遭際。「恩勤」二句，寫至老未報父母恩，用孟郊〈遊子吟〉「誰言寸草心，報得三春暉」典故；「攬鏡」二句，寫年雖老邁，壯心猶在，而未稱體貌之龍鍾也。國難期間，教授著《春秋大義述》，以明攘夷復讎之義，大節凜然。第五首「上將」句，乃暗指蔣中正（1887～1975）委員長戰略上改轅易轍，決心全國一致抗日。結處「身及弧張看日落，不須家祭告乃翁」二語，則篤信中國必勝，日寇必敗。是年八月，日本果無條件投降，教授可謂洞燭機先。此詩所呈現之豪情與氣勢，較之陸放翁「王師北定中原日，家祭無忘告乃翁」，似猶進一層意境。

以上過錄者，計七言絕句三首、律詩六首。蒐求固知未周，而所述釋亦容有未當，尚祈博雅君子不吝賜正。本年正值遇夫教授 130 歲誕辰，特恭撰拙文以為紀念，蓋用以略表後學仰止之忱云爾。

後　記

余夙對楊遇夫教授深表欽仰，在讀大學時即盡力購讀其所著書，以增識聞。其後亦試就研讀所得，次第撰作〈家藏楊遇夫先生著作目錄〉、〈跋疑古玄同《與楊樹達書》〉、〈楊樹達《與董作賓書》二通讀後〉三篇短文，又且編成《楊樹達先生甲骨文論著編年目錄》一書。至本文所蒐得之詩凡四題九首，則早在一九七七年前因讀《積微居文錄》、《積微居小學金石論叢》、《積微居小學述林》及胡玉縉《許廎學林》、《文史雜誌》第 5 卷第 5、6 期而得以輯存，其時上海世紀出版股份有限公司《楊樹達文集》十七之《積微居詩文鈔》仍未面世。考《積微居詩文鈔》有〈整理後記〉，述及該書編理經過甚詳明，茲不妨迻錄於後，以資參考：

楊遇夫先生畢生致力樸學，而於藝文，則不甚措意。一九三六年以前詩作寥寥。一九三八年，湖南大學播遷辰谿，先生蒿目時艱，繫心天下，恆鬱鬱不自聊。乃與曾星笠、曾威謀、王疏庵、熊雨生諸先生結五溪詩社，以吟詠宣其憂思。此時詩作始多，散見於《積微居日記》中。先生《日記》今缺兩冊，《詩鈔》係從《日記》中迻錄，散佚者當不少。《文鈔》為新近所收集，僅十一篇，亦當有所遺佚。深望保存楊先生詩文之同志，繼續獻出本編未及收錄之作品。

《詩鈔》由孫秉偉同志從《積微居日記》中迻錄成冊，用力甚勤。楊先生之公子德豫同志對《詩鈔》之編輯非常關心，提出不少有益意見。在此我們謹致謝意。

此編之編輯與點校工作，由編委易祖洛、廖海廷、何澤翰三先生擔任。

楊樹達文集編委會
一九八四年十月三日

案：《積微居詩文鈔》所收得教授之詩凡百數十首，據上引〈整理後記〉得悉，乃孫秉偉先生就《積微居日記》迻錄成冊，其時在一九八四年十月三日。余嘗將拙文所引詩對照《詩文鈔》，發現二者文字多有相異。如第一首之詩題，《詩文鈔》作「京漢道上車過確山一九二三年」，又此首第二句作「峰巒口媚似鄉關」，闕「斌」字。

第二首詩題，《詩文鈔》作「題胡綏中老人雪夜校書圖即送其歸吳中一九三六年九月十二日」，其「胡綏中」乃「胡綏之」之誤。而此題後又多收詩一首，為：

> 多士江南挺巨儒，績溪胡後更三吳。鯫生頗一作嚮。有窮經志，立雪龜山恨未如。

第三首詩題，《詩文鈔》作「讀吳清卿中丞《字說》既書其後復題一律一九三九年三月十四日」。又此詩第二句，《詩文鈔》作「勝義紛呈足解頤」，「呈」字下注一作「搜」〔註8〕；第三句下注：「葡為盛矢器，正《說文》。《書‧大

〔註8〕「搜」字乃「披」之誤，余檢《積微翁回憶錄》此年3月16日條，此句作「勝義紛披足解頤」。（見該書上海世紀出版股份有限公司，2013年9月第1版，頁148）又楊樹達：〈六十述懷五首〉，《文史雜誌》，1945年第5卷，第5~6期，頁6均同。

語》『寧王』當為『文王』，正鄭注未受命稱王之說。」第六句下注：「甲午長沙大旱，中丞步行禱雨，余曾見之。」以上注語皆拙文之引詩所未載。

第四首詩題，《詩文鈔》作「六十自述一九四四年三月十七日」，所收五詩「自注」之文字均被刪除。詩中「舊夢春明忘未曾」，「舊夢」作「夢裏」；「恩勤教誨記庭闈」，「庭」字下注「一作重」；「西征避地五溪峯」，「五溪峯」作「隴頭峯」；「未須家祭告乃翁」，「乃翁」作「阿翁」。亦明顯有不同。

以上略將拙文與《積微居詩文鈔》所載詩互為比勘，校出二者多相異處，特予說明，以為後記。

西元二零一五年四月廿日何廣棪撰於新亞研究所

（原刊《新亞學報》第 33 卷，2016 年 8 月）

十四、跋疑古玄同〈致楊樹達書〉

當代學人中、余最深表孺慕者，楊樹達先生（1885～1956）其一也。先生之學，上接高郵二王及金壇段氏，著述甚豐，已久為士林所宗仰。余先後曾撰就〈家藏楊遇夫先生著作目錄〉、〈楊樹達古書句讀釋例之板本〉、〈楊樹達先生遺詩述釋〉三文，及《楊樹達先生甲骨文論著編年目錄》一書，以表仰止之忱。年前又於〈懷念魯實先教授〉文章中，一再表示對遇夫先生欽敬之意。近余有一甚幸運機緣，認識遇夫先生任教湖南大學時代弟子周易先生。於周先生行篋中珍藏有錢玄同先生（1887～1939）致遇夫先生書函一通，凡二紙，承周先生雅意，慨贈此函之影印本。此函從未在外間流傳，故知者甚罕，讀後頗悉錢、楊二氏間一段學術情誼。茲先謹將錢函標點迻錄如下，管見所及乃加案語，附於錢函之後。

　　遇夫先生：

　　多謝您告誦（訴）我葉、皮兩公的生卒之年。但您說皮公生于咸豐己酉，查己酉係道光廿九年，咸豐時只有九年己未，與十一年辛酉，不知您把哪一個字寫錯了，乞示為荷。

　　您有增補的材料，那好極了，我想就叫朱回到您府上去一抄，如何？大約有三五個鐘頭可以抄得完吧，否則由您把牠帶到師大，交給他一抄，限他一天之內抄好，就親自送還到府上去，也好。如何辦理，乞告朱回為荷。

　　　　　　　　弟疑古白

　　　　　　　　　　十九、三、十二、晚。

-117-

案：錢氏此函中提及之「葉、皮兩公」，即葉德輝與皮錫瑞。葉氏為著名之板本目錄學家，所撰《書林清話》等書，極有聲於時。皮氏乃晚清今文經學之殿軍，所著《經學歷史》等書，亦蜚聲於世。遇夫先生早歲曾遊學日本，歸國後里居長沙，則嘗拜於葉、皮二氏門牆，繼又從王先謙習《漢書》之學，由是學問大進，植基極深。有關葉之生卒年，據閔爾昌《碑傳集補》應生於清同治三年甲子歲（1864）正月十四日，卒於民國十六年丁卯歲（1927）三月初十日。至於皮之生卒年，據皮文孫皮名振所撰《皮鹿門先生年譜》、知皮以清道光三十年庚戌歲（1850）十一月十四日生於善化城南里，又以清光緒三十年戊申歲（1908）二月初四日卒於善化南城故宅，是則遇夫先生所告錢氏有關葉氏之生歲雖不可知，惟其所告皮氏之生年則大誤也。不意遇夫先生示人以本師生卒歲，亦有所失慎如此，殊可異矣！至錢氏欲知葉，皮生、卒年，竟不會一檢《碑傳集補》及《皮鹿門先生年譜》，亦可怪也。上述二書絕非甚難得之本，北京師範大學圖書館類皆有之。錢氏此函寫成於民國十九年（1930），閔氏之書編就於民國十二年（1923），而皮名振所撰《年譜》應更在其前，是錢氏絕不難得讀《碑傳集補》及《皮鹿門先生年譜》也。余亦不意錢氏治學疏慵若是，本垂手可得之物，翻輾轉詢之楊氏也。

近有幸獲讀錢氏致遇夫先生函，不敢自珍，用特揭之於世。惟函中所述皮錫瑞生年一事，頗有錯誤，乃不揆檮昧，略書數語，以匡正前賢之偶失。然自維所學遠不逮楊、錢二氏，謹貢一得之愚，尚祈大雅君子不吝賜教。

民國八十一年三月十二日鶴山何廣棪敬跋於香港清華文史研究所。時距錢致楊書恰為六十二年，韶光易逝，轉瞬已踰一甲子矣。

（原刊《大陸雜誌》第八十五卷、第一期）

錢玄同〈致楊樹達書〉

遇夫先生：

多謝您告訴我葉玉森兩冊的生卒之年。但他從安化出……

……好極了，我把我所抄的底稿那一並看增補……

……字寫錯了，乞示為荷。

……弟錢玄同
……民二十三……

十五、陳寅恪先生事蹟及其著作拾遺

　　民國五十八年十月七日，史學大師陳寅恪先生（1890～1969）病歿廣州中山大學。噩耗傳來，海外學術界人士無不黯然神傷，痛惜哀悼。故年來臺、港兩地之報紙、雜誌及大學學報均陸續刊登追悼先生之文章，咸認為先生辭世，乃國寶云亡，是我國史學界無法估計之嚴重損失。各文章並對先生畢生嘉言懿行、治學精神及學術成就，詳予闡述；於其論著目錄亦略予整理編纂；皆具有極富之史料價值。余生也晚，無緣親炙先生誨導；然平日對先生之行誼風範，已不勝其仰慕嚮往；於其學問之精博，亦極敬佩心儀。是以當先生死訊南傳之時，余既鬱鬱以竟日；今又誦讀悼念篇什，更不禁低徊感歎者久之。余向日頗究心於先生事蹟之搜尋與著作之撿拾，茲諷誦諸文，覺有數事仍被漏記者；故不辭固陋，特補苴於後：

一、先生早歲嘗師事王瀣

　　王瀣，字伯沆，號冬飲，前中央大學名教授。所著書有《王冬飲先生遺稿》、《離騷九歌輯評》、《清詞四家錄》、《讀四書私記》、《經略臺灣事纂》等。伯沆卒後，門人錢堃新撰〈冬飲先生行述〉，中云：

> 鄰里王木齋，學廣氣豪，長先生十許歲，先生兄事之。……木齋所師友，率海內勝流，其仕於南，如文道希、陳伯嚴、俞恪士諸公，一見先生詩詞，咸大驚，折節下之。陳伯嚴建精舍為文酒之會，雅知先生有師道，固請就館，使子女執經問業。伯嚴子女八人，衡恪最長，名亞諸才士，亦欽重先生。先生於是游伯嚴父子間，俯仰提挈，所益弘多；寅恪以次，亦漸發名成業，多本先生教也。

觀此，足證陳寅恪先生早歲嘗從王瀣游也。

二、先生之弟方恪擅倚聲

先生以史學震鑠宇內，睥睨古今；其父散原老人為晚清詩壇巨擘；長兄衡恪亦以丹青馳譽當世；是皆吾人耳熟能詳之事。然先生有弟，名方恪，素擅倚聲，造詣精絕，則為人所鮮知。前龍榆生所編《詞學季刊》中，間刊載方恪長短句；惜後皆散落，迄今未能哀然成帙。檢夏敬觀《忍古樓詞話》，其中見錄方恪〈題王伯沆孤雁圖·疏影〉，其詞云：

> 西風漸緊，對暮天杳靄，雲意低暝。倦羽催歸，迢遞煙程，淒涼與秋景。寒山占斷相思路，盼不到書題斜整。悵玉樓縹緲香深，合是酒消人醒。　　還憶長門影暗，怨啼似訴語，封淚鴛枕。渭水波聲，幾點清輝，換了唐宮金鏡。蒼茫別下汀州去，任瑟瑟秋風淘盡。更那知夢穩霜葭，自有寒心難省。

本詞瓣香南宋，得其神髓。吾人雖未克盡讀方恪詞，然嘗鼎一臠，亦當知餘味矣。

三、先生論著目錄斠補

先生學問淵博，而研究對象極廣；除史學外，舉凡文學、語言、宗教、人類學、校勘學均所善擅。其研究所得，往往發為文章，見諸報章、雜誌、學報、館刊；或輯成專著，付之剞劂。先生卒後，搜羅先生論著，予以整治編目者，據余所知者有陳哲三君、李光堯君、中央研究院歷史語言研究所，及傳記文學出版社。

陳哲三君為先生再傳弟子，其師藍文徵教授乃先生高弟。陳君嘗撰〈陳寅恪先生軼事及其著作〉一文，載民國五十九（1970）年三月《傳記文學》第十六卷、第三期。文中輯錄先生專著九種，論文五十一篇。其中專著《秦婦吟詩箋》，乃《秦婦吟校箋》之誤。余家藏有《秦婦吟校箋》庚辰（民國廿九年）四月昆明刊本。其書首載韋莊〈秦婦吟〉原詩，繼為先生〈自序〉，最後乃校箋之文。先生〈自序〉云：

> 原名〈讀秦婦吟〉，初載民國二十五年十月《清華學報》，二十九年增訂改名，特承清華大學許可重刊。

是則《秦婦吟校箋》乃據〈讀秦婦吟〉一文增改而成者。壺公〈陳寅恪先生之死〉（載民國五十九年1月26、27日臺北《中央日報》副刊）一文云：

　　　　若干年前，陳氏曾一度應聘香港大學講學，講題是韋莊的〈秦婦吟〉。似這篇短短的詩，一講竟講了兩個月，可見他的博大精深處。後來有《秦婦吟箋注》（廣棪案：當作《秦婦吟校箋》）一書行世，大概就是以這次講稿印行的。

壼公語意雖近揣測，然取與先生〈自序〉比勘，所言則與事實大相逕庭也。

　　李光堯君乃香港珠海書院中國文史研究所碩士生，其師羅香林教授亦先生高弟。李君撰〈故陳寅恪教授著作目錄〉，載民國五十九年（1970）六月《珠海學報》第三期。所輯錄計專著四種，論文五十篇。李君文中嘗云：

　　　　陳寅恪先生於一九六九年十一月初在廣州中山大學病逝。其消息及陳先生二十年來之遭遇，亦經各地報章及雜誌，先後揭載。本學報〈學術消息〉欄，亦有扼要記述。（廣棪案：指周億孚教授撰〈史學大師陳寅恪教授〉一文）茲將陳先生著作之專書及論文，在香港所能見到者，略加考查，作一簡目如次。

今觀李君所輯得專書，僅為《唐代政治史述論稿》、《隋唐制度淵源略論稿》、《元白詩箋證稿》、《論再生緣》等四種；其所「見」者少，而所「闕」者多，誠令讀者有過「略」、過「簡」之感。其論文部分編目，幾全采余秉權《中國史學論文引得》，中僅多出〈馮友蘭著中國哲學史審查報告〉、〈重刻元西域人華化考序〉、〈狐臭與胡臭〉、〈清談與清談誤國〉數篇。然李君卻未標明取材所自，是則為其鴻文小疵也。

　　民國五十九年（1970）三月，中央研究院歷史語言研究所出版《集刊》第四十一本、第一分附載之部有〈陳寅恪先生著作簡目〉。文中收集先生自民國二十年（1931）至三十七年（1948）在中央研究院歷史語言研究所刊物發表過之文字，共輯得專書三種，論文三十篇。民國五十九年（1970）九月，臺北傳記文學出版社出版《傳記文學叢書》第四十五種《談陳寅恪》，又補輯得先生自民國十六年（1927）至三十八年（1949）《清華學報》發表之論文二十二篇，附於〈陳寅恪先生著作簡目〉之末。惜傳記文學出版社未能旁搜廣摭，通核徧參，擴而充之予以整治，俾讀者得窺先生論著目錄之全豹，是則不無遺憾焉。

　　余嘗取陳、李二君暨中央研究院歷史語言研究所、傳記文學出版社所輯錄得先生論著目錄詳加比勘，並汰其重複予以統計，共得專著九種，論文七十九篇。然此一統計數字，當與先生著述確實總數，相距尚遙。就余管見所

及，如〈明季滇黔佛教考序〉（見陳垣撰《明季滇黔佛教考》）、〈論語疏證序〉（見楊樹達著《論語疏證》）、〈論唐代之蕃將與府兵〉（見 1957 年《中山大學學報》第一期）、〈書《唐才子傳‧康洽傳》後〉（見《周叔弢先生六十生日紀念論文集》）等篇，均未被輯錄。固知先生論著總目之編成，仍須俟諸來日也。

四、結語

余寫此文已，忽念及與先生同時之鉅儒，如餘杭章炳麟、儀徵劉師培、新會梁啟超、海寧王國維諸氏，其人辭世後均有叢書問世。今《章氏叢書》、《申叔遺書》、《飲冰室合集》、《王觀堂先生全集》皆風靡天下，為學人所仰止。獨先生身後蕭然，其畢生精力之所萃，猶未能彙而成集，良可歎息。先生之視章、劉、梁、王諸子，其幸與不幸為何如耶？昔南皮張之洞嘗勸有力而好事者須刊布古書，以為藉此可傳先哲之精蘊，啟後學之困蒙，誠利濟積善之先務。余好事也必矣，然力多未逮；苟上蒼不遐棄先生，使其學流傳於後，則試假我以能，俾於先生著作得搜羅畢備，並詳加編定，事以鉛槧。是則先生全集殺青有望，而無散失湮沒之虞矣。凡我同志，冀予匡之。

民國六十年（1971）四月三十日

（原刊《陳寅恪先生著述目錄編年》書首）

十六、陳寅恪先生遺詩述釋

　　陳寅恪先生，江西義寧（今修水縣）人。生於清光緒十六年庚寅（1890）六月。〔註1〕祖寶箴（右銘）嘗任湖南巡撫，父三立（散原）乃晚清詩壇巨擘。先生幼承家學，稍長赴日，旋游學美歐；先後於美國哈佛大學、德國柏林大學研究院暨法國巴黎大學研究，並精治梵文、巴利文、蒙文、藏文、滿文、波斯文及土耳其文。民國十五年（1926）以梁啟超之薦，返國出任清華國學研究院導師，與王國維、梁啟超、趙元任齊名。後歷任清華大學、西南聯合大學、香港大學、燕京大學、武漢大學、嶺南大學教授，及中央研究院歷史語言研究所研究員兼第一組（歷史）主任，成材甚眾。民國卅七年（1948）被選為中央研究院人文組院士。晚年病目，流寓廣州，移教中山大學。民國五十八年（1969）十一月初旬，先生以久病之軀，溘然長逝，聞者無不悼惜，享年八十歲。

　　先生以史學名家，所著書如《唐代政治史述論稿》、《隋唐制度淵源略論稿》、《秦婦吟校箋》、《元白詩箋證稿》、《論再生緣》等，久已為士林推重。另撰成論文約百篇，每能以小見大，於考證中涉及思想之剖析、社會之背景、政治之變遷、經濟之動態，以及文化之異同，且常能發千古之覆，令人節歎。平日鮮吟咏，詩名遂為史學所掩；然偶有所作，則無不精美。其詩造境淒迷似義山，諷諭時事似元、白。蓋先生學究天人，少時又受趨庭之教，故其於詩學一道，自具非凡之造詣。

〔註1〕據俞大維《懷念陳寅恪先生》（刊見民國五十九年三月卅一日臺灣中央日報副刊）。

　　年來余乘整治先生遺著之便，亦稍理董其詩。多方蒐求，共得古、近體三十五首。茲以詩作年月為序，過錄如次。並於每首之後，就管見所及，略予述釋，以供喜讀先生遺詩者參考。

〈紅樓夢新談〉題辭

等是閻浮夢裏身，夢中談夢倍酸辛。青天碧海能留命，赤縣黃車更有人。<small>自注：虞初號黃車使者。</small>世外文章歸自媚，燈前啼笑已成塵。春宵絮語知何意？付與勞生一愴神。

　　案：此詩附載《吳宓詩集》卷四〈美洲集〉中，亦見羅錦堂所撰〈吳宓〉一文。〔註 2〕吳雨僧云：「按〈紅樓夢新談〉係宓民國八年春在哈佛大學中國學生會之演說，其稿後登《民心週報》第一卷 17 及 18 期。」羅錦堂亦云：「吳氏早在民國八年留學哈佛大學時，就寫過一篇題名〈紅樓夢新談〉的講稿，陳寅恪先生曾有〈紅樓夢新談題辭〉七律一首。」所言均是。又案：雨僧所撰《空軒詩話・陳寅恪王觀堂先生輓詞》條末云：「始宓於民國八年，在美國哈佛大學得識陳寅恪，當時即驚其博學而服其卓識。馳書國內諸友，謂『合中西新舊各種學問而統論之，吾必以寅恪為全中國最博學之人。』今時閱十五、六載，行歷三洲，廣交當世之士，吾仍堅持此言，且喜眾之同於吾言。寅恪雖係吾友，而實吾師，即於詩一道，歷年所以啟迪予者良多，不能悉記。」是雨僧素欽仰先生，故其有所撰作，即倩先生為之題辭，固宜然也。

遊威爾士雷即贈汪君典存

五月清陰似晚春，叢蘆高柳易曛晨。少迴詞客哀時意，來對神仙寫韻人。赤縣雲遮非往日，綠窗花好是閒身。頻年心事秋星識，幾照湖光換笑顰。

　　案：此首亦附載《吳宓詩集》卷四〈美洲集〉中，乃民國八年（1919）五月間作。雨僧民國九年（1920）作〈春日遊威爾士雷女校步去歲陳君寅恪贈汪君典存詩原韻〉云：「柳岸鶯聲送暮春，鏡湖噓霧變昏晨。雙搖畫槳同心侶，終古桃源異國人。勝地偏饒書卷氣，天香合住繡羅身。排雲殿外山容改，漆室哀時幾嘯顰。」是其證。又案：是詩乃先生寫贈汪典存者。典存，名懋祖，江蘇吳縣人，早歲留學美國，獲哥倫比亞大學碩士。返國後，出任國立北京師範大學教授兼教務長，一度主編上海教育雜誌社出版之《教育雜誌月

〔註 2〕羅文收入中華學術院印行之《中國文化綜合研究》，頁 440～462。

刊》。余又嘗於《東方雜誌》第四十三卷、第 5 期及第 11 期中，得讀典存〈從歷史上探討雲南土族的統系〉、〈雲南傳教事業〉二文，蓋亦湛於民族史、宗教史者。先生此詩寄意遙深，對仗自然，遠勝雨僧步韻之作。

輓王靜安先生詩

敢將私誼哭斯人，文化神州喪一身。越甲未應公獨**恥**，湘纍寧與俗同塵。吾儕所學關天意，並世相知妒道真。贏得大清乾淨水，年年嗚咽哭靈均。

案：民國十六年（1927）六月二日（農曆五月初三），王國維靜安先生自沈於頤和園昆明湖，先生傷痛之餘，撰此律並一聯以弔之。詩見載《學衡雜誌》第 60 期。其聯曰：「十七年家國久魂銷，猶餘賸水殘山，留與纍臣供一死；五千卷牙籤新手觸，待檢系文奇字，謬承遺命倍傷神。」詩、聯均以屈子況靜安，表彰其對吾國文化不朽之貢獻；且於王氏不幸辭世，尤深表哀思，情見乎詞。而先生幽憂忠愛之忱，於詩、聯中亦可覘其一二。

王觀堂先生輓詞並序

或問觀堂先生所以死之故。應之曰：「近人有東西文化之說，其區域分割之當否，固不必論，即所謂異同優劣，亦姑不具言；然而可以得一假定之義焉。其義曰：凡一種文化值衰落之時，為此文化所化之人，必感苦痛，其表現此文化之程度愈宏，則其所受之苦痛亦愈甚；迨既達極深之程度，若非出於自殺無以求一己之心安而義盡也。吾中國文化之定義，具於《白虎通》三綱六紀之說；其意義為抽象理想最高之境，猶希臘柏拉圖所謂 Eîdos 者。若以君臣之綱言之，君為李煜亦期之為劉秀；以朋友之紀言之，友為酈寄亦待之以鮑叔；其所殉之道，所成之仁，均為抽象理想之通性，而非具體之一人一事。夫綱紀本理想抽象之物，然不能不有所依託，以為具體表現之用，其所依託以表現者，實為有形之社會制度，而經濟制度尤其最要者。故所依託者不變易，則依託者亦得因以保存。吾國古來亦嘗有悖三綱違六紀無父無君之說，如釋迦牟尼外來之教者矣，然佛教流傳播衍盛昌於中土，而中土歷世遺留綱紀之說，曾不因之以動搖者，其說所依託之社會經濟制度未嘗根本變遷，故猶能藉之以為寄命之地也。近數十年來，自道光之季，迄乎今日，社會經濟之制度，以外族之侵迫，致劇疾之變遷。綱紀之說，無所憑依，不待外來學說之掊擊，而已銷沈淪喪於不知覺之間；雖有人焉，強眊而力持，亦終歸於不可救療之局。蓋今日之赤縣神州，值數千年未有之鉅刦之奇變；刦竟變

窮，則此文化精神所凝聚之人，安得不與之共命而同盡，此觀堂先生所以不得不死，遂為天下後世所極哀而深惜者也！至於流俗恩怨榮辱委瑣齷齪之說，皆不足置辯，故亦不之及云。」

漢家之厄今十世，不見中興傷老至。一死從容殉大倫，千秋悵望悲遺志。
曾賦連昌舊苑詩，興亡哀感動人思。豈知長慶才人語，竟作靈均息壤詞。
依稀廿載憶光宣，猶是開元全盛年。海宇承平娛旦暮，京華冠蓋萃英賢。
當日英賢誰北斗？南皮太保方迂叟。忠順勤勞矢素衷，中西體用資循誘。
總持學部攬名流，樸學高文一例收。圖籍藝風充館長，名詞瘤埶領編修。
校讎輯譯憑誰助？海寧大隱潛郎署。入洛才華正妙年，渡江流輩推清譽。
閉門人海咨冥搜，董白關王供討求。剖別派流施品藻，宋元戲曲有陽秋。
沈酣朝野仍如故，巢燕何曾危幕懼。君憲徒聞俟九年，廟謨已是爭孤注。
羽書一夕警江城，倉卒元戎自出征。初意潢池嬉小盜，遽驚烽燧照神京。
養兵成賊嗟翻覆，孝定臨朝定痛器。再起妖腰亂領臣，欲傾寡婦孤兒族。
大都城闕滿悲笳，詞客哀時未返家。自分琴書終寂寞，豈期舟楫伴生涯。
回望觚稜涕泗漣，波濤重泛海東船。生逢堯舜成何世，去作夷齊各自天。
江東博古矜先覺，避地相從勤講學。島國風光換歲時，鄉關愁思增綿邈。
大雲書庫富收藏，古器奇文日品量，考釋殷書開盛業，鈎探商史發幽光。
當世通人數舊遊，外窮瀛渤內神州。伯沙博士同揚搉，海日尚書互倡酬。
東國儒英誰地主？藤田狩野內藤虎。豈便遼東老幼安？還如舜水依江戶。
高名終得徹宸聰，徵奉南齋禮數崇。屢檢秘文升紫殿，曾聆法曲侍瑤宮。
文學承恩值近樞，鄉賢敬業事同符。君期雲漢中興主，臣本煙波一釣徒。
是歲中元周甲子，神皐喪亂終無已。堯城雖局小朝廷，漢室猶存舊文軌。
忽聞擐甲請房陵，奔問皇輿泣未能。優待珠槃原有誓，宿陳芻狗遽無憑。
神武門前御河水，思把深恩酬國士。南齋侍從欲自沉，北門學士邀同死。
魯連黃鷂績溪胡，獨為神州惜大儒。學院遂聞傳絕業，園林差喜適幽居。
清華學院多英傑，其間新會稱耆哲。舊是龍髯六品臣，後躡馬廠元勳列。
鮦生瓠落百無成，敢並時賢較重輕。元祐黨家慚陸子，西京羣盜愴王生。
許我忘年為氣類，北海今知有劉備。曾訪梅真拜地仙，更期韓偓符天意。
回思寒夜話明昌，相對南冠泣數行。猶有宣南溫夢寐，不堪壩上共興亡。
齊州禍亂何時歇？今日吾儕皆苟活。但就賢愚判死生，未應修短論優劣。
風誼平生師友間，招魂哀憤滿人寰。他年清史求忠蹟，一弔前朝萬壽山。

案：王觀堂先生自沈後，世人於其所以死之故，聚訟紛紜，流俗間且有恩怨榮辱委瑣齷齪之說，是故先生特為文闢之；要之，當以先生之論最得其真也。此詩民國十六年（1927）七月發表於《學衡雜誌》第64期，乃先生之力作，刊出後好評如潮。羅振玉雪堂與先生書云：「奉到大作忠愨挽詞，辭理並茂，為哀挽諸作之冠，足與《觀堂集》中〈頤和園詩〉、〈蜀道難〉諸篇比美，忠愨以後學術所寄端在吾公也。」雨僧《空軒詩話》云：「王靜安先生國維自沈後，哀輓之作，應以義寧陳寅恪君之〈王觀堂先生輓詞〉為第一。此篇即效王先生〈頤和園詞〉之體，原有序，發明中國文化中之綱紀仁道，皆抽象理想之通性，如柏拉圖所謂 Eîdos 者，而非具體之一人一事，陳義甚精。」又謂：「宓按此詩包舉史事，規模宏闊，而敍記詳確，造語又極工妙，誠可與王先生〈頤和園詞〉並傳矣。」然先生晚年則曰：「寅恪昔年撰〈王觀堂先生挽詞〉，述清代光宣以來事，論者比之七字唱也。」〔註3〕考七字唱者，即彈詞，先生是說，蓋捣謙之語，其詩決非彈詞體，乃效白香山體。雪堂、雨僧均謂此首足與觀堂〈頤和園詩〉比美，然就詩之流傳及其為時人喜愛而論，竊意先生是篇固應在王作之上。

和陶然亭壁間清光緒時女子所題詠丁香花絕句二首

故國遙山入夢清，江關客感到江亭。自注：沈乙厂先生《海日樓集·陶然亭詩》云：「江亭不關江，偏感江關客。」不須更寫丁香句，轉怕流鶯隔世聽。

鍾阜徒聞蔣骨青，自注：蔣子文「骨青」事出干寶《搜神記》。今通行本干書「青」字多誤寫，不足據也。也無人對泣新亭。南朝舊史皆平話，說與趙家莊裏聽。

　　案：先生晚年所撰《論再生緣》一書中，錄此二絕。先生並云：「二十餘年前，九一八事變起，寅恪時寓燕郊清華園，曾〈和陶然亭壁間清光緒時女子所題詠丁香花絕句〉云……詩成數年後，果有盧溝橋之變。」是則此二詩蓋成於民國廿年（1931）九一八事變後不久。又案：九一八事變發生於瀋陽，其地固清盛京之所在，是以詩中有「故國遙山」、「南朝舊史」之句。昔者，先生嘗評庾子山、汪彥章之文曰：「庾、汪兩文之詞藻固甚優美，其不可及之處，實在家國興亡哀痛之情感，於一篇之中，能融化貫徹。」〔註4〕先生此二絕，其不可及之處，亦然。

〔註3〕見陳先生〈聽讀《再生緣》感賦詩〉「論詩我亦彈詞體」句自注。
〔註4〕見《論再生緣》（香港友聯出版社本，下同）頁86。

蒙自南湖作

景物居然似舊京，荷花海子憶昇平。橋頭鬢影還明滅，樓外笙歌雜醉醒。
南渡自應思往事，北歸端恐待來生。黃河難塞黃金盡，日暮人間幾萬程。

　　案：此首亦見《論再生緣》書中，其作年疑在民國廿八年（1939）夏間；
蓋其時先生正間關南下，任教西南聯大也，故詩中有「南渡」、「北歸」諸語。
又案：先生於「北歸」之句自下案語曰：「十六年前作此詩，句中竟有端生之
名，『豈是讖為今日識』耶？噫！」考《論再生緣》之成書，在民國四十三年
（1954），由是上溯十六載，正民國廿八年作此詩之時也。余按先生是篇，與
以下諸首，〔註5〕皆寫抗日避難情事，其於感懷身世，傷時念遠之中，頗寓諷
諭之旨。先生不亦云乎：「流轉西南，致喪兩目，此數年間，亦頗作詩，以誌
一時之感觸。」〔註6〕是知先生此時期之詩作，每有感觸存焉，每有諷諭存焉，
讀者幸毋以無病呻吟淺視之。

昆明翠湖書所見

照影橋邊駐小車，新妝依約想京華。短圍貂褶稱腰細，密卷螺雲映額斜。
赤縣塵昏人換世，翠湖春好燕移家。昆明殘刦灰飛盡，聊與胡僧話落花。

　　案：此詩亦載《論再生緣》中，作年在民國廿八年（1939）春，或在翌
年初、仲春間，（據詩中有「翠湖春好燕移家」句）而決不會在暮春之後。蓋
先生其時已抵渝，（先生有〈庚辰春暮重慶夜宴歸有作〉詩，可證。庚辰，民
國廿九年。）未幾且出任燕京大學教授矣。此律頷聯二句，以繁瑣之詞描繪
抗戰時昆明女子之妝飾，乃效元白艷體詩，可作社會風俗史料看。於此亦頗
見先生觀察之細密，記憶之確切，良非常人所能及。

庚辰春暮重慶夜宴歸有作

頗恨平生未蜀遊，無端乘興到渝州。千里故壘英雄盡，萬里長江日夜流。
食蛤那知天下事？看花愁近最高樓。行都燈火春寒夕，一夢迷離更白頭。

　　案：庚辰，民國廿九年（1940）。此首乃先生過錄以遺陳槃槃厂者，並致
書函略申贈詩之意，云：「槃厂吾兄先生左右：前莘田先生轉示大作，甚佩，

〔註 5〕指〈昆明翠湖書所見〉、〈庚辰春暮重慶夜宴歸有作〉、〈聞道〉、〈詠成都華西
　　　壩〉、〈癸未春日感賦寄呈史語所第一組諸友〉等五詩。
〔註 6〕見《論再生緣》頁 99。

甚佩。姑錄呈近作一首，聊答盛意，不足言詩也。順候吟祉。弟寅恪五月七日。」書函及詩作均收入周法高所編輯《近代學人手跡初集》中。函中提及之莘田，即羅常培也。槃厂嘗評此律，謂為「儼然元白」，〔註7〕蓋指先生詩有諷諭意。今觀頸聯之「食蛤」句，用《南史・王融傳》「不知許事，且食蛤蜊」事，其諷諭之意甚明。

聞　道

聞道飛車十萬程，蓬萊恩怨未分明。玉顏自古關興廢，金鈿何曾足重輕？
白日黃雞遲暮感，青天碧海別離情。長安不見佳期遠，惆悵陳鴻說華清。

　　案：此詩附見先生〈致槃厂書〉函中，時先生在香港，因事滯留，未能赴英出任牛津大學漢文教授。書函與詩今亦收入《近代學人手跡初集》。函之署年為（民國卅年）八月十日，〔註8〕詩當其前作。此篇先生自謂為「遊戲詩」，〔註9〕其實諷諭之意甚明顯。或疑所譏諷者為當道夫婦爭吵事，故篇中有「玉顏自古關興廢」、「蓬萊恩怨未分明」之句；未敢輕信，俟重考。

詠成都華西壩

淺草方場廣陌通，小渠高柳思無窮。雷車乍過浮香霧，電笑微聞送遠風。
酒醉不妨胡舞亂，花羞翻訝漢妝紅。誰知萬國同歡地，卻在山河破碎中。

　　案：此詩亦載《論再生緣》，其風格與〈蒙自南湖作〉、〈昆明翠湖書所見〉略類，皆先生於國難期間以誌一時感觸之作。頸聯以次，諷意顯明。陳哲三〈陳寅恪先生軼事及其著作〉云：「後應成都燕京大學之聘，於民國卅二年（1943）春到成都。」〔註10〕詩當抵成都後作。〔註11〕

〔註7〕見陳槃〈跋陳寅恪前輩詩札〉，收入周法高所編《近代學人手跡初集》，頁145。

〔註8〕案陳先生民國卅年（1941）春抵港，本擬赴英，因事滯留未果，而太平洋戰事驟起。民國卅一年（1942）夏，朱家驊派員接先生及家眷返後方。此函乃先生留港時寄槃厂，末署八月十日，其為民國卅年所撰無疑。

〔註9〕見陳先生〈與陳槃庵書〉其二，收入《近代學人手跡初集》，頁65。

〔註10〕見民國五十九年（1970）三月《傳記文學》第十六卷、第3期。

〔註11〕汪榮祖撰《史家陳寅恪傳》，以為此詩作於抗日勝利後。見汪書第九章，頁71。

癸未春日感賦寄呈史語所第一組諸友

滄海生還又見春，豈知春與世俱新。讀書漸已師秦吏，鉗市終須避楚人。
九鼎銘詞爭頌德，百年粗糲總傷貧。周妻何肉尤吾累，大患分明有此身。

　　案：此詩亦見《近代學人手跡初集》，其作年為民國卅二年（1943）癸未
三月卅日。第五句「九」下「鼎」字印本原缺，茲依文義補上。汪榮祖云：「這
首〈春日感賦〉，很值得玩味。首聯言世局好轉，第二句此意尤明。次聯藉漢
時楚元王故事，喻士人不為世所重。穆生初受元王敬禮，因不嗜酒，王乃以
醴代之，後王忘設醴，穆乃謝病去，且說：『醴之不設，王之意怠；不去，楚
人將鉗我於市。』第三聯諷當局之虛矯，而不知傷貧已甚，國家元氣殆盡。
末聯之典出自《南史》，周顒何胤崇佛法，但周有妻累，何有肉累。之所以不
能擺脫世俗諸累，因為有身。老氏有言：『吾所以有大患者，為吾有身；及吾
無身，吾有何患？』」〔註12〕論釋甚諦，特迻錄之以饗讀者。

求醫英倫時作並序二首

　　乙酉冬夜臥病英倫醫院，聽人讀熊式一君著英文小說名《天橋》者，中
述光緒戊戌李提摩太上書事。憶壬寅春隨先兄師曾等東游日本，遇李教士於
上海。教士作華語曰：「君等世家子弟，能東游，甚善。」故詩中及之，非敢
以烏衣故事自況也。

沈沈夜漏絕塵譁，聽讀佉盧百感加。故國華胥猶記夢，舊時王謝早無家。
文章瀛海娛衰病，消息神州競鼓笳。萬里乾坤迷去住，詞人終古泣天涯。

丙戌春以治目疾無效將離倫敦返國暫居江寧感賦

金粉南朝是舊遊，徐妃半面足風流。蒼天已死三千歲，青骨成神二十秋。
去國欲枯雙目淚，浮家虛說五湖舟。英倫燈火高樓夜，傷別傷春更白頭。

　　案：二首同見《論再生緣》中，後一首亦見民國卅七年（1948）三月十四
日《京滬周刊》第二卷、第10期，惟小序作：「倫敦醫眼疾無效，將東歸江寧，
感賦。」與此小異。先生曰：「自是求醫萬里，乞食多門。務觀趙莊之語，竟『蚤
為今日讖』矣。求醫英倫時作二詩，錄之於下。」〔註13〕考「務觀趙莊之語」

〔註12〕見《史家陳寅恪傳》（香港波文書局本）頁59。
〔註13〕見《論再生緣》頁100。

句，出陸游〈小舟遊近村詩〉，〔註14〕蓋喻盲翁。先是，先生〈和陶然亭壁間清光緒時女子所題詠丁香花絕句〉，其第二首之結語云：「南朝舊史皆平話，說與趙家莊裏聽。」先生所謂讖語者，殆指此。又案：第二次世界大戰結束，先生即應聘英國牛津大學。先生以目疾日深，欲藉此機緣赴英醫治。孰料治療無效，雙目幾盲。乃感懷身世，撫今追昔，根觸極多，故賦詩以寄慨。依小序，詩乃成於民國卅四年（1945）乙酉冬，與民國卅五年（1946）丙戌春。二詩寫來沈鬱悲涼，然高情遠韻，用典又精妙，甚肖義山。

憶松門別墅故居

渺渺鐘聲出遠方，依依林影萬雅藏。一生負氣成今日，四海無人對夕陽。破碎山河迎勝利，殘餘歲月送淒涼。松門松菊何年夢，且認他鄉作故鄉。

　　案：此詩刊見民國卅六年（1947）12月7日《京滬週刊》第一卷、第48期。依詩意忖之，當亦是先生在英治目疾無效，離倫敦返國，暫居江寧感賦之作。此觀詩之二、三兩聯甚明。頷聯是詩人之悲憤語，頸聯則點出作詩之年。因將返江寧，乃憶及故居；松門別墅者，江西廬山祖居也。結處「且認他鄉作故鄉」，是先生擬暫居江寧（南京）之證。

來英治目疾無效將返國寫近撰《元白詩箋證》付稚女美延讀之

眼昏到此眼昏旋，辜負西來萬里緣。杜老花枝迷霧影，米家圖畫滿雲烟。餘生所欠為何物，後世相知有別傳。歸寫香山新樂府，女嬰習誦待他年。

　　案：此律平白易曉，極貼題意，蓋為稚女而作，故全篇無艱澀語。詩見載於民國卅七年（1948）十二月廿四日《京滬週刊》第二卷、第42期。先生有三女，長女流求，次女小彭，美延其幼女也，後畢業於上海復旦大學化學系。〔註15〕似未能克紹箕裘者。

題熊式一英文小說《天橋》二首

海外林熊各擅場，盧前王後費評量。北都舊俗非吾識，愛聽《天橋》話故鄉。名列仙班目失明，結因茲土待來生。把君此卷且歸去，何限天涯祖國情。

〔註14〕陸詩云：「斜陽古柳趙家莊，負鼓盲翁正作場。身後是非誰管得，滿村聽說蔡中郎。」
〔註15〕據陳先生〈覆劉祖霞嘯秋醫生書〉。

案：二詩見熊式一《天橋》中文本自序引。〔註16〕熊〈序〉云：「《天橋》
在英國出版的時候，蒙文藝各界一致予以好評。可是我心中最引以為榮幸的，
是這三個人的重視：一是當今英國桂冠詩人（Poet Laureate）梅斯菲爾（John
Masefield）的〈代序詩〉，二是大文豪威爾士（H. G. Wells），在他的著作中對
《天橋》的評論，三是清華大學歷史系教授陳寅恪讀後的贈詩。」是熊氏對
先生之推崇可知。二絕當寫成於離英返國前，故有「把君此卷且歸去」之句。
至詩中首句之「林」，乃指林語堂。「北都舊俗」句，因林著《瞬息京華》而
言也。揣詩意，蓋較看重熊氏《天橋》，則詩實有評量也。熊，江西人。

大西洋舟中紀夢

貧賤夫妻已足哀，亂離愁病更相催。舟中正恨音書斷，夢裏何期語笑來。
去國羈魂銷寂寞，還家生事費安排。風波萬里人間世，願得孤帆及早回。

  案：此律刊見民國卅七年（1948）四月十一日《京滬週刊》第二卷、第
14 期，然詩當是丙戌（1946）春先生置舟離英返國，道出紐約，途經大西洋，
舟中紀夢之作。楊聯陞云：「來美留學之後，曾於西元 1946 年 4 月 19 日與周
一良兄同隨趙元任夫婦，到紐約卜汝克臨二十六號碼頭停泊之輪舟中，探望
先生。時先生雙目幾已全部失明，看人視物，僅辨輪廓。因網膜脫落，在英
經其國手名醫，用手術治療無效。置舟回國，道出紐約，原擬再試醫療，後
聞美國名醫亦無良策，遂決定不登岸。」〔註 17〕是先生作此詩，應在四月十
九日抵紐約前。

丁亥清華園作

葱葱清氣古幽州，隔世重來淚不收。桃觀已非前度樹，薰街長是最高樓。
名園北監仍多士，父老東城有獨憂。惆悵廿年眠食地，一春殘夢上心頭。

  案：先生回國居江寧未久，即重返清華大學執教。（殆為安排生事耶！）
詩題「丁亥」，結句曰：「一春殘夢上心頭」，當是民國卅六年（1947）歲次丁
亥春間作。詩則刊見同年七月廿日《京滬週刊》第一卷、第 28 期。其時先生
雙目已盲，內心殊苦，故此律寫來，不覺滿紙辛酸皆是淚也。

〔註16〕《天橋》中文本，有香港高原出版社本。熊序見頁 1 至 8。
〔註17〕見民國五十九年（1970）三月《傳記文學》第十六卷、第 3 期〈陳寅恪先生
   隋唐史第一講筆記〉。

舊京元夕用東坡韵

殘破河山慘澹天，照人明月為誰妍。觀兵甲抉城門目，求藥空回海國船。
燈下魚龍迷幻影，詞中梅柳泣華年。舊京節物承平夢，未忍匆匆過上元。

案：此律與前首當是同期作。詩中「舊京」，蓋指北平。其時先生「求藥
空回」，歸國未久，即重返清華園。孰料所目睹者是河山殘破，承平難再，感
喟之餘，遂撰此篇。詩刊見於民國卅七年（1948）五月九日《京滬週刊》第
二卷、第 18 期。「觀兵」句用伍子胥「抉吾眼縣吳東門之上，以觀越寇之入
滅吳」事，因先生自九一八事變始，則洞悉日寇之侵我也。〔註 18〕

始知端己是詩人之句感賦

無端端己費題箋，此意追思一泫然。隔世相憐彌悵惘，平生多恨自纏綿。
金輪武墨時還異，石窟文成夢已仙。誰寫浣花秦婦障，廣明離亂更年年。

案：此首絕似義山〈錦瑟詩〉，清峭感愴，意境迷離，在昔元遺山已有
難為鄭箋之嘆。原載民國卅七年（1948）十二月五日《京滬週刊》第二卷、
第 48 期，詩亦其時作。臺灣三人行出版社本《陳寅恪先生論文集》附錄此
律，題作〈題文學侍讀韋端己集詩〉，另「浣花」作「浣紗」，與此少異，未
知何據？余頗疑發端句乃先生自言撰《秦婦吟校箋》事者。校箋初名〈讀秦
婦吟〉，刊見民國廿五年（1936）十月之《清華學報》第十一卷、第 4 期；
民國廿九年（1940）四月，先生另行增訂，並易今名重刊於昆明。先生曰：
「戊辰（民國十七年）之春，俞平伯君為寅恪寫韋端己〈秦婦吟〉卷子，張
於屋壁。八年以來，課業餘暇，偶一諷詠，輒苦不解。雖於一二字句稍有所
校釋，然皆瑣細無關宏旨。獨端己此詩所述從長安至洛陽，及從洛陽東奔之
路程，本寫當日人民避難之慘狀；而其晚年所以諱言此詩之由，實繫於詩中
所述長安達洛陽一段經過；此點為近日論此詩者所未詳。遂不自量欲有所妄
說，至詩中字句之甚不可解，及時賢之說之殊可疑者，亦略申鄙見附綴於後。」
〔註 19〕詩云：「此意追思一泫然。」先生追思而泫然者，殆因是耶？結處言
廣明（唐僖宗之年號）離亂，以喻當時之匪禍。家國興亡之哀思，掩抑其中，
讀之使人輒不自堪。

〔註 18〕先生晚年撰《論再生緣》，中云：「二十餘年前，九一八事變時，寅恪時在燕
　　　　郊清華園，曾和陶然亭壁間清光緒時女子所題詠丁香花絕句云……詩成數年
　　　　後，果有盧溝橋之變。」可證。

〔註 19〕見《秦婦吟校箋》（庚辰四月昆明刊本）頁 4。

題《花隨人聖庵摭憶》後

當年聞禍費疑猜，今日開編惜此才。亂世佳人還作賊，花隱聖解幸餘灰。法嚴一死終難貸，名毀千秋倍可哀。太息暘臺春又動，_{自注：書中極言暘崖山花事之盛。}游魂應悔不多來。

  案：此首原載民國卅八年（1949）元月二日《京滬週刊》第二卷、第52期，詩當其時作。香港大華出版社本《花隨人聖盦摭憶補篇》亦錄此詩，惟文字頗有出入。〔註20〕《花隨人聖盦摭憶》作者侯官黃濬，字秋岳，才華籍甚。當年在南京《中央時事週報》撰《摭憶》，備受好評。後以通敵被誅，瞿兌之斥資印行其書。先生此詩於秋岳之被禍，字裏行間，頗致悼惜，蓋君子不以人廢言也。

漱珠岡純陽觀探梅柬冼玉清教授

我來祇及見寒梅，太息今年特早開。花事已隨塵世改，苔根猶是舊時栽。名山講席無儒士，勝地仙家有劫灰。游覽總嫌天宇窄，更揩病眼上高臺。

  案：此首原載民國卅九年（1950）十一月二日《星島日報·文史雙週刊》第50期。時中原板蕩，先生則以目疾家累，難出國門。全篇寫來，撫今追昔，其憤懣之情，不覺溢於辭表。「名山講席無儒士，勝地仙家有劫灰」，吾輩縱觀今日赤縣神州，其固有文化屢經斲削摧殘，儒士蕩然，劫灰遍野，又豈止名山講席之無儒士，勝地仙家之有劫灰也！先生蒿目時艱，故能一語成讖。結處寄思無窮，識者當知之。又案：冼玉清有次韻之作，亦載同期中。玉清時執教嶺南大學，與先生同事，其詩良佳，然終不逮先生之直而不迂，難能可貴也。茲將冼作錄後：

> 次陳寅恪教授漱珠岡純陽觀探梅韻
>
> 騷懷惘惘對寒梅，劫蠨誰來訊落開。鐵幹肯隨春風暖，孤根猶倚嶺雲栽。苔碑有字留殘篆，藥石無煙賸冷灰。誰信兩週花甲後，有人思古又登臺。

〔註20〕大華本錄此詩題作〈讀花隨人聖盦摭憶後題〉。另「當年聞禍」作「昔聞被禍」，「開編」作「開篇」，「花隨聖解幸餘灰」作「花隨人聖有餘灰」，「太息」作「見說」，「極言」作「數言」，「暘崖山花事」作「北京暘臺花事」，「游魂」作「魂游」。

聽讀《再生緣》感賦並序二首

　　癸巳秋夜，聽讀清乾隆時錢唐才女陳端生所著《再生緣》第壹柒卷、第陸伍回中，「惟是此書知者久，浙江一省徧相傳。髫年戲筆殊堪笑，反勝那，淪落文章不值錢」之語，及陳文述《西泠閨詠》第壹伍卷〈繪影閣詠家□□詩〉，「從古才人易淪謫，悔教夫婿覓封侯」之句，感賦二律。

地變天荒總未知，獨聽鳳紙寫相思。高樓秋夜燈前淚，異代春閨夢裏詞。絕世才華偏命薄，戍邊離恨更歸遲。文章我自甘淪落，不覓封侯但覓詩。

一卷悲吟墨尚新，當時恩怨久成塵。上清自昔傷淪謫，下里何人喻苦辛。彤管聲名終寂寂，青丘金鼓又振振。自注：《再生緣》敘朝鮮戰事。論詩我亦彈詞體，自注：寅恪昔年撰〈王觀堂先生挽詞〉，述清代光宣以來事，論者比之七字唱也。悵望千秋淚濕巾。

　　案：二律均載《論再生緣》書中。依小序，詩當作於民國四十二年（1953）癸巳秋夜聽讀《再生緣》後。先生云：「衰年病目，廢書不觀，唯聽讀小說消日，偶至《再生緣》一書，深有感於其作者之身世，遂稍稍考證其本末，草成此文。承平豢養，無所用心，忖文章之得失，興窈窕之哀思，聊作無益之事，以遣有涯之生云爾。」又云：「又所至感者，則衰病流離，撰文授學，身雖同於趙莊負鼓之盲翁，事則等於廣州彈絃之瞽女。榮啟期之樂未解其何樂，汪容甫之幸亦不知其何幸也。偶聽讀《再生緣》，深感陳端生之身世，因草此文，並賦兩詩，後之覽者儻亦有感於斯歟？」〔註21〕噫！先生其時之心境與遭遇亦可哀矣！故陳槃厂曰：「先生既以老病失明，羈棲人獸之境，而其論《再生緣》傳奇也，乃敢昌言無自由之思想，則無優美之文學。舉此一例，可概其倫。此易見之真理，世人竟不之知，可謂愚不可及。又曰：衰病流離，撰文授學。身雖同於趙莊負鼓之盲翁，事則等於廣州彈絃之瞽女。榮啟期之樂，未解其何樂。汪容甫之幸，亦不知其何幸也。烏乎，是足見先生之宿心矣！抑亦可哀也矣。」〔註22〕旨哉斯言。又案：先生此二律，自亦感懷身世之作，篇中反覆致意，悔憾無窮，而其語極沉痛，真令人不忍卒讀。詩亦效義山體，勞榦貞一已嘗言之。〔註23〕而其中「絕世才華偏命薄，戍邊離恨更歸遲」，及

〔註21〕見《論再生緣》頁 3、頁 101。
〔註22〕同註 7。
〔註23〕勞撰〈憶陳寅恪先生〉云：「其中的『絕世才華偏命薄，戍邊離恨更歸遲』和『上清自昔傷淪謫，下里何人喻苦辛』恰恰嵌入了『上清淪謫更歸遲』一句。

「上清自昔傷淪謫，下里何人喻苦辛」二語，不惟借前人之酒杯，澆一己之塊壘，且確嵌入義山〈重過聖女祠〉「上清淪謫得歸遲」句也。〔註24〕

甲午嶺南春暮憶燕京崇效寺牡丹及青松紅杏卷子有作二首

回首燕都掌故花，花開花落隔天涯。天涯不是無歸意，爭奈歸期抵死賒。

自注：改宋人詞語。

紅杏青松畫已陳，興亡遺恨尚如新。山河又送春歸去，腸斷看花舊日人。

案：二詩亦見《論再生緣》中。甲午，民國四十三年（1954）也。時先生流寓南方，有北歸意，而力不能，故內心愁苦，乃借傷春悼紅以寄慨。先生曰：「寅恪近有看花送春之作，亦關牡丹紅杏者，故附錄於此。詩之詞句重複鈎連，固是摹擬繪影閣體。然意淺語拙，自知必為才女之鬼所鄙笑也。」〔註25〕感慨撝謙，讀者似不宜拘執此語，直謂先生才華不及陳端生也。

丙申六十七歲初度曉瑩置酒為壽賦此酬謝

紅雲碧海映重樓，初度盲翁六七秋。纖素心情還置酒，然脂功狀可封侯。

自注：時方箋釋河東君詩。平生所學供埋骨，晚歲為詩欠斫頭。幸得梅花同一笑，炎方已是八年留。

案：此律從未發表，承吳其昱博士由法京寄貽。吳博士來書云：「前在戴密微教授處得覿陳寅恪先生〈丙申六十七歲初度曉瑩置酒為壽賦此酬謝〉詩複印本，（柳存仁教授所寄）特為借出，複印二份，茲由航郵寄上一本。」讀後，因悉此詩流傳海外概況。余之結識吳博士，始自去年（1975）夏間，乃由李幼椿師介紹。數月以還，魚雁往返，受益良多。茲又蒙以詩見惠，隆情厚貺，殊深感銘。博士早歲畢業西南聯合大學，先生之門人。先生逝世後，嘗撰〈海外聞陳寅恪先生棄世〉詩，以誌哀思。詩曰：「清華門第烏衣憐，

這是出於李義山〈過聖女祠詩〉的第二句，只寅恪先生把『得』一字易作『更』字。也說這樣一改，嵌字不十分顯著，以避人耳目，也許改掉『得』字，以示『上清淪謫，不得歸遲』。無論如何，是可以看出他的心情的。」（見民國五十九年九月《傳記文學》第十七卷第3期。）

〔註24〕李商隱〈重過聖女祠〉云：「白石巖扉碧蘚滋，上清淪謫得歸遲。一春夢雨常飄瓦，盡日靈風不滿旗。萼綠華來無定所，杜蘭香去未移時。玉郎會此通仙籍，憶向天階問紫芝。」

〔註25〕見《論再生緣》頁70。

海外尋師值少年。倉頡學兼四裔語，佉盧研徹五天編。隋唐史貴洛陽紙，元白箋贏域外錢。一字一珠誰記取，故園桃李遍山川。」誦此詩，於先生之家世、學問及其學術上之成就，依稀可知；而博士對其業師終身仰止之懷，亦瞭然可睹。又案：丙申，民國四十五年（1956）。先生此詩乃為酬謝夫人置酒為壽而作。夫人，昔臺灣總督甲午起兵抗日唐景崧孫女。自民國十七年（1928）在北平歸先生，艱苦與共，禍福以之，至是而廿八載矣。「織素」句，出〈古詩〉「上山採蘼蕪」，蓋先生自述鶼鰈之情，老而彌篤者。「然脂」句，典出徐陵〈玉臺新詠序〉：「然脂暝寫，弄墨晨書。」先生自注謂：「時方箋釋河東君詩。」河東君即柳如是，殆先生極重視《柳如是別傳》之撰著，竊以其功狀可與封侯相況也。頸聯之語，直是對當道者戕害文化人之控訴。「埋骨」、「斫頭」諸不吉利語，而用於生日詩，確是鮮經人道者。然先生暮年心靈之痛楚，昭然若揭矣。結句仍是思歸，蓋先生流寓南方，至是剛滿八年，故末處及之。「炎方」二字別有深意。

丁酉上巳前二日廣州京劇團及票友來校清唱即賦三絕句 三首

暮年蕭瑟感江關，城市郊園綣往還。來譜雲和琴上曲，鳳聲何意落人間。

自注：謂張淑雲、孫豔琴兩團員及伍鳳儀女士。

沈鬱軒昂各有情，自注：謂諸男團員及票友。**好憑弦管唱昇平。杜公披霧花仍隔，戴子聽鸝酒待傾。**自注：新谷鶯、華蘭蘋兩團員未來。

紅豆春生翠欲流，聞歌心事轉悠悠。貞元朝士曾陪座，自注：四十餘年前在滬陪李瑞清丈觀譚鑫培君演連營寨，後數年在京又陪樊增祥丈觀譚君演空城計。一夢華胥四十秋。

案：三詩見載民國四十六年（1957）五月十日《光明日報》梁誠端撰〈訪陳寅恪教授〉一文中。丁酉上巳前二日，約在民國四十六年（1957）四月間（農曆三月上旬），時大陸正鬧鳴放也。梁文云：「這幾天的報紙，真個是大鳴大放，大概知名的學者、教授，無不發表了言論。怎麼當代著名的歷史學家陳寅恪還未發表他的見解呢？我問過一位記者，他告訴我，這幾年陳先生在廣東很少發表意見。誰若問他對百家爭鳴有什麼意見，他只淡然地讓你去看看他的門聯。這使我很納悶，為什麼當代一家學者，獨默默而不鳴？……我們來在小樓下，果然門上貼着一副對聯：萬竹競鳴除舊歲，百花齊放聽新

鶯。（原注：指廣州京劇團名演員新谷鶯）」又云：「今年春節，廣州京劇團主
要演員被邀到中大作過一次清唱演出，難得陳老先生親自出門去聽賞。當他
高興地聽罷歸來，立即賦詩三首，還興致勃勃地擬對聯一幅，贈給這個京劇
團，他尤其讚賞劇團中新谷鶯、華蘭蘋兩位演員。對聯是這樣的：古董先生
誰似我，新花齊放此逢君。（原按：古作『陳』解，指他自己，董指中文系教
授董每戡。此句出自《桃花扇》曲詞。『新花齊放』的新指新谷鶯，花指華蘭
蘋。）」梁文所述不惟說明詩作背景，而先生風骨志節，及其對鳴放運動之厭
惡，亦可概見。文天祥曰：「時窮節乃見。」〈中庸〉亦云：「故君子和而不流，
強哉矯。中立而不倚，強哉矯。國有道，不變塞焉，強哉矯。國無道，至死
不變，強哉矯。」其先生之謂乎！

丁酉首夏贛劇團來校演唱「牡丹對藥」「梁祝因緣」戲題一詩

金樓玉茗了生涯，自注：年來頗喜小說戲曲。梁祝事始見於蕭七《符書》也。老去風
情歲歲差。細雨競鳴秦吉鳥，故園新放洛陽花。相逢南國能傾國，不信仙
家果出家。共入臨川夢中夢，聞歌一笑似京華。

題王觀堂《人間詞話》及《人間詞》新刊本

世運如潮又一時，文章得失更能知。沈湘哀郢都陳迹，謄話人間絕妙詞。

聽演桂劇改編《桃花扇》劇中香君沈江而死與孔氏原本異亦與京劇改本不同也

興亡遺事又重陳，北里南朝恨未申。桂苑舊傳天上曲，桃花新寫扇頭春。
是非誰定千秋史，哀樂終傷百歲身。鐵鎖長江東注水，年年流淚送香塵。

    案：上列三詩附見先生〈覆劉祖霞嘯秋醫生書〉，歷為劉醫生珍藏，書函
與詩均從未發表。今年（1976）元旦，余始獲識嘯秋先生，即蒙慨予借出，
感何可言。且為追述任清華校醫時與先生交游事，蓋以二人同鄉，他地相遇，
故情好綢繆，甚相得也。後醫生旅食南洋，先生則移教中大，兩人不見，如
參與商。醫生亦詞人也，民國四十八年（1959）出版《椰風集》，悽豔纏綿，
幾入小山之室，遂以所著自北婆羅洲寄貽。先生覆書曰：「嘯秋先生左右：不
通音問幾三十年，忽奉手書並大作，感佩，感佩。弟雙目失明已十六年，現
居中山大學，聊以著述自娛，殊不足為外人道也。內子患心臟病頗重，長女

流求現在成都醫院任職，次女小彭任中大生物系助教，三女美延肄業上海復旦大學化學系，今夏可卒業，並以附聞。茲錄小詩一首，（廣棪案：其實共三首。）即希教正，且可見弟之近狀也。專復，敬頌吟祉！弟寅恪敬啟。61 年 6 月 12 日。」先生暮年生涯之苦況，細誦此函，殆可想見。先生謂：「殊不足為外人道」，其詩曰：「老去風情歲歲差」，洵非虛語。又案：先生此三詩，其一寫成於丁酉首夏，約為民國四十六年（1957）四、五月間，故頷聯「細雨競鳴秦吉鳥，故園新放洛陽花」二句，〔註 26〕即為譏諷大鳴大放者。第二、三首，疑亦成於民國四十六年、民國五十年（1961）間。「沈湘哀郢都陳迹，賸話人間絕妙詞」，上承〈輓王靜安先生詩〉及〈王觀堂先生輓詞〉，沉痛之極。「是非誰定千秋史，哀樂終傷百歲身。鐵鎖長江東注水，年年流淚送香塵。」沉鬱傷痛處，與先生前此諸作，猶相傳一脈也。

　　以上所過錄者，計七古一、七絕十、七律廿四，都卅五首。蒐求容有未周，而所述釋者亦未必盡當，尚祈博雅君子不吝賜教。

一九七六年元月十五日初稿

一九七七年四月九日增訂

時於香港珠海大學中國文史研究所

（原刊《珠海書院中國文學歷史研究所叢刊》之七）

〔註 26〕秦吉鳥，見蒲松齡《聊齋志異》卷七、〈阿英〉。

珠海書院中國文學歷史研究所學會叢刊之七

何廣棪 著

陳寅恪先生遺詩述釋

陳槃

十七、《陳寅恪先生論文集補編》出版緣起

　　義寧陳寅恪先生以史學名家，其詩亦有稱於時。先生辭世後，九思出版社同人為紀念先生，遂有出版《陳寅恪先生論文集》之舉，所收著作近百篇，蒐求之富，允稱獨步。廣棪生也晚，無緣親炙先生之教誨，然於先生仰止之懷，無時或已。故自先生歸道山，廣棪懼其著述之散佚，亦著力搜羅珍藏，並予整治，乃有《陳寅恪先生著述目錄編年》之撰作，前曾附載《陳寅恪先生論文集》中。近日，廣棪又檢出先生論文十四篇，曰：〈述東晉王導之功業〉、〈論李栖筠自趙徙衛事〉、〈書魏書蕭衍傳後〉、〈論許地山先生宗教史之學〉、〈吾國學術之現狀及清華之職責〉、〈五胡問題及其他〉、〈遼史補注序〉、〈與董彥堂論年曆譜書〉、〈清談與清談誤國〉、〈高鴻中明清和議條陳殘本跋〉、〈俞曲園先生病中囈語跋〉、〈雨生落花詩評〉、〈評吳雨僧懺情詩〉、〈薊丘之植植於汶篁之最簡易解釋〉；其中不乏為海內外難得一覯之著作，乃交九思出版社印行，以為《補編》。另廣棪又蒐得先生古、近體詩三十五首，前既撰就〈陳寅恪先生遺詩述釋〉一文，茲亦一併附於《補編》之後，以供喜讀先生遺詩者參考。

　　先生平生著作豐贍，廣棪當更事搜羅，以期繼此《補編》之後，復出版《三編》、《四編》；終則理董成《全集》，付之梓人。斯固廣棪之素志，而喜治義寧陳氏之學者，想亦樂觀厥成也。

民國六十六年八月六日鶴山何廣棪謹識，時旅次臺北。

（原刊《陳寅恪先生論文集補編》書首）

十八、董作賓〈答楊樹達〉
未刊書函二通讀後

一、前言

　　二零零六年為饒選堂教授九十榮慶之年，香港大學中文學院為向饒教授表示崇高敬意與祝賀之忱，乃於是年十二月十三至十五日舉辦「學藝兼修・漢學大師——饒宗頤教授九十華誕國際學術研討會」。余幸蒙應邀，並於會上發表〈楊樹達《與董作賓書》二通讀後〉一文，略考楊、董二氏學術情誼及二人對甲骨文字之探討。拙文後被收入《饒宗頤教授九十華誕國際學術研討會論文集》（《華學》第九、十輯）中。

　　逾數年，楊樹達教授（1885～1956）湖南大學弟子有名周易者蒞港訪余，行篋中收藏有友朋致楊氏書函數十通，其間竟有董作賓教授（1895～1963）函牘，且適為回應楊氏上述二函者。〔註1〕承蒙周易先生厚愛，賜予影印副本。余遂珍而藏之，留以待用。

　　時光迢遞，饒教授今年已屆虛齡百歲，香港大學饒宗頤學術館乃聯同香港大學等十四院校，舉辦「饒宗頤教授百歲華誕國際學術研討會」，並作隆重祝賀。余又再蒙邀請撰文，幾經斟酌，乃決以年前獲得之董答楊書為題，奉文致意，用與十年前所撰拙文後先呼應。人生在世，撰作學術論文而能有如斯巧合機緣者，亦屬難逢之幸事也。

　　十年前所撰拙文，載楊氏與董函二通，首通寫於民國三十四年（1945）二月廿八日，次通寫於同年四月十九日。而周易先生詒余之董答楊函影印二通，首函復於三十四年（1945）三月三十日，次函復於同年五月十七日。

〔註1〕周易先生攜來之楊氏友朋書函，計董作賓 10 通，于省吾 12 通，沈兼士 23 通，梁啟超 1 通，朱自清 1 通，王力 7 通，容庚 4 通，林義光 3 通，周祖謨 3 通，錢玄同 1 通。

以下擬將董函二通依次考釋，並作讀後如次：

二、董氏答楊函第一通

　　董作賓答楊樹達首函，乃回應楊氏第一通來函者。為方便說明起見，仍將楊函列前，然後再就董函回應各事，一一予以述釋。茲將楊氏首函略加標點，錄其內容，而楊氏原函手蹟則附於後，俾便參證。

　　彥堂先生左右：北海　聞教後，忽忽十餘年。時局滄桑驚人至此，良可歎也。近維　著述日新，無任忭頌。弟僻居荒徼，去年重治甲骨，時有肊見，惟苦無書，無由質證。茲以印稿三紙寄呈求　教，務懇　兄勿存客氣，詳加指示。其前人已說者，尤　望示及，以便刪削；其疵謬處，尤祈　督教之，至荷至企。昨在沅陵晤辛樹幟兄，問知　尊居。辛兄並允先為弟道求教之意。惟渠甚忙，不知曾有簡札奉寄否？近日治甲文者尚有何人？亦望　示及。如能介紹弟相與討論，尤厚幸也。此頌
　　著安

　　　　　　　　　　　　　　　　　弟楊樹達頓首　三四、二、廿八

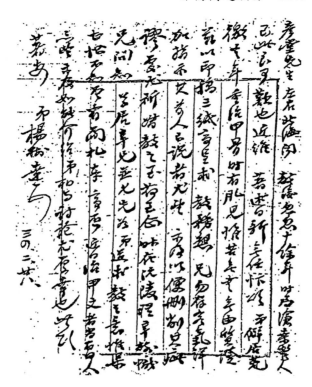

董氏答函亦加標點，原函手蹟如前附後：

遇夫先生賜鑒：頃奉

手教及〈甲文蠡測〉三葉，拜悉一是。一別十餘載，得書如親晤對，幸慰何如。辛公久未通候，猶不知其在湘在渝也。　大著想正印刷中，極盼早日出版。來書殊太客氣，益見　公之謙沖為懷，篤於治學，至為敬佩！弟近十年來，苦習天文曆法，將甲骨文中年月日及天象可考者，彙編為《殷曆譜》一書，（其中偶有文字考證，附上殘葉五紙，中有𡘆字，乞指教之。）寫付石印，已一年有半，不久可以問世，故對於文字之考訂，未下甚深工夫。上年北大文科研究所學生李孝定（湖南常德，中央大學畢業。）君從弟治甲骨文字，曾作《集釋》一書，頗有新解，惜其書一時未能出版也。李君在此工作，故弟以大著〈擷要〉示之，囑其注出意見，如另紙附呈，供　公之參考而已。弟覺此刻材料書不在手頭，僅憑各家輯之單字，望文生義，求證不得，誠苦事也。故　尊序所列四端，弟覺存疑、訂說，商是三者，　公之創獲必多，而增文一目，或尚有須求卜辭而可通，（最好一一對照原卜辭，校正一過。）方能決其是非，其間容有可商者在也。弟之淺見如是，幸勿見罪！此後　公如有所賜教，或檢討少數問題，弟可代為檢查原片，逕寄此間李孝定君亦可。此間材料書尚全，弟已囑李君矣。弟擬五月初赴渝，六月底返李莊。草此奉答，餘容續陳。

即頌

著安

弟

董作賓頓首

卅四，三，卅，燈下

遇走先生賜鑒：頃奉

手教及里壽賜三書，拜讀一過，十分

感，得書不能即時奉覆奈何。拳拳之

意，唯候。猶不知書在郵在倘也。大著想

正在刷中。極好。異日書出版。書當速大奉

寄，吾兄。乃承謙沖為懷，篤於舊

學，足為我儕法，弟近十年素著

正而刷中，極好。異日書出版。書當速大奉

書通候。

案：據嚴一萍先生（1912〜1987）《董作賓先生年譜初稿》載，民國卅四年（1945）
三月，董氏在中央研究院史語所服務，寓四川南溪李莊板栗坳，〔註2〕故本函
函末有「弟擬五月初赴渝，六月底返李莊」之語。〈甲文蠡測〉，即〈甲文蠡測
擷要〉之省稱，此文乃楊氏本年二月付刊，有湖南大學《古文字學研究》講
義本。〔註3〕考楊樹達《積微翁回憶錄》本年四月十五日條云：「前以〈甲文
蠡測擷要〉寄董彥堂，今日得復，云近年專治天文曆法，甲骨文字未深注意。」
〔註4〕所記正可與董函相印證。至董氏苦習天文曆法，始自民國二十年（1931）

〔註2〕嚴一萍：《董作賓先生年譜初稿》（臺北市：藝文印書館《董作賓先生全集乙編》
　　　第七冊，民國六十六年初版）頁18〜20。
〔註3〕胡厚宣：《五十年甲骨學論著目》（臺北縣：華世出版社《甲骨學論著提要目錄
　　　三種》，民國六十四年初版），頁58。
〔註4〕楊樹達：《積微翁回憶錄》（上海：上海古籍出版社，2013年9月第1版），頁
　　　223。

撰〈卜辭中所見之殷曆〉一文，刊見《安陽發掘報告》第三期；其後絡繹發表者尚有〈殷曆中幾個重要問題〉、〈殷商疑年〉、〈研究殷代年曆的基本問題〉、〈殷代之天文〉、〈殷文丁時一旬之氣象紀錄〉、〈魏特夫商代卜辭的氣象紀錄〉、〈四分一月辨正〉、〈中康日食〉，而迄至民國卅四年（1945）四月，又由中央研究院歷史語言研究所出版《殷曆譜》四冊，〔註5〕正合董函所言「苦習天文曆法」事，蓋董氏用功於斯者十五年，發表相關著述凡十種，其中尤以撰《殷曆譜》一書，最為不朽之盛業。

董函中提及之李孝定（1918～1997），乃其時追隨董氏研治甲骨文字研究生；另提及之「辛公」，即辛樹幟（1894～1977），余於撰楊與董書首通讀後一文，對二人之行實均已詳細考及，於此不再多述。而函中謂李氏「曾作《集釋》，……一時未能出版」，乃指李氏所撰《甲骨文字集釋》。此書後收為《中央研究院歷史語言研究所專刊》之五十，出版時李氏撰〈自序〉，署年作「中華民國五十四年五月十日」，〔註6〕即西元一九六五年。此書有屈萬里教授（1907～1979）撰〈序〉，謂：「友人李陸琦先生（即李孝定，初名陸琦），欲為學林釋此憾，乃發憤著是書。經始於民國三十年之秋，越三載而脫稿。時戰亂初定，稿遺北平，未及梓行。」〔註7〕所言與董函謂李書「一時未能出版」暗合。由此推知，李氏《集釋》之書應成於民國三十三年（1944）。

董氏此函對研治甲骨文最堪注意之一段話，乃函中與楊氏言及治甲文而無材料書在手之困苦，董函謂「僅憑各家輯錄之單字，望文生義，求證不得」，又「未能一一對照原卜辭，校正一過」，以「決其是非」，則「其間容有可商者在也」。以上意見，董氏自謙為「淺見」，實乃董氏讀楊氏〈甲文蠡測擷要〉後，洞悉楊氏治甲文之缺憾，而向楊氏吐露肺腑之言。讀其函，深覺董氏措辭委婉，態度謙沖；至其與朋友研學、切磋琢磨及用心之誠摯，尤令人欽敬。

董氏函中上述所言，楊氏均深以為然。故其致董函第二通中回應曰：「弟〈蠡測〉雖已寫訖，未敢付印，只以未核對卜辭之故。原序云：『姑存箋衍，俟他日之刊刪。』即此意也。其所以示人者，完全出於求教之心。今果承郭沫若兄及我公與李君詳為示及，良深感謝。沫若只及五、六字，兄及李君示

〔註5〕同注3，頁123～126。
〔註6〕李孝定《甲骨文字集釋》，（臺北縣：《中央研究院歷史語言研究所集刊》之五十，民國五十四年一月初版），書首。
〔註7〕屈萬里：〈甲骨文字集釋序〉，同注6。

到三十餘文，尤為忻喜。有多文前已有釋及者，第是真理，不必自我發之。弟不惟不以為恨，且以為幸事；蓋用此可知弟閉門造車，仍偶有可以合轍者在也。」是故雖董函急切表示極盼楊書早日出版，而楊氏則「只以未核對卜辭」為辭，而始終「未敢付印」。楊氏如此處理，應因深受董函忠告之影響。又檢《積微翁回憶錄》「民國三十四年四月十五日」條載：「十五日。前以〈甲文蠡測撮要〉寄董彥堂，今日得復，……取余文付李孝定鑑簽注意見。知此、正、是、征、跋、設、諆、杸、鶅、△、缶、京、亩、圖、嗇、困、朔、香、痛、瘳、羈、化、几、允、欠、豕、狀、燮、亢、聖、雌、或、紹、級、鼀、圣、季、漳三十八文已有人釋出，亦有不然余說者。」〔註8〕是則〈蠡測〉一文，李孝定曾告楊氏有人已釋之在先者三十八文，且尚有人不然其說者。恐怕此點亦為楊氏終未將其文付印之另一原因。故其後於一九五四年五月由中國科學院出版《積微居甲文說》，又同年六月由上海群聯出版社印行《耐林廎甲文說》，楊氏此二書均未收入〈蠡測〉，殆楊氏深覺其文不盡理想，而最後仍捨割之矣！楊氏〈蠡測〉既已割愛，湖南大學《古文字學研究》講義本一時又不易覓得，因此董函所言楊序提及「存疑」、「訂說」、「商是」、「增文」四目之內容究竟如何？暫亦難以考悉矣！

三、董氏答楊函第二通

　　董氏答楊函第一通讀後已撰訖如上，在探討第二通之前，仍將楊致董函第二通先行迻錄，俾知董氏答函撰作背景。楊函第二通部分內容前雖已徵引，茲不厭冗贅，全文照錄，以便讀者理解，而楊函手蹟則仍附後。

　　　　彥堂先生左右：奉到三月三十日　賜復，忻慰之至。　大著數紙拜
　　　讀一過，於天文略無知曉。然　尊說「左右逢源」、「閱字字形既合，
　　　義亦相符」，自是確詁，佩服，佩服。弟〈蠡測〉雖已寫訖，未敢付
　　　印，只以未核對卜辭之故。原序云：「姑存篋衍，俟他日之刊刪。」
　　　即此意也。其所以示人者，完全出於求　教之心。今果承郭沫若兄
　　　及我　公與李君詳為　示及，良深感謝。沫若只及五、六字，　兄
　　　及李君示到三十餘文，尤為忻喜。有多文前已有釋及者，第是真理，
　　　不必自我發之。弟不惟不以為恨，且以為幸事；蓋用此可知弟雖閉

門造車，仍偶有可以合轍者在也。近日讀到胡厚宣書，輒妄有論列，茲以一份求　教，尚祈　督正為感。胡君「黃尹」之釋，或恐當是「寅尹」。如是「寅尹」，則「寅」、「伊」對轉，結論相同，不必以「阿衡」為說矣。統求　示知為荷。　大著發表於《研究院集刊》者，不知有無餘份，可以　賜示一二否？〈斷代研究〉一文，尤盼　賜示。如有多份則更佳，當囑校書購取，並求　示及為禱。

專頌

著安

弟楊樹達頓首四月十九日

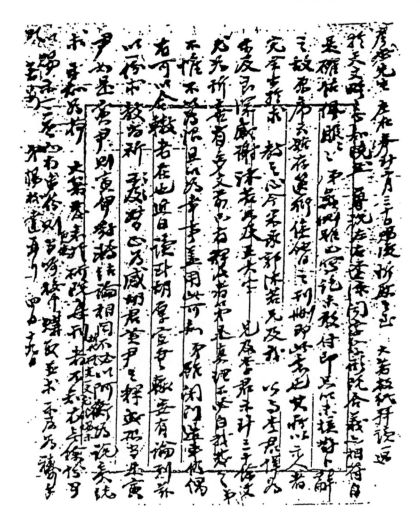

現又將董答楊函第二通，如前標點迻錄，而原函手蹟附後：

遇夫先生：四月十九日　手教奉悉。拜讀新著，感佩無已。昔太炎
先生不理卜文，學林以為憾事。以　公之博雅，從事於斯，貢獻自
不可量。讀　公評騭胡君書，均極扼要。胡君從弟數年，去了齊魯，
作《論叢》一書，僅能分期，作類書、索引用之可也。惟未係原片，
不能覆校耳。　　公黃尹即衡尹之說，前人亦多言之者。黃尹之祭在
武丁時，稱伊尹在文武丁世，此時代之異也。至謂寅尹，即寅、黃
二字，用在同時而形各異，似仍以釋黃為安。弟覺　公此時手頭無
書，而能有如此新見，確屬難得。鳥星之字，釋味尤其卓見，弟亦
從舊說釋鳥也。此類考訂文字，第一須有材料書，第二須分時代，
惜弟〈斷代〉一文，早已絕版，而增訂新編未成，不能寄呈　教正。
弟近作成之《殷曆譜》一書，日內可裝訂完畢，全書四大冊，七十
萬字，三百八十餘〔中〕葉，定價千六百元，並寄費須二千元。以
今之紙張印工計，成本即須五千元也。弟自己無書，未能奉贈。若
湖南大學願購，則逕向此間史語所購之可也。寄上拙著序文一份，
可見此書要略耳。渝行在即，匆匆不盡。李君尚未復書，因須檢查
材料，費時日也。專復即頌
教安！

弟董作賓卅四，五，十七

一月以內通信由中央大學史學系轉

案：董答楊函第一通，有「五月初赴渝」之說，讀此函知迄五月十七日，董仍未起程也。董氏函首曰：「昔太炎先生不理卜文，學林以為憾事。」對章氏不理卜文事，董氏於民國四十四年（1955）更詳述及之，請參考董作賓、嚴一萍合著《甲骨學六十年》三、〈前期研究的經歷〉二、（篇章的通讀），茲不多引。〔註9〕

　　至函中續謂楊氏「評騭胡君書」，所言之胡君，乃指胡厚宣（1911～1995）。胡氏撰有〈殷人疾病考〉，民國三十二年（1943）二月刊見《學思》三卷、三、四期；又於民國三十三年（1944）三月，收入胡氏著《甲骨學商史論叢》初集、第三冊。〔註10〕楊氏因撰〈讀胡厚宣君殷人疾病考〉與之商榷。楊文初刊民國三十四年（1945）三月，湖南大學《古文字學研究》講義本；民國三十四年（1945）八月又載《志學》二十三期。〔註11〕其後1954年5月收入《積微居甲文說》。楊氏此文〈結語〉曰：「余七年以來，避難荒陬，新出甲骨諸書多未得見。學校向有《殷墟書契前後續編》、《戩壽堂所藏甲骨文字》、《殷契卜辭》諸種，以前此辰陽震動，運赴他鄉。故余未能博考，第就胡君書加以商榷。其有違失，願胡君及當世通人教之。」〔註12〕讀此則知楊氏治甲骨學，雖甚重新出甲骨諸書，惜因戰亂，避難荒陬，所需諸書多未得見。胡氏所撰《論叢》，即《甲骨學商史論叢》，董氏對此書評價不高。惟胡氏〈自序〉則云：「（民國）二十六年事變之後，隨中央研究院西遷，居昆明三年，所成論文，逾百萬字，其長篇之作，以種種原因皆未能付刊。二十九年夏，應齊魯大學之聘來成都，教課之餘，方期以最大努力，在最短期間，對甲骨文字作一通盤總括之澈底整理。不意一病經年，此事遂廢。三十一年夏，余身體漸健，乃略據舊作，每成新篇，遂以顧頡剛先生之慫恿，寫印《甲骨學商史論叢》一書，並擬賡續前志，於三數年內成書四集，然後作《甲骨文字學》及《商史新證》兩書，以完成澈底整理之宿願。今《甲骨學商史論叢初集》，實其剏始之工作也。」〔註13〕讀此〈自序〉，則知胡氏應齊魯之聘在民國廿九

〔註 9〕董作賓、嚴一萍：《甲骨學六十年》（臺北市：藝文印書館，民國五十四年六月初版），頁56至60。

〔註10〕胡厚宣：〈殷人疾病考〉同註3，頁114。

〔註11〕楊樹達：〈讀胡厚宣君殷人疾病考〉。同註3，頁152。

〔註12〕楊樹達：《積微居甲文說》（北京：中國科學院，1954年5月第1版）頁58至61。

〔註13〕胡厚宣：《甲骨學商史論叢初集》（香港：文友堂書店，1970年11月出版，第一冊）（自序），頁3。

年（1940），而其寫印《論叢》則頗受顧頡剛（1893～1980）慫恿；及觀其整理甲骨之計劃，又兼及甲骨文字與商史新證，應知胡氏自我期許之不薄，所要求達成研究事項頗多。其後有謂董、胡二人不和，而胡謂董氏忌己者，〔註14〕其間種種情事之發生，余頗疑或導因於董氏對胡氏《論叢》之苛評也。

董氏函又謂楊氏有「黃尹即衡尹之說」，蓋楊氏致董函第二通中曾明言胡君（指厚宣）「『黃尹』之釋，或恐當是『寅尹』。如是『寅尹』則『寅』、『伊』、對轉，結論相同，不必以『阿衡』為說矣。」案阿衡乃伊尹小字，而楊氏「黃尹」恐當「寅尹」之說，乃針對胡厚宣言。考楊氏民國三十四年（1945）三月撰有〈黃尹黃◻伊◻考〉，載湖南大學《古文字學研究》講義本，〔註15〕其內容應與此說至相關切，惜《積微居甲文說》、《耐林廎甲文說》均未收及此文，今無由得讀。惟楊氏 1956 年撰《卜辭瑣記》，其十九「寅尹」條仍載：

> 《戩壽堂殷虛文字》玖之玖云：「丙寅，◻，即貞，△乀◻◻。」
> 王國維云：「◻◻羅參事釋寅父，然卜辭寅字皆从矢，而人名之◻尹皆从大，疑非寅字也。◻確是尹字。」《考釋》廿壹下郭沫若云：「王釋尹，至確，◻亦確非寅字。此黃字，乃假為衡，黃尹即阿衡伊尹也。」《通纂》貳之伍拾下樹達按：《殷虛書契前編》，參卷柒之肆「戊寅」寅字作◻，《龜甲獸骨文字》壹卷拾陸之貳「△寅己卯」寅字作◻，並與此字同，羅釋寅，是。王疑非寅，郭釋黃，並非也。寅伊一聲之轉，寅尹殆即伊尹也。〔註16〕

則本條乃楊氏應用聲韻學作考證，所得結論為「寅伊一聲之轉，寅尹殆即伊尹也」。楊氏釋◻作寅，殆據羅雪堂（1866～1940）說。

讀董函深感有一說法極可遵循者，即董氏據貞人以考甲骨，所作斷代研究，將殷王世系分為五期，武丁在第一期，文武丁在第四期，〔註17〕董氏謂：「黃尹之祭在武丁時，稱伊尹在文武丁世，此時代之異也。」是則董氏以黃尹乃第一期人，伊尹乃第四期人，二人不同時。若如此，則楊氏把胡厚宣之黃尹視同衡即伊尹，固不合；而楊氏又謂「寅伊一聲之轉，寅尹殆即伊尹」，是把寅尹、伊尹視同一人，亦不妥也。若將「寅、黃二字，用在同時而形各

〔註14〕孫次舟：〈致董彥堂書〉（臺北市：藝文印書館《董作賓先生全集乙編》第二冊，民國六十六年初版），頁 834 至 839。
〔註15〕同注 3，頁 100。
〔註16〕楊樹達：《卜辭瑣記》（北京：中國科學院，1954 年 5 月第 1 版），頁 67。
〔註17〕同注 9：頁 71 至 72。

異」，則一時寫作「寅尹」，一時又寫作「黃尹」，更屬不妥。董函不贊成寅、黃並用，其結論謂：「似仍以釋黃為妥。」是主張用黃尹，而取消寅尹。董氏所言顯較楊氏允恰。

董函「鳥星之字，釋咮尤具卓見」二句，乃對楊氏「釋🐦」一文，予以褒譽。此文民國三十四年（1945）三月撰，有湖南大學《古文字學研究》講義本，〔註18〕後收入《積微居甲文說》中。〔註19〕董函續謂撰作此類考訂甲骨文字，第一須有材料書，第二須分時代。惟楊氏仍僅據傳統方法，用文字、聲韻、訓詁以鑽研甲骨，手頭既無足夠書籍參考，又未能進行斷代分析，遂不免有寅尹即伊尹說之錯失矣。

《殷曆譜》一書，董氏民國三十四年（1945）四月出版，〔註20〕〈自序〉曰：「此書雖名《殷曆譜》，實則應用『斷代研究』更進一步之方法，試作甲骨文字分期、分類、分派研究之書也。余之目的，一為書籍卜辭中有關天文曆法之紀錄，以解決殷周年代之問題；一為揭示用新法研究甲骨文字之結果，以供治斯學者之參考；前者在曆，後者在譜；蓋由譜以證曆，非屈曆以就譜；曆求合天，譜徵信史；曆自曆；譜自譜，一而二，二而一者也。」〔註21〕此董氏自言撰作此書之方法與目的者也。董氏其後於民國卅七年（1948）藉此書榮獲中央研究院第一屆院士，陳寅恪教授（1890～1969）讚揚之曰：「抗戰八年，學術界著作當以　尊著為第一部書，決無疑義也。」〔註22〕衛挺生教授（1890～1977）亦曰：「大著《殷曆譜》為研究殷周文獻第一重要工具，誠不朽之巨著。此中見微知著，多所發明，非十數年寢饋其中，深思冥索，不能道及，曷勝景佩。」〔註23〕陳、衛二人作如斯之推崇，信不誣也。

四、結語

以上據董作賓〈答楊樹達〉二函作讀後，頗考出以下與甲骨文研究史相關情事：

〔註18〕同注3，頁75。
〔註19〕同注12，頁2。
〔註20〕同注3，頁126。
〔註21〕董作賓：〈殷曆譜自序〉，（臺北市：藝文印書館《董作賓先生全集乙編》第二冊，民國六十六年初版），頁5。
〔註22〕陳寅恪：〈致董彥堂函〉，同注21，頁779至780。
〔註23〕衛挺生〈致董彥堂函〉，同注21，頁817至818。

（一）董作賓苦習天文曆法之年分，及其所撰相關重要著述。

（二）李孝定撰作《甲骨文字集釋》，一時未能出版，及其後得以出版之歲月。

（三）董氏揭示研治甲骨學之經驗，並指出楊氏撰〈甲文蠡測擷要〉之瑕纇。余又檢《積微翁回憶錄》民國卅四年（1945）十月八日條載：「胡厚宣寫書云：『尊著反覆拜誦，美不勝收。蓋於《說文》、訓詁之學研之既精，故於古文字能豁然貫通，無往而不逢其源。間有可商之處，乃為材料所限，他日當再細讀簽出』云。」〔註24〕是胡厚宣所見楊文可商處，與董氏之見相同也。

（四）楊氏治甲骨，雖甚重視新出諸書，惜以抗日戰爭，避難荒陬，多未得見；故未能一一對照卜辭，校正所著，以決研究之是非。故其研究甲文著作，間多有可商者。

（五）胡厚宣《甲骨學商史論叢初集》，董氏評價不高，惟胡氏對其書則自期甚厚。深研董氏答楊氏之函，則可考出董、胡原屬師生關係，至二人所以不和，殆導自董氏對胡書之苛評也。

（六）胡厚宣「黃尹之釋」，楊樹達「寅尹即伊尹」之說，核之董氏《甲骨文斷代研究例》，則黃尹為武丁第一期人；伊尹為文武丁第四期人，二人實不同時，故不能相混。如言寅、黃二字可通用，同時而形各異，董氏以為此說恐亦未安。故董氏釋甲文黃為黃，實與郭沫若（1892～1978）《卜辭通纂》貳之伍拾下之說同；而不釋作寅，蓋董乃不從羅振玉《殷墟書契考釋》廿壹下之說也。而楊樹達則從羅氏，董氏固不贊成楊氏「寅尹即伊尹」之說。

（七）董氏《殷曆譜》一書，陳寅恪稱之為抗戰八年學術界著作第一部書；衛挺生則認為乃研究殷周文獻第一重要工具，誠不朽之巨著。二氏於此書之推譽，信不誣矣。胡適之（1891～1962）、傅斯年（1896～1950）、聞在宥（1901～1985）亦有評及董書。〔註25〕

〔註24〕同注4，頁230。

〔註25〕全文將撰就，檢讀胡適之〈致董彥堂書〉，中云：〈你的《殷曆譜》，除去最後郵寄的一部分之外，都收到了。這是一部絕大的著作，我曾細細讀過，十分佩服。」見同注21，頁769。又讀傅斯年〈殷曆譜序〉，〈序〉末云：「余讀是書已寫之太半，數日中為之忘食廢晝寢，歡欣舞蹈，於此見今日古學之最高峰也，爰記所感以為序。」見同注21，頁4。又聞在宥〈致董彥堂老書〉亦謂：「大著前晚奉到，真是如入寶山。弟雖於此為外行，然敢信此必為近若干年來國故學上最重大之收穫也。珍荷！珍荷！」見同注21，頁831，是胡、傅、聞三人所稱譽董氏書者，與陳、衛二氏同。

　　以上七事，倘未藉董氏二通答楊函，並參考諸書以深入鑽研，即當今篤好研究甲骨學史者，容或未易窺察得其中之真象也。

　　又本文註 1 所載周易先生詒余之董作賓〈答楊樹達〉函影印本凡 10 通，除此次發表之二通外，尚有民國卅四年（1945）七月廿日、八月廿八日、九月廿三日、十月五日、十一月廿一日，又卅五年（1946）六月八日、八月廿八日、九月廿四日各一通，以上諸函均未對外發表。讀《董作賓先生全集乙篇》第二冊，於《殷曆譜》附錄處又發現楊樹達卅四年（1945）九月十四日、九月廿八日、十月十六日致董氏函各一通。〔註 26〕上述各函內容除道及楊、董二氏私誼外，仍多涉及甲骨學之探究，極具學術價值。俟得暇日認真研讀後，再撰文揭示，以敬告同好。

　　至拙文恐仍多未盡當之處，仰乞高明不吝指正。

二零一五年九月廿八日撰於新亞研究所
（原刊《饒宗頤教授百歲華誕國際學術研討會論文集》）

〔註26〕上引楊樹達〈致董作賓函〉二通，見同注 21，頁 803 至 812。

十九、《董作賓先生全集》佚文
——〈書王可亭挽聯及跋語〉

　　余頗喜輯佚工作，冀能蒐得散佚資料，用以研討。佚文之蒐穫，既可為研究主題增加新材料，又可為探究之學術問題拓展新視野。早歲撰寫博士論文〈陳振孫之生平及其著述研究〉，竟於元人馬端臨《文獻通考》中發現陳振孫佚文二篇，即〈律呂之說定於太史公考〉，與〈貢法助法考〉。陳振孫佚文二篇，原無篇名，篇名均筆者據內容命定，皆前人未嘗知悉。余藉以撰作論文，並細意推究，考釋原委，遂使研究所得，既有新資料、新見地，進而有新成效、新突破。由是觀之，輯佚之工作有利於學術研究，所言信不誣也。

　　去年歲末，余偶購得中國嘉德國際拍賣有限公司二零一四年五月出版之《嘉德二十年（1993～2013）精品錄・古籍善本卷》圖錄，竟於書中發現梁啟超佚文〈李誡《營造法式》跋〉。梁氏佚文刊見該書頁 140，《飲冰室合集》失收此文，余據以撰就〈梁啟超《飲冰室合集》佚文——李誡《營造法式》跋〉，發表於臺北市萬卷樓圖書公司二零一八年一月出版之《國文天地》三九二號，第三十三卷、第八期。余於文末且提倡利用「拍賣古籍圖錄」以為輯佚新途徑，鼓吹學術界同道無妨垂注與步趨此事。

　　近日，又購得中國書店《二零一六年春季書刊資料文物拍賣會（二）宗教典籍・古籍善本資料專場》圖錄。該書收有董作賓先生〈書王可亭挽聯及跋語〉與提要說明，見上述圖錄頁 304。余嘗細檢臺北市藝文印書館刊《董作賓先生全集》，《全集》含《平廬文存》，收文一百五十篇；另有《平廬文存補遺》，收文二十三篇，二者皆嚴一萍先生編印。惟無論《文存》與《補遺》，皆闕收〈書王可亭挽聯及跋語〉，是此篇固董氏佚文矣！

董作賓先生（1895～1963），當代著名甲骨學家，字彥堂，又作雁堂、延唐，號平廬。河南省南陽人。中央研究院第一屆院士，歷史語言研究所所長。著作豐贍，而以所撰《殷曆譜》最為代表作。董氏又與羅振玉（雪堂）、王國維（觀堂）、郭沫若（鼎堂）並稱「甲骨四堂」，聲譽卓著。

以下為說明董氏〈書王可亭挽聯及跋語〉，謹先將圖錄及提要影本附下：

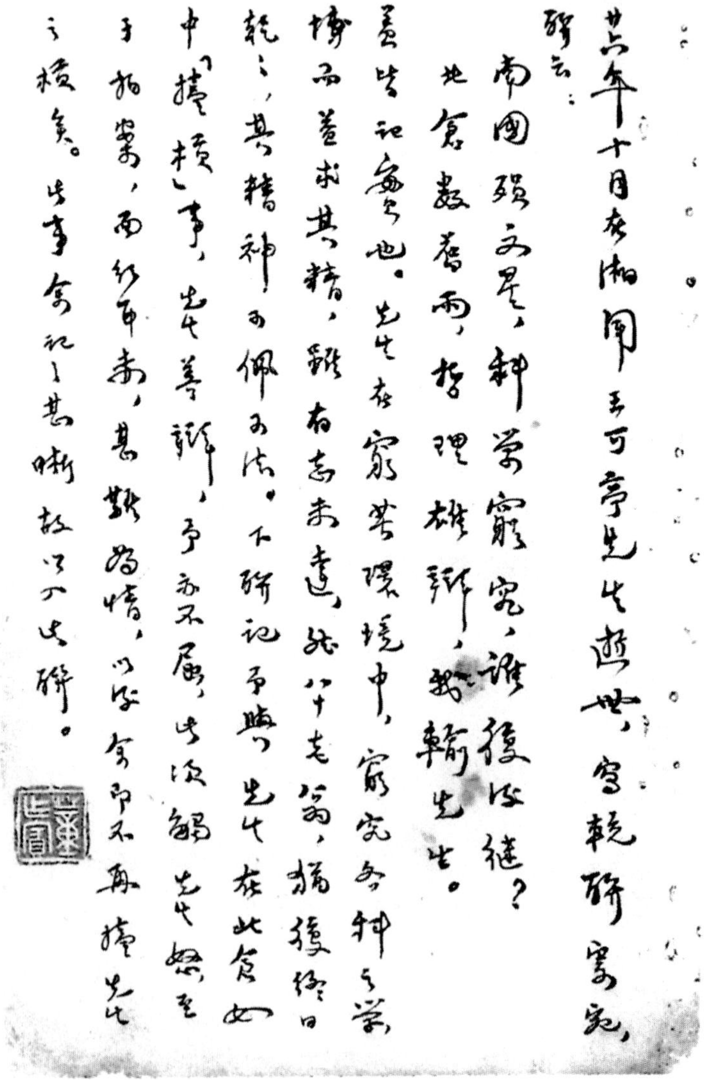

圖一　董作賓〈書王可亭挽聯及跋語〉

□ 849　董彥堂書王可亭挽聯
民國寫本
1張　紙本
23×14cm
鈐印：董作賓
提要：王可亭(1858-1937)，初名宗綱，字可亭，
　　　號圍白。河南南陽人。學者。先後創辦敬業
　　　學堂、勸忠堂、端圍女學堂、國學專修館
　　　等近代中等學校，奠定了南陽現代教育的基
　　　礎。建築學家楊廷寶等名家皆出其門下。
RMB 3,000-4,000

圖二　提要所記王可亭資料

董氏〈書王可亭挽聯及跋語〉，其楷定文字為：

廿六年十月在湘聞　王可亭先生逝世，寫輓聯寄宛，聯云：

南國殞文星，科學窮究，誰復後繼？

北倉數舊雨，哲理雄辯，我輸先生。

蓋皆記實也。　先生在窮苦環境中，窮究各科之學，精而益求其精，雖有志未達，然八十老翁，猶終日乾乾，其精神可佩可法。下聯記予與　先生在北倉女中「撞槓」事，　先生善辯，予亦不屈，此次觸　先生怒，至手拍案，面紅耳赤，甚難為情，以後余即不再撞　先生之槓矣。余記之甚晰，故以入此聯。

以上為董氏所撰挽聯與跋語，余擬參證嚴一萍《董先生年譜初編》，（嚴氏所譜，收入《董作賓先生全集乙編》第七冊。臺北市：藝文印書館，1977年11月）以述釋其內容。

〈跋語〉謂：「廿六年十月在湘聞　王可亭先生逝世。」乃指民國廿六年（1937）十月，董氏在湖南。湖南以有湘水，故稱湘。考嚴先生所撰《董譜》「中華民國二十六年丁丑」條載：「『七七』事變，抗戰軍興，先生隨歷史語言研究所遷長沙。冬，再遷至桂林。」是董氏此年七月至長沙，長沙乃湖南省會。據〈跋語〉則十月董氏仍在湘，其後始遷廣西桂林。〈跋語〉與嚴《譜》所記固可互證又互補也。

〈跋語〉又云：「王可亭先生逝世，寫輓聯寄宛。」考宛，乃河南南陽之古稱。董、王皆南陽人，固鄉親也。〈跋語〉謂「寫輓聯寄宛」，可推知王氏

實卒於鄉。為多了解王氏生平事蹟，余嘗翻檢上海辭書出版社《中國人名大辭典》（當代人物卷）、蔡鴻源《民國人物別名索引》、周家珍《二十世紀中華人物名字號辭典》、經濟日報出版社《中國專家人名辭典》、馬國龍《中國專家學者辭典》等書以尋求資料，惟以上諸書既無「王可亭」條目，而記他人條目中亦無一言半語道及王可亭。反而所購中國書店圖錄上，所撰提要，記載頗翔實，讀之可悉王氏對近代教育之貢獻。微提要所示，則欲考究可亭行實，固無由知人論世矣！

嚴一萍先生乃董氏之傳人，《董作賓先生全集》即由嚴氏編理，《全集》末冊之《董作賓先生年譜初稿》亦嚴氏所編。《初稿》結處有嚴氏〈附記〉曰：「本譜係根據平廬影譜所增輯，僅是初步綱領，詳細資料，猶待整理補充，倘蒙各方友好賜借或抄示有關文獻如函件等，俾加輯錄，尤為感盼。嚴一萍附記。」（嚴氏〈附記〉見載《董作賓先生全集乙編》第七冊，《董作賓先生年譜初稿》，頁 35。臺北市：藝文印書館，1977 年 11 月）惜嚴氏生前未得睹董氏〈書王可亭挽聯及跋語〉，否則必據以輯錄並補充其《年譜初編》「中華民國二十六年丁丑」條所失載。

綜上所述，足證輯佚工作有助於學術探究之增補資料，及提高學術研究之成果。由是觀之，當世學人治學，其於輯佚一事，寧可忽乎哉！

（原刊《國文天地》400 期，九月號，2018 年 9 月。）

二十、錢穆（賓四）教授逝世卅周年紀念 ——兼考《錢賓四先生全集》之一篇佚文

錢穆教授字賓四，生於清光緒二十一年（1895），卒於民國七十九年（1990），春秋九十有六。今年乃錢教授逝世卅周年，特撰拙文以為悼念。

錢教授學問淵博，著作等身。民國八十六年（1997）二月，臺北市聯經出版事業公司刊行《錢賓四先生全集》，凡 54 冊，二千餘萬言。內收專著 69 種，卷帙富矣，蔑以加矣！故能令學壇歆慕，讀者欽敬。

余早歲受業香港新亞研究所，獲文學博士學位。1993 年任教臺灣華梵大學東方人文思想研究所，迄 2009 年退休返香江，仍授業母校新亞研究所，以迄於茲。因教學所需，曾多次檢閱《錢賓四先生全集》，嘗撰作與錢教授學術至相關涉之文章二篇，即〈讀錢賓四先生《駁胡適之說儒》札記〉與〈恭談錢賓四教授《論語》之研究與著述〉，前者發表於《新亞學報》第 32 卷，後者發表於《香港經學研究的回顧與前瞻國際學術研討會論文集》。二文後均收入《何廣棪論學雜著續編》中。〔註 1〕

以下擬就錢教授生平、著述、創辦新亞、《全集》出版、輯佚拾遺五項，闡述錢教授在學術與教育兩方面之成就與貢獻，用以敬告讀者。

一、生平

錢教授學術成就，學界推譽甚隆，嘗歷任燕京、北大等著名大學，榮獲國立中央研究院人文科院士。逝世後，為其撰傳與年譜者已有多種，闡述頗

〔註 1〕何廣棪：《何廣棪論學雜著續編》，新北市：花木蘭文化事業有限公司，2018年 12 月。

詳。故茲僅迻錄《錢賓四先生全集》編後語首段以介，蓋喜其文之言簡意賅，所記足供瞭解錢教授生平與志趣。

《錢賓四先生全集》編後語曰：

> 無錫錢穆先生，字賓四，生於前清光緒二十一年乙未，即民國前十七年（西元一八九五），卒於民國七十九年庚午（一九九零），春秋九十有六。先生自民元為鄉里小學師，而中學，而大學，轍轥天下，敷教於南北者垂八十年。生平著作不輟，其生前梓行傳世者無慮五十餘種。衡諸古今學者，固為罕倫；而其畢生志事，惟在維護發揚我國傳統固有之優良文化，以期矯抑一世蔑古崇外之頹風，所以扶立吾國人之自尊自信，以為民族復興契機之啟迪者，尤可謂深切著明；見推為名世大儒，洵不誣也。〔註2〕

編後語對錢教授之品評，褒獎有加，殊非虛譽也。

二、著述

錢教授之著述至為富贍，即據《錢賓四先生全集》所載統計，已達 69 種。其中多為創新性強之經典作品。如就經、史、子、集四部，分項以列示其代表性著作，竊所推選者如下：

經部：《論語新解》、《兩漢經學今古文平議》。

史部：《史記地名考》、《朱子新學案》、《中國近三百年學術史》、《國史大綱》。

子部：《先秦諸子繫年》、《莊子纂箋》。

集部：《湖上閒思錄》、《雙溪獨語》、《八十憶雙親》、《師友雜憶》。

以上所選凡 12 種。其經、史、子三部之書，皆見解新穎、內容深邃；而集部四種，則文辭典雅、感情豐富，殊難以尋常著述視之。

三、創辦新亞

錢教授畢生最欽仰孔子，其創辦新亞，蓋竊效孔聖設教授徒也。民國三十八年（1949），錢教授目睹大地焚如，形勢日劣，不得已乃流寓香江。未幾，即聯合學術界同道張丕介、吳俊升等人，次第創辦新亞書院、新亞研究所，

〔註 2〕見錢賓四先生全集編輯委員會：《錢賓四先生全集》，臺北市：聯經出版事業公司，1998 年 5 月初版，第 54 冊，第 1 頁。

以培育學子。其時先後在研究所服務之學者皆一時英傑，計有嚴耕望、全漢昇、徐復觀、唐君毅、牟宗三、牟潤孫、潘重規等教授；兼任者有羅香林、饒宗頤、李璜、王韶生等學人，亦教育界勝流也。

新亞創校及今七十載，作育英材無數，其中如余英時等學者，皆博學多才，成就卓絕，其後亦為中研院院士。其次如孫國棟、何佑森、酈健行、陳志誠、李學銘諸位均在教育界服務數十年，亦卓有建樹。余嘗細察近百年香江之學人，再三比勘而論其成就，蓋應以創辦新亞研究所之錢賓四先生為首選。錢教授固可竊比乾嘉之阮元。阮元嘗創設詁經精舍與學海堂，培育浙江、廣東學子成材者不少，有清一代似無人及之。是阮、錢二氏，其學問之過人，學壇早經定論；至其辦學而為國儲材，造福當世，則貢獻更鉅。就此以觀之，若二氏者，固文化界之豪雄，社會之棟梁，乃千載難遇之賢哲也。

四、《全集》出版

臺北市聯經出版事業公司為出版《錢賓四先生全集》，費盡苦心，備極辛勞。茲為使讀者瞭解其出版詳情，乃不吝辭費，將《全集》編後語所記此事，一字不漏迻錄以介：

> 《全集》之出版既決定交由聯經印行，夫人乃約集若干門人，組成編輯委員會。其成員為辛意雲、何澤恆、邵世光、張蓓蓓、戴景賢、王仁祥、李訓勤、陳仁華、閻鴻中、蕭公彥等十人。前五人又擔任常務委員，總理編務。其後陸續加入整編工作者，復有先生之二公子錢行先生，以及吳展良、王璦玲、賀廣如、江敏華、洪素年等人。編印期中以進度落後，編委會又特商請錢夫人胡美琦女士參與編整。自民國八十年（1991）九月開始分工任事，先集其成書，繼搜討其佚篇，務期鉅細靡遺，詳略周漏。數載之間，夫人數親赴大陸南北各大圖書館，或影印，或謄抄，先生早期發表之論文，蒐集不少。而在臺北中央圖書館等公私館藏報刊雜誌，亦不憚逐頁翻檢求索。其間有因陳篇漫漶，或因原刊文字誤植可疑處，則亦屢託大陸之親朋故舊覆查，兩地郵傳，未嘗間斷。故《全集》補入成書以外之許多篇章，夫人盡瘁之力也。〔註3〕

讀以上所載，固知《全集》乃集群力而編成，其中以錢師母戮力尤鉅也。

〔註3〕同註2，第54冊，第4～5頁。

五、輯佚拾遺

　　《錢賓四先生全集》之編纂，尚進行過一番輯佚工夫。前引編後語中即載：

> 自民國八十年（1991）九月開始分工任事，先集其成書，繼搜討其佚篇，務期鉅細靡遺，詳略罔漏。

輯佚工作雖用盡苦心，蒐獲頗富，然滄海遺珠，自所難免。據余所考，錢教授於民國四十二年（1953）曾應李榕階先生之請，就李氏所著《論語孔門言行錄》撰序。此序未被收入《全集》，固佚文也。李著有民國四十三年（1954）一月致知草堂叢刊本，此書現已一冊難求，余嘗於香港中央圖書館借出之，錢序即載該書卷首。茲將序文迻錄於下，以供讀者參酌。

李榕階著《論語孔門言行錄》序　　錢穆撰

> 余避難來港，獲識新會李汾甫先生。出其所著《論語孔門言行錄》示余曰：「此書方付梓，幸為我序之。」余讀其校本，蓋積十三年之功，網羅既富，參訂尤密，為書二十六卷，都二十八萬餘言，自先秦、兩漢以來未嘗有也。漢儒尊六藝，《論語》與《孝經》、《爾雅》僅列小學，不立於學官。魏晉之際，王弼、何晏之徒以清談說《論語》，雖時有所獲，而多失經意。宋興，朱子《集注》出，說義詳審，六百年懸為功令，為近世中國人人所必誦。然清儒毛奇齡《四書改錯》，特闢「貶抑聖門錯」一目；其門人陸邦烈有《聖門釋非錄》之輯，雖詆訾未得其平，然自古治《論語》者，要為重於孔聖，忽於諸賢，欲究當年洙泗講學之詳，此不得謂非一憾事也。蓋述孔門事蹟，司馬遷雖為〈仲尼弟子列傳〉，《家語》復有〈弟子解〉。然《家語》經王肅竄亂，已非古傳之真。裴駰《史記集解》引鄭玄，知有《孔子弟子目錄》，然已失其傳。至如明夏洪基《孔門弟子傳略》，清朱彝尊《孔門弟子考》等編，皆簡略。今欲考孔門諸賢言論行事之詳覈者甚難，蓋未得其書也。清季阮文達督粵，建學海堂，提倡漢宋學兼采，粵之學者如朱九江、如陳東塾、如康長素，莫不聞風興起。汾甫先生蓋承粵學之統，其為此書，薈萃古今，訂其真偽，闡其精微，一編之中融會漢宋，考據、義理皆備。後有起者，有志尋究孔門學術淵源，此為不可闕矣。先生不以余無知，而督序及之，

故不辭謭陋，為發其梗概如此竊。至其書詳密精審之所至，則俟讀者自得之焉。

中華民國四十二年癸巳，孔子二千五百零四年聖誕紀念日，錢穆謹拜序於九龍新亞書院。〔註4〕

李榕階先生之生平，讀錢序，知其字汾甫，廣東新會人；錢氏謂其「蓋承粵學之統」，竊疑其曾攻讀學海堂者。榕階先生之書，於書首處有其照像，可供瞻仰；另有其同門弟陳彝鼎所撰〈李榕階先生歷略〉一文，內容翔實，足資知人論世；惜文長不便轉錄。惟至所切盼者，則他日《錢賓四先生全集》再版時，能將錢夫子之序補入《全集》第 53 冊《素書樓餘瀋》中，以為輯佚，並以誌念，則不勝感禱矣！

民國一百零九年（2020）元月二日初稿，
七月十四日改訂，門弟子何廣棪撰於新亞研究所。

〔註 4〕見李榕階：《論語孔門言行錄》，民國四十三年一月，致知草堂叢書本，卷首。

二一、《張元濟蔡元培來往書信集》 校讀記——以該書所刊傅斯年 〈致張元濟函〉為例

　　香港商務印書館為紀念建館九十五周年，出版一系列大型著作，《張元濟蔡元培來往書信集》（以下簡稱《書信集》）即為其中之一種。《書信集》共收信函一百八十九件，張元濟致蔡元培八十二件，蔡元培致張元濟四十九件，另則為張元濟致其他友人函，及其他友人致張元濟函。誠如陳原先生於《書信集》跋語中所推譽；蔡元培為「學界泰斗」、「人世楷模」；張元濟為「有遠見有魄力的企業家」，同時又是「學貫中西博古通今的智者」；香港商務印書館不惜重貲，將二人往還書信予以出版，為治學者提供寶貴參考資料，其功勳殊為碩鉅。《書信集》卷首處有「編輯說明」凡六條，其第二條云：

　　　　二、由於張、蔡等人的來往書信，大部分均為手稿，為方便讀者閱
　　　　讀，在各手稿後均附該信的排印件。

其第五條又云：

　　　　原信件中模糊或難辨之字，抄稿中均用□表示。

案：能於手稿後附該信排印件，足證本書編者匠心獨運，其對讀者領悟手稿原字原意，裨益至多；至原件中模糊或難辨之字，均用□表示，亦足見編者不自以為是，甚具闕疑精神。然通觀全書之排印件，編者將手稿楷定，則錯誤百出，可謂滿目瘡痍，反而令讀者領悟手稿原意產生誤導。茲不妨以傅斯年〈致張元濟函〉為例，作校讀記如下：

　　　　菊生先生生賜鑒：久不侍教，渴念彌深。邇者辱承　長者賜之手書，
　　　　拜讀之餘，欣感無似。敝所史學一部分，業已遷京，斯年即在此間服

務。有事當時至滬上，聆教正有日也。敝所數年來以財力所限，收書不多，然所藏亦偶有善本，其中以史部居多。書目編成後，當持求教正也。《百衲本廿四史》之印成，賴　大力進行，今未成者一簣耳。斯年有一微言，教以求正。《史記》所用之本，其半為王本、其半為王本之祖本。《史記》之善本不少，　先生所以獨選此者，意者以其兼備□□索隱正義耶？然王本流傳尚多，其局刻翻本尤為普及。祖本縱有一字之長，輪廓究非異製。易以他本，或亦一法。若慮不能兼備三注，斯年則以為或無兼備三注之必要。董正義晚年，本無關弘恉也。憶一日于某君□風詢趙萬里君云：「宋人合注疏而刊之，而不辯法疏者□非一本，即不能不改字，而改字即失原來面目。盧抱經、段懋堂慨乎其定之矣。《史記》三注皆分則流傳，南宋末合刊者，毋亦重蹈此失歟？」趙君以為正有此失，昔年彼亦曾校出若干條。（未以見示。）果此情不虛，或者《百衲本》中不收三注兼備者，未始非一善法。聞《楹書隅錄》所著錄兩宋之一在去冬出於北平書肆，沅叔先生據校一卷《司馬相如傳》，勝處甚多。此書現歸上海中央銀行陳君。果先生以為可用，或可一物色之也。《明史》無殿本以外之刊本，故《百衲本》僅僅附攟遺。然《四庫》本係殿本刊行後更修改者。《百衲本》既以補正殿本為宗旨，似不妨于《明史》舍殿本而用《四庫》本，俾已有殿本者不有重複之果，而別得一祕本。以上三點敬請斟酌。

聞《四部叢刊》四編或不復付印，極覺可惜！營業自以銷路為前提，然如此，事業能勉為之，則勉為之。望　先生更力排困難，行彊不息也！年來斯年有一微意，以為北平各國立機關藏有善本者，不妨各出其所藏，成一叢書，分臬付刊，先自有實用，存未流傳之材料者始，其純粹關係版本問題者，可待將來社會中購買力稍抒時。書式如《四部叢刊》，以保原來面目，且可定價低廉。（《續古逸叢書》式不適用）至於各機關之分配，可如下表：

故宮	60%
北平圖書館	25%
北大	7%
歷史語文研究所	8%

如選擇時宗旨不在玩賞，而在流傳材料，不多注意版本，而多注意實用，銷路當可超過《續四部叢刊》之上。兼以公家所藏，名聲較大。故宮之菁華（觀海堂所藏包括在內），北平圖書館之祕籍，未嘗不可號召，在日本及西土尤動聽聞。此事就事業論，就生意經論，皆有意思。果此事有　先生與　子民師之提倡，斯年自當效奔走之勞。至于各處之出其所藏，斯年可保其必成也。便中幸　先生詳計之，為感。群碧樓書及敝所所藏如有需用之處，自當奉借。專此，敬頌道安

傅斯年謹上

廿五年四月五日

註1：信端張元濟批注：望岫盧、拔可先生台閱。張元濟。二十五年四月十三日。

註2：第 5 頁張元濟批注：《明史》苦無善本，北平圖書館《四庫》本如叶數不增多，能照從前借照《衲史》不索重酬，即采用傅氏之說，何如？祈核示覆。傅氏信固已謝絕矣。

註3：第 5 頁王雲五批注：鄙意如《四庫》本與殿本無更動，仍以用殿本為便。因商借貲時，且必不能免酬也。尊意如何？雲。

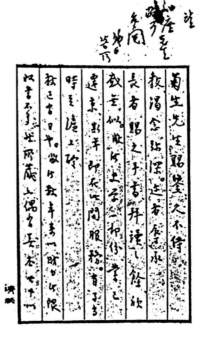

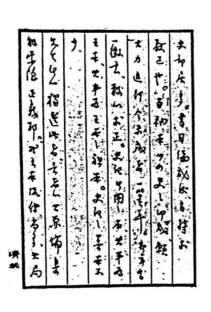

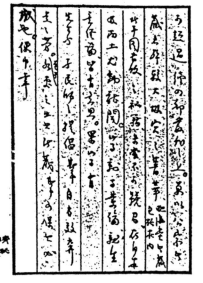
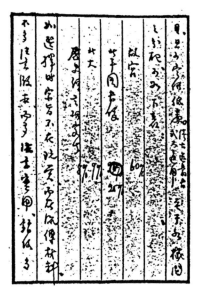

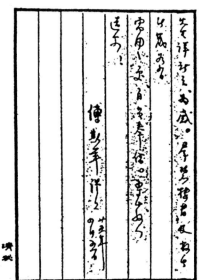

案：《書信集》所收傅斯年（1896～1950）〈致張元濟函〉共二通，本函編號為「一八三」，手稿及排印件印在本書頁 233 至 237 上。即以本函而論，編者於排印件中楷定之文字，錯誤甚多，如頁 233：

第九行　「教以求正」，「教」疑作「敬」。

第十五、十六行　「董正義晚年」應為「蓋正義晚出」。

第十六、十七行　「憶一日于某君□風詢趙萬里君云」，應為「憶一日于某君座中詢趙萬里君云」。

第十八行　「不辯法疏者□非一本」，應為「不辨注疏者據非一本」。

第十九、二十行「盧抱經、段懋堂慨乎其定之矣」，應為「盧抱經、段懋堂慨乎其言之矣」。

第二十行　「《史記》三注皆分則流傳」，應為「《史記》三注皆分別流傳」。

另如頁 234：

第十二行　「不有重複之果」，應為「不有重複之累」。

第十九行　「分桌付刊」，應為「分集付刊」。

又如頁 235：

第六行　「歷史語文研究所」，應為「歷史語言研究所」。

頁 236：

注 3 第二、三行　「因商借貲時」，應為「因商借費時」。

如上所校，編者楷定手稿，「敬」訛作「教」，「蓋」訛作「董」，「出」訛作「年」，「座中」訛作「□風」，「注疏」訛作「法疏」，「辨」訛作「辯」，「言」訛作「定」，「別」訛作「則」，「集」訛作「桌」，「費」訛作「貲」。考其致誤之由，純因於行書缺乏認知經驗，故常人一看即懂之字，編者反而產生錯誤。至「歷史語言研究所」，而錯作「歷史語文研究所」，則知編者連普通學術常識亦缺乏。香港商務印書館選非其才，主事者實難辭其咎。

又本書頁 233 第十一、十二行，編者楷定之文為：

意者以其兼備□□索隱正義耶？

案：□□之應為「集解」，字甚清晰，不應闕疑。倘編者對《史記》稍有研究，固知《史記》有三家注，即裴駰《集解》、司馬貞《索隱》、張守節《正義》，此句既云兼備索隱正義，其前者非集解而何？編者缺乏學術常識至如此田地，其不應膺斯選，豈不然乎？

此函楷定本亦有脫字，頁 234，第四行「所著錄兩宋之」，「宋」下脫一「本」字。殆或校讎失慎之過也。

此書版權頁列載：

編者——張樹年、張人鳳

責任編輯——曾慶慈

張樹年、張人鳳喬梓乃元濟先生之兒、孫。意者信函次序先後之編排，或二張為之。至函牘之楷定以為排印件，疑應由責任編輯曾氏負其責。

綜上所述，香港商務印書館為慶祝建館九十五周年而出版此《書信集》，其意至善。所惜者其排印件錯舛脫誤處至多，幾乎每函均有。竊以為為維護香港商務印書館聲譽計，為保持該館出版物水準計，為方便治學者能準確掌握此書資料計，香港商務印書館實有重新校理此書再行出版之必要。本人為該館忠實讀者有年，「心所謂危」，不敢不告。是次大膽獻疑，尚祈主事者諒之。

一九九二年十二月二日撰於香港樹仁學院

（原刊《大陸雜誌》第八十六卷、第五期）

二二、李滄萍教授佚文一篇——〈清康熙雙清閣景宋本《王荊公唐百家詩選》題記〉

　　余近好蒐求當代名家佚文，先後輯得梁啟超撰〈李誡《營造法式》跋〉、朱自清〈與羅香林書〉、李滄萍〈與羅香林書〉、羅香林〈李滄萍傳〉，另〈《董作賓先生全集》佚文——《書王可亭輓聯及跋語》〉。至所撰成相關之研究論文，則次第發表於二零一八年與今年三月間之《國文天地》。己亥春節多暇，在家翻閱《香港大學饒宗頤學術館藏品圖錄 II 館藏古籍珍善本》，不意於該書頁六十六中發現李滄萍所撰佚文〈清康熙雙清閣景宋本《王荊公唐百家詩選》題記〉，曷勝欣悅。茲先將李氏〈題記〉影本暨同書頁六十五附見之《王荊公唐百家詩選》首頁影本與頁六十四之「說明」影本列呈，俾便讀者參核；而〈題記〉釋文則附下：

釋文

丘邇求以宋牧仲之託，刻宋本《王荊公唐百家詩選》，傳本至少。昔年在宣南，見任公先生，得一部出示，歎為異寶，有〈題記〉載集中。相傳荊公選此詩，不取大家，此荊公獨見，而亦選詩者之一法也。此本歸縣後得之故家，中有鈔補一冊，時出讀之，神與古會，惜不能再見任公先生一重論之耳！執筆泫然。

　　　丁丑仲冬　　萍記於東山寓樓。（下有「高齋」印，白文。）
庚辰春，偶客香江，始與
李湖先生論交，篤厚君子人也。行篋中適有是書，舉而贈之。（下有「滄萍」印，惜字不清晰。）

丘遇求以宋牧仲之說刻宋本王荊公三唐百家詩
近傳本正與昔年在宣南見任公先生得一郎本
不類為異寶有題記載集中相傳荊本選
此詩不兩上家此刻已獨見焉若諸家之所也以
本師見後得之故家中有鈔補一冊此書諸之神與
左為帖不顧再見任公先生一重論之耳執筆信筆
二五仲冬　　　本記於東山寓樓

庚辰春日偶容香江招与
季閒先生論文為厚君子人也行匿中遇一存是書拳而喜之

案：此〈題記〉乃李滄萍（1897～1949）所撰。有關李教授生平，請參考業師羅香林教授〈李滄萍傳〉，文附見拙著〈羅香林教授文學專著之佚文——《李滄萍傳》〉，刊見《國文天地》第三十四卷、第十期（2019年3月號）。李氏〈題記〉文首所言及之「丘邇求」與「宋牧仲」，乃指丘迥與宋犖。考迥，《清史稿》無傳。李富孫《鶴徵後錄》載其事蹟曰：「清江蘇山陽人，字爾求，丘象升子，雍正貢生。工詩，年近七十，應試時以試卷塗抹過多，置之劣等，遂歸，有《翼堂詩稿》及雜錄、筆記。」又宋犖，《清史稿》卷二百七十四、〈列傳〉六十一有傳。李桓《國朝耆獻類徵初編》卷四十六載：「清河南商丘人，字牧仲，號漫堂，又號西陂，宋權子。順治間以大臣子列侍衛。康熙間任江寧巡撫，盡力供應聖祖南巡，後入為吏部尚書。少與侯方域為文友，詩文與王士禎齊名。精鑒藏，善畫，有《綿津山人集》。晚年別刻《西陂類稿》。」上引二條資料，頗足以知人論世。

〈題記〉之王荊公即王安石（1021～1086），北宋神宗時拜相，其傳見《宋史》卷三百二十七、〈列傳〉第八十六。有關荊公編撰《唐百家詩選》源委，其〈自序〉言之頗詳。〈自序〉曰：「余與宋次道同為三司判官，時次道出其家藏唐詩百餘編，誘余擇其精者，次道因名曰《百家詩選》。廢日力於此，良可悔也。雖然，欲知唐詩者，觀此足矣！」藉是知荊公此書乃為次道而撰。次道，敏求字，綬子。熟於朝廷典故，曾預修《唐書》，又私撰唐武宗以下實錄而知名於時。《宋史》卷二百九十一、〈列傳〉第五十附其父〈宋綬傳〉。

李滄萍於〈題記〉中自謂初獲見丘邇求所刻宋本《王荊公唐百家詩選》，乃「昔年在宣南，見任公先生，得一部出示，歎為異寶」。「宣南」，殆指北京宣武城南，乃任公居址。考梁任公於一九二五年至一九二九年曾任教清華國學研究院，而據先師羅香林撰〈李滄萍傳〉，則謂滄萍「一九二三年以高等卒業北京大學，遂留京師，任北大、女師大教授及教育部秘書。一九二八年，（黃）晦聞先生回粵長教育廳，君遂偕歸，為之佐」，則滄萍謁見任公應在一九二五年至一九二八年間，蓋二人當時均任職北京也。〈題記〉又謂其後滄萍「歸縣」另得宋本《王荊公唐百家詩選》，滄萍乃「潮州豐順小勝鄉人」，則其《唐百家詩選》必得於潮州也。至自署撰〈題記〉之年為「丁丑仲冬」，蓋指一九三七年農曆十一月，時滄萍任教廣州中山大學。又謂「庚辰春，偶客香江」，則指一九四零年一至三月間。至滄萍自謂所與論交並將書「舉而贈之」之季湖先生，殆未知誰人？惟此書首頁蓋有「汪印希文」印章，藏書者疑即此人。

據悉饒宗頤學術館收藏此書，乃購自汪希文，則汪希文即「季湖先生」，此或一證。

《王荊公唐百家詩選》首頁所蓋印章，除「汪印希文」外，其第一行「黃印真如」乃李滄萍夫人之印章；其下為「滄萍」篆書白文；第三印章則甚不清晰，無法明辨。第二行「苕之華」與「高齋」二印，均為滄萍別號。至《香港大學饒宗頤學術館藏品圖錄Ⅱ館藏古籍珍善本》頁六十四對《王荊公唐百家詩選》所撰「說明」，其對〈題記〉之撰者，則誤判為黃節；而滄萍號「高齋」，又錯認作「倉齋」，均微欠矜慎，應予更正。

以上拙文就李滄萍〈題記〉及《王荊公唐百家詩選》首頁所蓋印章，與此書之「說明」三項均略事考證及辨誤，拙文所撰文字想當有便於讀者研閱與理解。如讀者有意進行深究，仍可自行檢閱宋犖有關此書之〈識語〉、丘逈之〈跋語〉，暨倪仲博於宋孝宗乾道五年己丑（1169）四月望日所書之相關文字，則可更悉其詳！乞恕文長，無法盡錄。

余是次撰作此文，其李滄萍佚文乃取材自《饒宗頤學術館藏品圖錄》，由是觀之，利用圖書館出版藏品圖錄以資輯佚，斯亦另一新途徑也。

（原刊《國文天地》407 期，四月號，2019 年 4 月。）

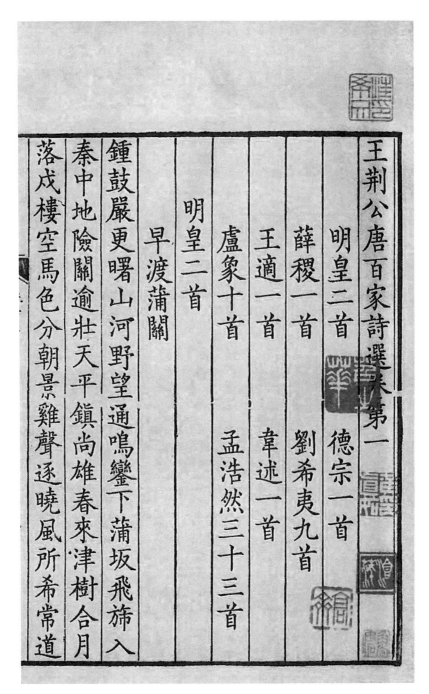

《王荊公唐百家詩選》，此冊有黃節於東山寓樓跋文一葉，記述與梁任公交往及得此書之經過，昔人愛書讀書，訪書藏書之風範，聊見一斑。是書藏家眾多，鈐有「汪希文印」、「苕之華」、「黃真如印」、「倉齋」、「韓氏霜紅庵藏書印」、「宗頤」等印多枚。

二三、葉君重先生珍藏槐屋居士
〈書贈陶重華詩卷〉跋

　　曲園老人（1821～1907）著《春在堂全書》，淵懿精博，光耀儒林。其曾孫槐屋居士平伯先生（1900～1990）治《紅樓夢》之學，蹊徑獨闢，飲譽當世。祖孫二人，後先輝映，其沾溉來學為不尟矣！卅年前，余得讀陳寅恪教授《秦婦吟校箋》，其文考證綿密，深湛婉愜，殊足欽佩。文中有「俞銘衡君為寫〈秦婦吟〉卷子」之語，其時因未能欣賞及平伯先生法書，甚以為憾。日昨葉君重先生攜示所珍藏槐屋居士〈書贈陶重華詩卷〉五律七首，詩既溫柔敦厚，得〈國風〉、〈小雅〉之遺；書則靈動清健，入公權、松雪之室，至可寶也。拜觀之餘，敬跋數行，以誌眼緣，並略申仰止之忱云。

　　　　　　　　　　民國九十二年六月廿三日鶴山何廣棪謹識

俞平伯〈書贈陶重華詩卷〉

未覺經時異如何闔廬頻憂仍故
國禊氣失嘉辰莫雨嗟濡呈朝額花
飾巾昏燈殘駿白卻焰夢悟人
沅澉荒行跣沾衣畏出遊寒螢啼昨
夜笐鳥思其傳班扇緣風毅江花興
夢休深霖无裹飯窩為古人憂
橋騎衣鳴意天怜萬馬瘴霜風末遠
道木蒹戰屠岑歡蓋恩猶混鹽車荷
芻深蒸臺无空所多費郭隗金
保攜窺古籍知育屋靈均昭質蒺風
張殷憂實至仁漢臣工祝服楚俗媚
招魂垂涕湛淵事傳豈可遺論

此地莓苔淺今茲綠較深新睛慳一
面三日每連陰水漫輕條樂霜欺弱
穀音管林齣促坐杜酒急先斟
秋來澄空照云居眾妙先稱情无阿
曲即物彧華妍地以曾經重身堪老
病傳猶里揩陶讙爭不杜公賢
洒落庭前樹無緣待斧柯轔魚方樂
沿檜雁更愁羅天泠成葭葦風嚴扬
芰荷清秋高興盡一詩感予多

重華仁仲頻惠寄示近作詩文以舊作五言
荅之卽希吟正丁亥端陽岜平伯

二四、《羅香林論學書札》佚函
——李滄萍〈與羅香林書〉

　　廣東省立中山圖書館、香港大學馮平山圖書館合編《羅香林論學書札》，
二零零九年一月面世。其書第二卷為「內地時期中外學者與羅香林先生書」，
凡收書函九十三通，蒐求繁富，然拾遺補闕，猶俟後人。本文擬為此書輯佚
補遺之第一篇。

　　羅香林教授（1907～1978），諱香林，字元一，號乙堂，廣東省興寧縣人。
元一教授乃本文撰者之恩師。為紀念其逝世四十周年，月前曾敬撰〈追懷羅
元一教授《乙堂文存續編》出版往事〉，發表於《國文天地》第三十三卷、第
十期，用示哀思。近以治學頗涉輯佚，故於與恩師著述有關之佚文、佚函亦
多關注。不意竟於廣東崇正拍賣有限公司二零一四年秋季拍賣會圖片中，發
現李滄萍〈與羅香林書〉一通，不勝喜悅。茲先將李〈書〉圖片附下，以供
參考；而書函釋文，則迻錄如下：

　　釋文：

　　香林我兄先生：

　　今日趨　教良快。聞我　兄將收羅嶺表藝文，為將來鄉人徵文考獻
　　之資，嘉惠士林，夫何有已。敝域《鄉賢集》，多少當敬為助。誠須
　　另先印上一紙，所開各書俱弟十年來略用心搜羅之作，不欲獨秘。
　　兼有他需，惟　公教之。專維
　　儷安

弟　滄萍頓首　七日

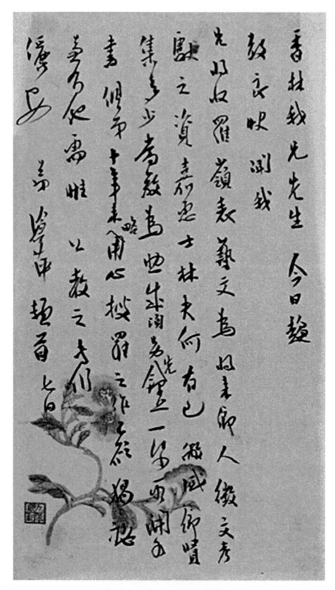

李滄萍〈與羅香林書〉

案：滄萍先生此函，蓋以元一師有志蒐求嶺表藝文，欲得《鄉賢集》徵文考
獻，滄萍乃將十年來用心搜羅所得之相關書籍，慷慨出借為助，足證二人友
誼深厚，研學互通有無。一九四九年二月初三日，滄萍不幸病歿，元一師乃
於是年三月即撰〈李滄萍傳〉以表哀悼，亦見彼此感情之真摯。〈李滄萍傳〉
於一九七二年十月十五日刊見《大陸雜誌》第四十五卷、第四期。有關羅師
此文，容於他日另文詳介，此固吾師佚文難得之作也。

　　滄萍先生生平事蹟，除吾師撰傳文記述外，余嘗翻查多本近、現代人名大辭典，如張撝之《中國歷代人名大辭典》、周家珍《20世紀中華人物名字號辭典》、馬國龍《中國專家學者辭典》、蔡鴻源《民國人物別名索引》等書，均未見收「李滄萍」條目，殊令讀者失望。其後乃於陳寂、傅靜庵主編，二零一三年十二月廣東人民出版社刊行之《嶺雅》頁七九二，方蒐得所需資料。茲迻錄如次，俾資參考：

> 李滄萍（1897～1949），原名漢聲，字菊生，號高齋。廣東豐順人。
> 北京大學文學士。歷任北京師範大學、中山大學、嶺南大學教授。
> 著有《詩學通論》、《楚辭通論》、《古文學》、《近代詩學》、《高齋詩
> 存》、《高齋文存》等多種。

上列所記滄萍之著作，惜香港大學馮平山圖書館、香港中文大學圖書館、香港中央圖書館均未有收藏。有緣得讀其書者，祈不吝　賜示惠借是盼。

　　猶有可惜者，即上引「李滄萍」條目，其內容未嘗道及滄萍之師承、友朋與門弟子，故未能詳悉其學術源流。以下擬分項略予補述：

師承

　　滄萍先生畢業於北京大學，其時之校長乃蔡元培先生（1867～1940）。抗日戰爭時，蔡、李二氏同流寓香江，滄萍每造蔡府晉謁其師，並常贈書、贈詩以解蔡氏異鄉生活之岑寂。元培有〈秋晚猶苦熱，得讀李滄萍兄己卯詩，為之一快，率題卷端〉，詩云：

> 淵源遠溯金華伯，風格近倚蒹葭樓。
> 自有清涼心肝肺，不愁殘暑襲深秋。

案：己卯，一九三九年。此詩不惟遠溯滄萍史學之源流，亦近考其詩學師承也。細味蔡詩，足見蔡氏對弟子李滄萍之推挽。

　　滄萍就讀北大時，乃撰《蒹葭樓詩》而聞名當世之詩學大師黃節（字晦聞）教授（1873～1935）入室弟子，師弟常相唱和。一九二六年中秋夜，二人同在北京，黃氏撰〈中秋夜與李子滄萍、張子友鶴觀月社園，憶去年中秋與諸貞壯、黃元白同飲於此，李、張二子亦與焉。貞壯、元白後先南歸，惟二子尚相從不去。又朝來始得唐天如兵間書，知其仍在人世。傷亂懷遠，一時交集。張子為余援琴奏〈搗衣〉之操，詩以寫之〉，其詩曰：

> 不知北月同南月，可亦如人各一天。
>
> 晚託後生余客老，亂思來日歲連年。
>
> 辭風別葉交相棄，繞樹飛烏卻復前。
>
> 似此悲懷向誰說，更堪重聽〈搗衣〉篇。

黃詩傷離念遠，觸景生情。一九二五年，晦聞先生另有〈歲暮示李滄萍〉五古一首，該詩載《蒹葭樓詩》第二卷，文長不錄。惟黃、李二人常相親近，師弟感情深厚可知。

滄萍另一北大恩師為張爾田教授(1874～1945)，專精史學，所著《史微》，可媲美章學誠《文史通義》。今檢一九三七年十二月《史學年報》第二卷、第四期，刊載有張氏〈與李滄萍及門書〉，其文乃討論李義山〈萬里風波詩〉者，讀張函，足見爾田對滄萍亦愛護有加。

友朋

滄萍先生南下廣州中山大學任教時，有熊潤桐氏（1903～1974）同任詩學講席，熊氏晚歲棲遲香江，任教珠海書院。著有《勸影齋詩》，檢集中有〈過江訪滄萍〉七律云：

> 一水何殊往日深，過江還復得相尋。
>
> 豈無餘地容梁廡，直欲忘機到漢陰。
>
> 草樹扶疏剛繞屋，文章寂寞祇娛心。
>
> 年來我亦鍵關久，儘有孤絃嬾上琴。

潤桐另有〈寄李滄萍〉五律一首：

> 獨行愁踽踽，一水悵盈盈。
>
> 我懶君能恕，時危道已輕。
>
> 身應閒處著，句媿閉門成。
>
> 不盡相懷意，潮回午夜聲。

讀《勸影齋詩》，不惟見二人唱酬之樂，亦推知彼此友情甚篤也。

門弟子

羅慷烈（1918～2009）先生，畢業中山大學中文系，師事滄萍教授。晚歲避難香江，後任教香港大學。余檢陳寂、傅靜庵主編《嶺雅》，其頁三八二至三八三載有羅氏〈與必恆謁高齋四十韻呈滄萍老師〉五古一首，足

證李、羅師徒關係。一九四九年，天下不靖，大地焚如，羅氏所撰此詩，
結處云：

> 中原急羽書，世路尤榛梗。
>
> 夫子莫棲棲，倚觀徒怲怲。
>
> 無悶徵成德，息機宜地迴。
>
> 黃花可醉陶，白鶴最羨邴。
>
> 驅鵝旦露池，拾欖晨煙嶺。
>
> 秋興爰籟邀，春游黃鸝請。
>
> 終當侍杖履，掉頭吟箕穎。

此詩末二句揭示出羅慷烈目睹兵戎不絕，荊棘滿途，深願能侍師杖履，追隨
滄萍哀吟箕子〈麥秀〉之詩，掉頭離國，避禍而去。審考慷烈如斯之悲思，
實亦可哀痛也矣！

余撰作此文，其初旨蓋欲為《羅香林論學書札》輯佚，擬就平日閱讀所
得，爰作拾遺補闕。近竟得李滄萍〈與羅香林書〉，乃考究其內容，進而探求
撰人事蹟。又得元一師〈李滄萍傳〉。後於《嶺雅》書中且獲「李滄萍」條目，
惟嫌其資料鮮少；乃稍徵引詩文材料，略分「師承」、「友朋」、「門弟子」三
項，增考李滄萍與蔡元培、黃節、張爾田、熊潤桐、羅慷烈五人生前往還事
蹟。然拙篇撰文之用心，仍在乎為《羅香林論學書札》作輯佚；至文中因增
益滄萍生平資料，所撰述相關文字，或於知人論世不無少補焉。

（原刊《國文天地》403 期，十二月號，2018 年 12 月。）

二五、《羅香林論學書札》佚函之二
——朱自清〈與羅香林書〉

　　余既撰〈《羅香林論學書札》佚函——李滄萍《與羅香林書》〉，發表於《國文天地》第三十四卷、第八期（總第 404 期），以期能為羅書拾遺補闕。近有幸又於廣東崇正拍賣有限公司二零一四秋季拍賣會圖片中，發現朱自清〈與羅香林書〉一通，欣閱後並經細覈，乃知亦屬《羅香林論學書札》之佚函，爰續撰此篇為佚函之二。

　　以下仍依前篇撰寫之法，附上朱自清函件圖片影本，以備讀者參證；並將書函釋文迻錄於下：

　　釋文：

　　元一先生：　　前信寄後，奉到

　　惠賜　貴校研究所刊物，及　古先生賜書多種，感謝不盡。因課務忙迫，未及裁答，極歉！圖書館購買古先生書價十元，想久已寄奉。

　　　　先生工作想甚忙碌，近從事何種著作？並念。研究所刊若承　續賜，尤所感荷！貪得無厭，甚可笑也。敬頌　　著祺！　朱自清頓首，十二月六日

　　附致　古先生一函，乞便中轉交，謝謝！又及。

　　案：有關朱自清生平，《羅香林論學書札》之附錄〈書札相關人物小傳〉（頁 73）載：「朱自清（1897～1948）原名自華，後改名自清，號秋實，字佩弦，江蘇揚州人。一九一六年入北京大學哲學系，一九二零年畢業。……一九二五年後任清華大學中文系教授，系主任。一九三一年留學英國倫敦，漫

遊歐陸。次年回國，仍返清華。抗戰爆發後，隨校南遷，任西南聯大教授。
勝利後回北平清華大學，後貧病謝世。著有《雪朝》、《蹤跡》、《背影》、《歐
遊雜記》、《經典常談》、《詩言志辨》等。」可悉其畢生梗概。至朱〈函〉中
提及之「古先生」，即「古直」，周家珍編著《20 世紀中華人物名字號辭典》
（法律出版社，2000 年 6 月第 1 版），與《羅香林論學書札》附錄之〈書札相
關人物小傳〉均有「古直」條目，茲綜合二者資料，整理如次：

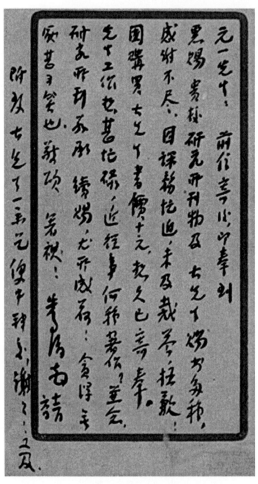

朱自清〈與羅香林書〉

「古直（1887～1959）字公愚，號層冰，廣東梅縣人。南社社友，曾任
廣東大學教授，中山大學文學院中國語文學系主任。著有《汪容甫文箋》、《曹
子建詩箋》、《陶靖節詩注》、《陶靖節年歲考證》、《諸葛武侯年譜》、《漢詩辯
證》、《東林游草》等。」

所記頗詳悉。兩相參證，則可推知朱〈函〉中所謂「古先生賜書多種，感謝不盡」，所賜之書必為上引《汪容甫文箋》、《曹子建詩箋》等七種著作也。

又案：翻檢《羅香林論學書札》第二卷「內地時期中外學者與羅香林先生書」，其頁二八一載有「朱自清〈覆羅香林書〉（1927 年）」。細閱一過，竟發現該函內容與前附朱自清佚函至相關涉，惟《羅香林論學書札》將此函撰年定為一九二七年，則未必允恰，須待考證。

茲亦先將朱氏〈覆羅香林書〉之圖片影本附下，隨將釋文迻錄，俾作參考。

朱自清〈覆羅香林書〉

釋文：

元一先生：日前奉手書，謹悉一是，感謝、感謝。承示 尊府情形，深為扼腕。吾輩一代，處新舊道德之交，所負責任特重。清兄弟皆已將卒業大學，然子女漸漸成長，所需有增無已，與 先生殊同感也。早婚實是誤事， 先生頃尚子身，此層當視清為勝耳。 層冰

先生所　賜各書並未收到，請為　先達感謝之意，續寄十四冊已到。

如　兄賜各書遺失，清擬專購《隅樓叢書》，層冰《草堂叢書》則由

圖書館購之。但此兩種分購，不知價各幾何？便中乞　示，俾與圖

書館分別出款，　示到即將總價十元寄上。但以此等瑣屑奉煩，中

懷殊愧悒耳。承　囑留心能為　尊編月刊作文之人，當代為隨時注

意。　來示謂惠贈月刊五期，但清僅奉到兩期，南北郵遞竟不可靠

如此，恨恨！耑復，敬頌

著祺！

朱自清頓首　十六日

案：朱〈函〉二通，前者署日期「十二月六日」，並未署年；後者僅署「十六日」，年月均闕。惟將二函內容詳細參詳後，始知後通應撰寫在前，前通反撰成於後。朱函後通首段閒話家常，頗道家累之苦，並談及早婚誤事，而深幸羅先生尚孑然一身。次言賜贈各書或購買之書多未收齊，甚怨南北郵遞不可靠。前通謂羅氏賜期刊、古氏贈書多種於前信寄後皆奉到，「課務忙迫，未及裁答」。據此以推，則後通撰於某年十六日，而前通則復於十二月六日。由此觀之，後通之「十六日」，其月應為「十一」。由「十一月十六日」推至「十二月六日」，兩者相隔二十日之遙，甚符合前通所云「課務忙迫，未及裁答」之情狀。

又案：朱氏後通，《羅香林論學書札》編者謂乃於一九二七年覆羅氏者，此說至不可靠。余嘗撰〈先師羅元一先生事略〉，收入拙著《何廣棪論學雜著》中。檢閱〈事略〉，確知羅師生於清光緒三十三年丁未（1907）十月十九日，卒於一九七八年戊午四月二十日，春秋七十有二。如據生年推算，一九二七年羅師其時年方二十一。據〈事略〉載：「（羅師）始於一九二六年秋改讀北京國立清華大學歷史系，……一九三零年夏畢業。」則知一九二七年羅師尚未大學畢業，故絕未能如朱〈函〉所記在研究所任教，而與朱自清平輩論交，並能惠賜朱氏以研究所刊物也。〈事略〉又載：「一九四五年九月，奉政府命，……兼廣東省立文理學院校長。……又明年（1946）九月，……專任中山大學教授。又明年（1947），兼任廣州國民大學特約教授，及廣州文化大學研究所史學主任。」據此以推，則羅師認識古直應在一九四六年專任中山大學教授時；其與朱自清論交則在一九四七年任廣州文化大學研究所史學主任，時羅師已年近半百矣！則由此以考，朱〈覆羅香林書〉，最早亦在一九四七年。然函中

「先生頃尚子身」一語，亦應誤記，據〈事略〉，羅師於一九三五年已與朱希祖教授之女公子朱倓成親矣。

就上所考，朱自清生卒年為一八九七至一九四八年，羅師則為一九零七至一九七八年，朱較羅長十歲。抗日戰爭後，朱氏北返清華，一九四八年貧病謝世。羅師則羈留廣州，一九四九年即南下香江，絡繹任教香港大學等校，一九七八年亦逝世。

余近好輯佚，就《羅香林論學書札》以考索，竟多檢獲朱自清致羅師書函，遂合前後所收得者，兩相證發，竟對朱、羅二人交誼之探究，因增益新資料，乃獲得新成果。由是觀之，輯佚工作有益於學術研究，故不易之論也。

（原刊《國文天地》405 期，二月號，2019 年 2 月。）

二六、《羅香林論學書札》佚函之三
——〈羅香林來書〉

　　恩師羅香林教授（1907～1978），字元一，號乙堂，廣東省興寧縣人，當代史學大師。平生對學術資料之蒐求與收藏，至為重視。即其日常與友朋往來書函，亦皆留存真本或副本，慎予儲藏。恩師逝世後，家人將其與親朋往來書札 2800 餘通，全部捐贈香港大學馮平山圖書館永久珍藏。二零零七年為恩師百齡冥誕，香港大學馮平山圖書館聯同廣東省立圖書館，選取其中內容具學術性之書函，編成《羅香林論學書札》予以付梓，用資紀念，並廣流傳。如此處理，意義至為重大。

　　年來，余因好輯佚，曾擬就《羅香林論學書札》拾遺補闕。其後乃藉新獲書函，寫成輯佚文章二篇，發表於《國文天地》。茲列目如下：

1、《羅香林論學書札》佚函——李滄萍〈與羅香林書〉（《國文天地》
　　　　　第三十四卷、第八期【總第四百零四期】）

2、《羅香林論學書札》佚函之二——朱自清〈與羅香林書〉（《國文天地》
　　　　　第三十四卷、第九期【總第四百零五期】）

　　近購得北京中華書局 2012 年 8 月出版《朱希祖書信集》，該書收有〈朱希祖答羅香林書〉，而於該函之後，附有〈羅香林來書〉〔註 1〕。余細檢《羅香林論學書札》，上述二函均屬失載，故樂作拾遺。為說明方便起見，擬先討論〈羅香林來書〉，然後另撰別文，再談〈朱希祖答羅香林書〉。

〔註 1〕朱希祖著：《朱希祖書信集》，（北京：中華書局出版，2012 年 8 月）頁 211～213。

〈羅香林來書〉，其內容迻錄如下：

> 奉讀近作〈雲南濮族考〉及〈雲南兩爨氏族考〉，言百濮即僰夷及爨
> 為漢姓，實發前賢所未發。惟僰夷與西羌為二種不同民族，求之於
> 古，則西羌多以犛牛、參狼、白馬為圖騰（見《後漢書·西羌傳》）；
> 而僰夷則文身像龍，自謂九隆子孫（見《後漢書·哀牢夷傳》）。驗
> 之於今，則西康羌人與雲南僰夷語言全異，而滇黔羅羅（即古盧鹿）
> 自謂出於西羌，語言習俗多與西康羌同，而與僰夷迥別。西人言民
> 族與語言分類者，將僰夷列入撣語或泰語類（「泰」即「撣」之音
> 變），而羅羅與羌則列於藏緬語類。撣語類分佈於廣西、貴州、雲
> 南、安南、暹羅、緬甸之一部分地域，似即百越之一支；藏緬語類
> 分佈於西藏、西康、貴州、雲南、緬甸之一部分地域。雖其間亦雜
> 錯居處，且內容又分無數小組，然大別總為二種系統。漢以前所稱
> 百濮，誠如尊著所考定為僰夷系統，然其居地後為西羌所侵入，故
> 《史記集解》遂誤以西僰為羌之別種，而明清人言滇黔史地者，亦
> 每稱羅羅為濮蠻或百濮，要皆未分析羅羅與僰夷之異同，而強以舊
> 名相加也。鄙意既稱僰、濮為同一民族，則不如勿稱之為羌人。不
> 知尊意以為有當否也。〔註2〕

案：朱希祖教授所撰〈雲南濮族考〉與〈雲南兩爨氏族考〉，前文原載《青年
中國季刊》第1卷第1期，1939年；後文則載《民族學集刊》第3期，1943
年。而恩師之函，就內容觀之，實屬一研治中國少數民族史之論文。文中擷
取劉宋裴駰《史記集解》、劉宋范曄《後漢書·西羌傳》、《後漢書·哀牢夷傳》，
與西方學人言民族與語言分類學之有關資料，經詳細分析深究，終乃考出僰、
濮為同一民族，而與羌族為別種，故不贊成朱氏稱濮為羌人。恩師寫成此文，
蓋用與希祖教授商榷也。

　　恩師夙好研治中國民族學，其所著《乙堂文存續編》中，有〈三十五歲
自述〉一篇，文中自言其「學歷」云：

> （民國）十三年夏，余負笈上海，習數理、化學。其後以性喜史學，
> 乃於十五年秋，改就北平國立清華大學史學系，一時名宿如梁任公
> 啟超、朱逷先希祖，與陳寅恪、孔繁爵諸先生等，皆為余師，於中

〔註2〕同〈註1〉，頁213。

西歷史外亦兼習民族與輿地諸學。十九年夏，余畢業大學，即升研
究院，專治唐史與百族源流問題。〔註3〕

〈自述〉所記其習「民族與輿地諸學」及治「百族源流問題」，實皆指研習中
國民族學。其後恩師所撰有關民族學專著，據拙著〈先師羅元一先生著作目
錄〉〔註4〕著錄，其中付梓者，即有以下七種：

1、《粵東之風》（民國 17 年 7 月，上海北新書局）

2、《客家研究導論》（民國 22 年 12 月，廣州希山書藏）

3、《中夏系統中之百越》（民國 32 年 8 月，重慶獨立出版社）

4、《中國民族史》（民國 43 年 5 月，臺北中華文化出版事業委員會）

5、《百越源流與文化》（民國 44 年 12 月，臺北中華叢書委員會）

6、《客家史料匯篇》（民國 54 年 6 月，香港中國學社）

7、《民族學論叢》（民國 55 年 1 月，臺北文星書店）

是次發現之〈羅香林來書〉，不惟乃屬《羅香林論學書札》佚函，亦恩師
研治中國民族學鮮為人知之學術論文，其文固可補拙著〈先師羅元一先生著
作目錄〉所失收。至〈羅香林來書〉未署撰年，如考知〈朱希祖致羅香林書〉
乃撰成於民國廿八年（1939）七月二十六日〔註5〕，則〈來書〉當寫成於朱函
前不久。

朱希祖教授與恩師關係密切，〈三十五歲自述〉已記及先師民國十五年
（1926）秋曾師事朱教授於北平國立清華大學史學系，二人先為師徒，後又
成翁婿。有關其中詳情，容俟撰寫《羅香林論學書札》佚函之四——朱希祖
〈致羅香林書〉時再行補述。

（原刊《華人文化研究》第七卷、第二期，2019 年 12 月。）

〔註3〕羅香林著：《乙堂文存續編》（香港：中國學社出版，民國六十六年八月），頁
78～81。

〔註4〕何廣棪著：〈先師羅元一先生著作目錄〉，收入《何廣棪論學雜著》（新北市：
花木蘭文化出版社，2010 年 3 月）頁 457～458。

〔註5〕可參同〈註1〉，頁 211，函六一。

二七、《羅香林論學書札》佚函之四
——朱希祖〈致羅香林書〉

　　香港大學馮平山圖書館聯同廣東省立圖書館編刊《羅香林論學書札》，凡收羅香林教授與親朋往來書札二百七十一通。年來余嘗立意就其書以作輯佚，先後輯得李滄萍〈與羅香林書〉、朱自清〈與羅香林書〉二文。細研之後乃撰成拙文，發表於臺北市《國文天地》第三十四卷、第八期、第九期中。月來檢閱《朱希祖書信集》〔註1〕，又發現《羅香林論學書札》所佚收〈羅香林來書〉與〈朱希祖致羅香林書〉〔註2〕。余乃先就前函以撰《《羅香林論學書札》佚函之三《羅香林來書》》，發表於《華人文化研究》第七卷、第二期，茲又續成本篇。

　　羅香林教授乃本人之恩師，其撰〈羅香林來書〉以寄朱希祖教授，純因討論「百濮即僰夷，並非羌族」一問題而發。其於函中所下結論曰：「鄙意既稱僰、濮為同一民族，則不如勿稱之為羌人。」〔註3〕是恩師未能接受朱教授視百濮、僰夷為羌族也。

　　夷考朱教授鑽研濮族問題實始自民國二十七年（1938），余嘗細檢其長子朱偰所撰〈先君逖先先生年譜〉，其「民國二十七年戊寅（1938）」條載：

　　　　十二月十六日，為中山大學研究院審查江應梁撰《雲南僰夷民族研
　　　　究》，始引起研究濮夷興趣。〔註4〕

〔註1〕此書由朱元曙整理，2012年8月北京中華書局出版。
〔註2〕〈羅香林來書〉與〈朱希祖致羅香林書〉，見《朱希祖書信集》，頁211～213。
〔註3〕同注2，頁213。
〔註4〕朱偰〈先君逖先先生年譜〉，見《朱希祖書信集》附錄，此條見頁452。

是其證。又檢「民國二十八年己卯（1939）」條云：

> 五月十日，撰〈雲南兩爨氏族考〉（在《新民族》發表），應江應梁
> 之請也。〔註5〕十三日，撰〈雲南濮族考〉，十八日撰畢。〔註6〕

是朱教授此年五月十日即應江應梁之請而撰〈雲南兩爨氏族考〉，十八日又撰
成〈雲南濮族考〉。

至朱希祖〈致羅香林書〉，則撰於民國二十八年（1939）七月二十六日，
其函曰：

> 拙著〈雲南濮族考〉，斷定濮人初為沿海民族，其本字為「僕」，與
> 「爨」實為一字。而漢人所稱西爨，為濮族沿僕水上流而深入西羌
> 者，故《史記集解》徐廣稱為羌之別種也。嚴格言之，濮族即爨族，
> 稱為濮可，成為爨亦可；稱為蠻，稱為羌皆不可，此所謂析言之也。
> 然吾國古人，往往以方位混括種族，如東夷、北狄、西戎（或西羌）、
> 南蠻是也。後世史家，凡居於南者，皆列入〈南蠻傳〉，而不問其種
> 族之異同，如南蠻之中有青羌是也。其他東、西、北皆類是，徐廣
> 稱西爨為羌，亦猶是也。蓋蠻與羌，皆為其種族之第二名稱，此所
> 謂混言之也。徐廣稱西爨為羌，猶拘於方位之誼，今人稱爨為夷，
> 豈爨人為東夷乎？蓋沿西南夷之混稱耳，故混稱之名不可拘泥也。
> 治吾國歷史者當明此意，而不可以辭害志也。〈濮族考〉中明言爨人
> 即僕，亦即百濮，為西南夷之大宗，介於羌蠻之間，謂為來自西方
> 可，來自南方亦可；呼為羌可，呼為蠻亦可。故季漢之時，稱濮人
> 為青羌，亦或稱為南蠻也，此就僕水本流言之，其上流氐、羌之境，
> 下流越南、緬甸、暹羅之境，亦有爨人，則或稱西羌，或稱南蠻，
> 隨地異名，不拘一例，而僕之本名，則終不可沒。僕之本名，即所
> 謂第一名稱也，又可稱為專名。隨地異名，或稱西羌，或稱南蠻，
> 即所謂第二名稱也，又可稱為公名。余未嘗言濮或爨之本名，而徑
> 稱此種族為羌人，此不可不明辨也。至於製造第二名稱之當否，此
> 亦古人任其責耳。徐廣之釋爨族為羌之別種，亦專指西爨而言，未
> 嘗概括僕水流域全體爨族言也。今所當問者，西爨之爨，是否曾深

〔註 5〕同註4，頁 454。
〔註 6〕同註5。

入西羌地域。揆之後來羌人深入南蠻地域，而後人加以蠻名，則僰人亦可深入西羌地域，而後加羌名矣。然真正之羌與真正之僰或濮，其一切風俗語言當然甚異，豈待深辯哉？又吾人所考者為古代歷史上之種族，西人所考者為現代社會上之種族，種族隨時代而有遷移，風俗語言亦多隨環境而有改變，故二者之間相互參考則可，若執現代社會上種族之分佈，即視為古代歷史上之種族即如此，則不可也。來書謂僰夷居地後為西羌所侵入，故《史記集解》遂誤以西僰為羌之別種，又以今滇黔羅羅出於西羌為例。案漢之僰地，在今宜賓等地，近於羌境，稱為西僰，其境當更在僰道以西。《史記‧大宛列傳》「出邛僰」，《正義》云：「僰，今雅州」，則又在僰道以西，近於今西康。是在當時，明明僰人侵入西羌，而非羌人侵入濮地矣。又雲滇黔羅羅即古盧鹿，此說出於西人，余於〈雲南兩爨氏族考〉已辯其謬，可覆案也。君此疑問，於余頗多啟發，則此等疑問亦深有益於學術也。

二十八年七月二十六日〔註7〕

案：據此函所述，則朱教授認為濮族即僰族，濮與僰乃該族之本名，即所謂第一名稱，又可稱為公名；至東晉徐廣稱西僰為羌，乃其種族之第二名稱，此所謂混言之也。朱氏如此回應〈羅香林來書〉，明顯未採納羅教授之意見。

民國二十八年（1939）八月五日，朱教授又付一函與羅教授，中有云：

兹有答君問「西僰非羌」一書，及新撰〈漢代蜀布考〉及修補〈雲南濮族考〉數條，已令仲嫻鈔出，特行寄來。〈漢代蜀布考〉亦可附於〈雲南濮族考〉之後。至於與君論西僰一書，不過為吾二人私人討論，不必附入。〔註8〕

案：此函答君問「西僰非羌」一書，即指上引之朱希祖〈致羅香林書〉，朱教授既謂該函乃「二人私人討論，不必附入」，是以其後羅教授編《乙堂文存》及《續編》，與《羅香林論學書札》，均不收〈羅香林來書〉，殆為遵循朱教授囑咐耶？而函中之「仲嫻」，乃朱希祖次女，羅教授妻子之別字。

〔註7〕此函見《朱希祖書信集》，頁211～213。
〔註8〕函見《朱希祖書信集》，頁214。

　　有關朱教授之行實，恩師所撰〈朱逷先先生行狀〉、〔註9〕〈祭朱逷先先生文〉〔註10〕與朱偰撰〈先君逷先先生年譜〉，〔註11〕堪稱第一手資料，內容至為詳贍，本應徵引以作考證，惜字數過夥，不便剪裁。而《朱希祖書信集·出版說明》載有朱氏小傳，亦足知人論世，故改而迻錄之，以資參考。

> 朱希祖（1879～1944），字逷先，又作邁先、迪先，浙江海鹽人，我國現代著名的歷史學家、藏書家。1905年考取官費留學，赴日本早稻田大學師範科研習歷史；期間，師從著名國學大師章太炎先生，為「章門五王」之一。1909年歸國，曾任浙江兩級師範學堂、浙江嘉興二中、嘉興中學教師，北京大學、清華大學、輔仁大學、中山大學、中央大學教授，中央研究院歷史語言研究所研究員、中央研究院歷史博物館籌備處籌備委員會常務委員長、中國史學會主席、中央古物保管委員會委員、國史館籌備委員會總幹事、考試院考選委員會考選委員等職。

> 朱希祖治學一生，筆耕不輟，著述豐贍，在國語運動、提倡白話文、倡導新文化、建構史學教育體系、建立學術團體、歷史檔案整理、歷史遺蹟調查及史館修史、南明史研究等方面，貢獻巨大。〔註12〕

至余前文謂朱、羅二人「先為師徒，後又成翁婿」，其相關史料茲述說如下：

　　余前所撰文，曾徵引恩師〈三十五歲自述〉，記其自謂「於（民國）十五年秋，改就國立清華大學史學系，一時名宿如梁任公啟超、朱逷先希祖，與陳寅恪、孔繁霱諸先生等，皆為余師。」是朱、羅結成師生，始自民國十五年（1926）秋。而〈三十五歲自述〉又載：「又明年（指民國二十四年），與業師朱逷先先生女公子倓結婚。」是恩師與朱倓成親在1935年。

　　另恩師所撰〈朱逷先先生行狀〉有一段文字足與〈三十五歲自述〉相參證，曰：

> 香林向從先生受業，謬竊虛聲，亦以史學教授上庠，復與先生女公子結婚。雖於先生之學未能窺其藩籬，然於先生行誼則見聞獨切。

〔註9〕〈行狀〉見《乙堂文存》卷二〈傳狀〉，頁95～122，1965年3月，香港中國學社增訂初版。

〔註10〕〈祭文〉見同註9，頁146～148。

〔註11〕同註4，頁405～471。

〔註12〕同註2，頁1。

謹舉其犖犖大者以備採擇,並以公之當世,庶邦人君子得考覽焉。
〔註13〕
是恩師既拜朱氏為師,追隨受業經年;又與其女公子結成佳偶;朱氏既逝,
更撰其〈行狀〉以備後人考覽、採擇。恩師與朱氏師友、翁婿之情誼固至深
厚矣!

讀朱偰〈先君逖先先生年譜〉,有四條資料猶足補述者。民國二十三年
(1934)條:

(五月)八日,得次女快信,言已於五月一日與羅君香林訂婚。
〔註14〕
又民國二十四年(1935)條:

(三月)三十一日,次女倓與興寧羅香林君結婚於中央飯店。〔註15〕

(四月)九日,次女倓、婿香林由杭州旅行歸京。〔註16〕

(五月)一日,次女倓歸寧。〔註17〕
是恩師與師母訂婚於 1934 年 5 月 1 日,結婚於 1935 年 3 月 31 日,4 月 9 日
杭州旅行後返南京,5 月 1 日師母歸寧。

恩師不幸於 1978 年 4 月 20 日病逝,其與師母結縭後,共同生活,夫妻
恩愛,凡四十三年。

至〈羅香林來書〉之撰年,余前撰〈《羅香林論學書札》佚函之三〉,曾
就朱希祖〈致羅香林書〉撰成於民國廿八年(1939)七月廿六日以推,認為
〈來書〉寫成於朱函之前不久。此說未算精當。近檢《朱希祖書信集》,其 1939
年 7 月 22 日〈致羅香林書〉,中有云:

上月接讀來函,以濮夷非羌種為規。余本斷定濮為沿海民族,屬蠻
屬羌皆以地域關係,在西南即屬於蠻,在西即屬於羌。漢人以西爨
屬於羌,唐人以爨屬南蠻,此與青羌入〈南蠻傳〉同為地域所圍,
用為種族第二名稱,而非其種族原始第一名稱也。〔註18〕
據函中首句「上月接讀來函」一語,則〈羅香林來書〉實寫於 1939 年 6 月間。

〔註13〕同注9,頁122。
〔註14〕同注4,頁430。
〔註15〕同注4,頁434。
〔註16〕同注4,頁435。
〔註17〕同注16。
〔註18〕同注8,頁210。

又檢閱《羅香林論學書札》,其第二卷「內地時期中外學者與羅香林先生書」,內僅收朱希祖〈覆羅香林書(1934年3月24日)〉、朱希祖〈覆羅香林書〉(1939年4月17日)二通,至鮮少也。細檢《朱希祖書信集》,其內不惟收有上述二函,而書中「致羅香林、朱倓信札」之部,共收致羅香林函五十八通。諸函之內容固有閒話家常者,而屬翁婿間切磋學問之函件亦不少。他日有暇,細意檢出其中論學書札以作佚函探究,用補《羅香林論學書札》之不足,斯舉對吾人鑽研朱、羅二家學術交流實況,應有莫大裨益也。

(原刊《華人文化研究》第八卷、第一期,2020年6月。)

二八、羅香林教授文學專著之佚文
——〈李滄萍傳〉

　　先師羅香林教授（1907～1978），文史兼擅，著作等身。生前刊有文學專著兩種，其一為《乙堂文存》，一九六五年三月，香港中國學社增訂初版；其二為《乙堂文存續編》，一九七七年八月，香港中國學社初版。其《續編》面世，筆者曾參與校讎之役，並撰寫跋文。上述二書凡收文章一百零二篇，惟竟闕收〈李滄萍傳〉。

　　李滄萍先生與先師定交甚久，彼此以學術相切劘。筆者曾撰「《羅香林論學書札》佚函——李滄萍〈與羅香林書〉」，發表於《國文天地》第三十四卷、第八期（總第四百零四期）。該文內容即述及先師生前向滄萍先生借閱《鄉賢集》，以為徵文考獻，足見二人均重視學術鑽研，且情誼篤好。

　　滄萍先生生於光緒廿三年丁酉（1897）五月十五日，卒於一九四九年（己丑）二月初三日。而先師〈李滄萍傳〉即撰於滄萍卒年之三月，以表悼念之意。惟〈李滄萍傳〉一文，則遲至二十三年後，即一九七二年八月始刊見《大陸雜誌》第四十五卷、第四期中；且其後《乙堂文存》與《乙堂文存續編》二書雖次第刊行，均佚收該文。以先師處事之矜慎，揣其治學絕不會有遺忘或遺失之錯誤，而此事竟然發生，殊不可解。

　　因是之故，有關李滄萍事蹟，學壇人士知之者甚鮮。余嘗翻檢多本近、現代人名大辭典，如張撝之《中國歷代人名大辭典》、周家珍《20世紀中華人物名字號辭典》、馬國龍《中國專家學者辭典》、蔡鴻源《民國人物別名索引》等，書中均無「李滄萍」條目。足證先師刊見《大陸雜誌》之〈李滄萍傳〉，

迄今雖歷近半世紀之遙，然竟未獲編纂人名辭典之學者知所採覽與使用。惟先師所撰〈李滄萍傳〉一文，實乃今日研治李滄萍生平及其學術最為詳備與足資取信之傳記。有鑑於此，故不吝辭費，特將全文迻錄於下，以奉告學壇與喜讀先師佚文者。

《民國人物傳長編‧李滄萍（1897～1949）傳》

君姓李氏，諱漢聲，字滄萍。中歲以後，遂以字行。世為潮州豐順小勝鄉人。曾祖丹桂，太學生。祖雲巖，武德騎尉。父杜，縣學生，以學行為鄉里祭酒。生八子，君其長也。潮州自唐以來，多魁奇絕特之士，如韓退之之稱趙德，所謂「婆娑海水南，簸弄明月珠」者，蓋時有其人。晚有丁叔雅、曾剛甫兩先生，負海內重望。君幼承家學，濡染鄉前輩之教澤。既卒業廣東高等師範，負笈京師，入大學，又受業象山陳伯弢、錢塘張孟劬、順德黃晦聞諸先生之門。行修學立，文采昭爛，一時耆宿多折年輩與之交。一九二三年，以高第卒業北京大學，遂留京師，任北大、女師大教授及教育部秘書。一九二八年，晦聞先生回粵長教育廳，君遂偕歸，為之佐。一時士林屬望，風規大啟，陳謨底績，遠近歸高。先後任廣州市教育局、廣東教育廳、民政廳秘書，《廣東通志》部纂修。在民廳時，留心各縣地方利病，故書案牘，昕夕鉤稽，民廳始有《縣政調查報告書》之集，君所主編也。熟於鄉邦掌故，既從事志館，暇輒攟集前賢遺著，書畫金石，必精必備。其鑒賞收藏之富，尤冠絕一時。以故求粵中文獻者多集於君之門。其後一任省政府顧問，出其所學，多有獻替。晚清以來，言嶺南之學者，必推九江朱氏、番禺陳氏兩家之傳。晦聞先生師順德簡徵君，於九江為再傳弟子，文章風節並礴；君從之游，既盡傳其詩學，而性情風節，古道愷悌，亦不可以詩人限，而又非純乎詩人亦不足以當之也。其於詩也，由兩宋以上追漢魏，寢饋於曹、陶、鮑、謝，以下及三唐，尊其所聞，益發攄其所自得；所造清真醇逸之境，則師弟子之間，亦有莫能相掩者焉。近二十年，遂專以其業導後進，任中山大學教授十餘年。值邦家多故，禦寇興戎，避地港澳，猶弦歌講習不輟於風雨晦明之中。一九四五年寇退，回省城，任嶺南大學教授，以迄於終。門牆桃李，遍於嶺東。凡所甄陶之士，皆種學績文，質有其表。於君之喪，無不哀思眷慕。觀

其師友淵源所漸，誠不啻后山之於南豐，亦不啻君之於晦聞先生也。而其平日論交有道，縞紵投分之歡，莫不痛其中道稅駕，頓戢光采，而深惜夫如斯人者，不可以旦暮遇之也。君生於光緒丁酉年五月十五日，歿於一九四九年（己丑）二月初三日，享壽五十有三。其病也以肝，中西方治罔效，纏綿數旬。弟詔清，相愛如執友。子華綸、華炯；孫振強、振剛、振略、振威。所著有《高齋詩集》若干卷，《雜文》一卷，《曹陶鮑謝李杜陳黃詩說》數十卷；評點校錄之書數十百卷。《詩說》已刊行各大學，餘待刊。僅述其生平大略，以告世之有道能文之士，謀其不朽焉。一九四九年（己丑）三月羅香林稿。

案：先師此文，原標題作《民國人物傳長編‧李滄萍傳》，筆者鑽研先師著述頗久，且曾編撰〈先師羅元一先生著作目錄〉，收入一九八二年八月初版拙著《碩堂文存》中，惟均未知先師原有編撰《民國人物傳長編》之計畫，此事至得讀《大陸雜誌》所刊此文始曉悉之。惟先師此一鉅著最終未見編就，殊可惋也。

又案：先師此篇中，於記傳主之先世家學，負笈上庠，隨師研學；而畢業後即留舊京授課，繼又任職粵東；至晚歲任教中山、嶺南諸大學；下暨傳主之治學與詩學成就諸事，本文均有極詳盡之述說；至全篇用辭之順適，條理之縝密，更具見撰者文史兼備。所成此傳，確屬研治李滄萍生平與學術不可或闕之佳構，而斯作之得以流布，固足令滄萍先生永垂不朽。晚明顧亭林《日知錄》卷十九嘗推譽世有「不可絕於天地間之文」者，庶亦先師斯篇之謂也。由是觀之，筆者揭載先師此文於今日，既可為先師著述補佚文，又足以發滄萍先生潛德之幽光，如此處理，想或得其當而不為多事也！

（原刊《國文天地》406 期，三月號，2019 年 3 月。）

二九、感戴鴻恩・緬懷懿範
——恭讀曉雲法師函牘感言

　　韶光易逝，曉雲法師（1911～2004）離開人寰，圓寂將屆二載。在此七百多天的日子中，其音容懿範仍常縈繞腦際，久久不能忘懷。回思法師在世時對我的提攜與教誨，其深恩除須感謝外，尤應永誌，至其間情事則有多足記者。

　　猶憶華梵大學初辦東方人文思想研究所時，蒙所長蘇瑩輝教授推薦來所任教。民國八十一年（1992）十二月下旬，我承命從香港赴臺北，謁見法師於本校華梵堂。首次晤面，法師親手交給我兩張專任副教授聘書，一張屬東研所，另一屬中文系。言談間，法師問及我是否願意兼中文系主任，留臺協辦創系事務。其時我因香港教學工作尚未結束，無法接受法師之雅意，只好婉謝再三。但由此事，亦足見法師對人信任，常樂意給予後輩以栽培的。

　　八十二年（1993）八月始，我在東研所任教。東研所初分文學組、佛學組與藝術史組。我因酷愛儒學，又較擅長目錄學、中國文學、中國學術史，故其初皆任教相關之課程。八十三年（1994）七月，華梵大學主辦第九屆國際佛教教育研討會，法師來聽我宣讀〈論「博學於文」與「行己有恥」〉之論文，該文是表彰明儒顧亭林品學的。會後閒聊，法師與我討論及儒佛會通與佛教文學等問題，並鼓勵我多加注意，無妨深入作研究。由是我深受啟發，在治學、教學與研究三方面均有所轉變。不久我便試行開授「中國佛典目錄學」、「中國佛典辨偽學」、「敦煌學」、「晉僧賦」、「唐僧詩」、「宋僧詞」、「明僧詞」等新課程；又發表多篇相關之文章，而於授課時則刻意鼓勵研究生以上

述課程為範圍，考慮及選擇題目，撰作博、碩士論文。以上種種轉變，及其後在教學與研究上偶有成績之獲得，實皆拜法師循循善誘與金針度人之恩賜。

　　在東研所任教期間，法師與我不時魚雁互通，這在華梵教師中是鮮有之因緣。法師之函牘，我皆珍而重之，矜慎保存。值茲法師圓寂二周年，無妨揀選數通，迻錄如次，並申感言，以表對法師之紀念與一己之哀思。

　　　　第一通

　　廣梊教授惠我書信，并　選堂漢學大師之件，感切之至。惟感冒半月，今始略能治事、執事。希明春　饒教授能駕臨臺灣，至為盼切。

　　　即頌

研安

　　　　　　　　　　　　曉雲合十　八七、一、十五日

希多關注研究生為荷！

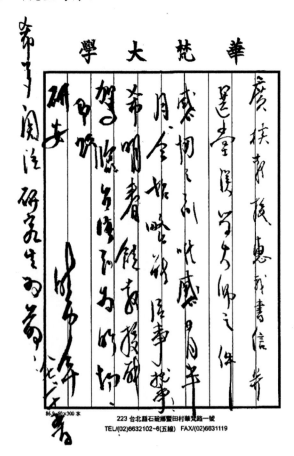

此函撰於八十七年（1998）一月十五日，乃談及敦請饒教授蒞校講學的。饒教授，名宗頤，字固庵，號選堂。學藝精堪，術業多通，出版皇皇巨著《二十世紀學術文集》二十大冊，卓有建樹。論其成就，當今海峽兩岸三地學人恐難有出其右者。法師與饒教授相識至深，對之充滿敬意，曾先後三度敦請蒞校講學。至讀本函之附言，則可見法師對研究生關愛之深。

第二通

廣楸教授：三月十五　大示知悉，因邇博物館展拙作品，也要許多有關之訪，稍忙。且左肩有微恙，都影響提筆。　尊著有提及映冬先生，都是舊識，極佩其人也。倪雲林為少研畫即知清潔，希能得此書出版時一讀為快。

閣下勤於寫作，希以此於授課時略為提出一些寫文之樂趣分享學子。現今青年多不知此！即頌

研安

　　　　　　　　　　　　　　曉雲合十　八七、四、二日

《清哦集》非云詩，是墨而已。另寄　府上。

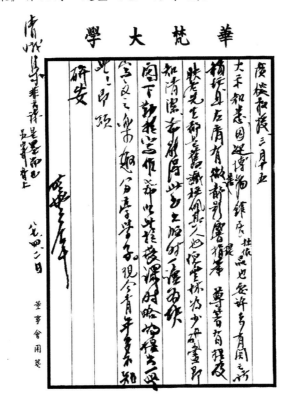

　　此函撰於八十七年（1998）四月二日，談及法師忙於展覽作品事，又順及好友沈映冬與其倪雲林研究，並鼓勵我多與研究生分享撰文之樂趣。函中言及之沈先生，今年九十二歲，乃法師舊識。沈氏勤於著述，撰《倪雲林隱跡記》，我承映老之命撰作〈書後〉。雲林名瓚，字元鎮，為元代四大畫家之一，亦工書。為人恬淡寡欲，故法師稱他為「知清潔」者。沈書於二零零零年三月出版後，我即敬詒法師乙冊，以屬其「一讀之快」。函末法師仍不忘莘莘學子，囑我於授課時多談寫作樂趣。此事我均能遵命履行，並克盡鼓勵與指導之責。

　　　　第三通

　　何教授：我已去函饒宗頤教授，請他來發策劃。我校名華梵，不能不爭取人文發展之研究，請亦努力吧！

　　　　　　　　　　　　　　　　　曉雲　八七、八、七日

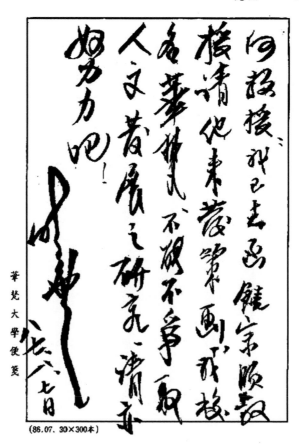

（86.07. 30×300本）

　　此函撰於八十七年（1998）八月七日，仍言請饒教授事。函雖甚短，但至為重要，讀後曉悉法師內心深處有兩件事。其一乃華梵大學應以人文為重，必須「爭取人文發展之研究」；其二為對饒教授倚荷之深，要「請他來發策劃」。其後法師敦聘選堂師為講座教授，饒師亦樂意接受，俾達致提高華梵人文之地位。

　　第四通

何教授大鑑：敬（請）謝

台端自港攜回饒教授之巨（形）〔型〕論文大本，并　尊著大作一冊，

至感，至感。因感冒逾月，近始康復，遲覆希諒。草此即頌

年禧

　　　　　　　　　　　　　　　曉雲合十　八八、一、七日

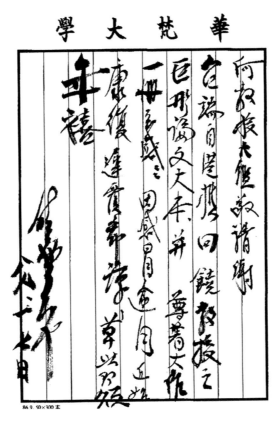

　　此函寫於八十八年（1999）一月七日，內容提及饒教授著作及拙作事。法師與饒師常作學術交流，我每次返香港，饒師倘有新著，均命我攜回乙冊，敬贈法師。是次所詒者，乃一巨型畫冊。至函中提及之拙著，乃指《陳振孫

之經學及其〈直齋書錄解題〉經錄考證》。此書本屬國科會研究專題，後經國科會評審並資助出版。我藉此書得以升教授，並獲中華文化復興總會頒予一九九九年度「中正文化獎」。法師因此事曾譽我為「文化之材」，賜予墨寶，以資激勵。我亦知所奮勉，永誌其鼓勵，不敢或忘。

　　　　第五通

廣棪教授：得悉香舊仙逝，然人生如是，幸得文友如　教授等為之集遺著，能載道淑世之文流傳於世，應是善法因緣。文字工整，盡情至理，甚佳！甚佳！

　　　謹覆，即頌

研安

　　　　　　　　　　　　　　　　曉雲合十　　五、一日

再者：已囑仁眷數次致電香港請　選堂教授六、七月間來臺，最好六月。雲擬日間都去函請駕。因前時來臺勸我對《文心雕龍》一書事，今已所長開講矣。

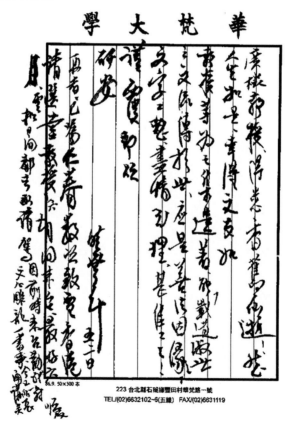

　　此函所言「香舊仙逝」，乃指我在香港之老師王韶生教授。法師在香港時與王教授是故交。韶生師逝世於八十七年（1998）三月十一日，享年九十五歲。王教授辭世後，我為他寫了〈行狀〉，又把他的遺著編理成《懷冰室集三編》，並撰寫序文。法師函中謂「幸得文友如 教授等為之集遺著」，又謂「文字工整，盡情至理」，皆指上述之事。韶生師之書，後由臺北天工書局於八十八年（1999）三月出版，法師此函雖未署年，估計乃撰於八十八年（1999）五月一日。至函末附言請饒教授六、七月來臺；後又言及《文心雕龍》事，蓋饒師曾提議應效劉勰撰《文心》之法，針對歷朝佛教文學進行評述，以寫成一部《佛教文心雕龍》，法師甚以為然，不勝喜悅，所以函中又順及之。

　　　　第六通

廣梣教授台鑒：敬悉

大示，并　選堂學士拈來禪。雲於今日稍暇，亦拈得「聽月觀風」
四字憨山禪師意回應之。我校似有極好之機緣為研究卓越學術，希
努力以赴，希對中國文學、唐宋詩皎皎〔佼佼〕者多注意為禱。新
年之始，祝

福慧

　　　　　　　　　　　　　　　　　　曉雲合十　正月廿二日

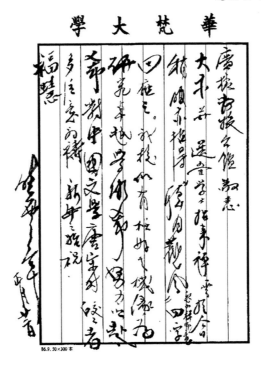

　　此函未署年，應撰於八十九年（2000）二月間。從函中既可知法師與饒教授間每以佛學、禪意相印證，又可見法師對中國文學、詩學之重視。本所原有文學組，法師至為重視。惜其後有人在未經所務會議討論，亦未請示法師意見情況下，竟私下取消東研所文學組，而其所採用手段甚惡劣，使人雖曉悉其事，欲挽救而無從。法師事後得知狀況，大不以為然，惟已無力轉圜，故痛心不已。

　　　　第七通

廣梂教授大鑑：　來示及大作有關明僧詞，曾於國際會議論文中拜讀，甚為可喜，惜近世極少僧人文藝，今不如古，奈何！希有發現再加研究為盼。前日曾接一無名來示，有云及

教授之事，想所長已有語之，今後必無此誤會也。草此即覆，

　　　　並頌

研安

　　　　　　　　　　　　曉雲合十　八九、十一、廿六日

再者：今日又接到一篇大作，謝謝。

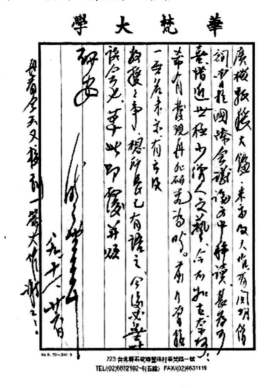

　　此函撰於八十九年（2000）十一月廿六日。言及拙作〈明季詞僧釋正嵒及其《豁堂老人詩餘》研究〉，該文於二零零零年七月八日發表於香港新亞研究所主辦之「明代文學復古與革新研討會」。法師讀拙文後賜予鼓勵，並感歎「近世極少僧人文藝，今不如古」。讀此函，法師珍視佛教文學，應可知見。函末言及「一無名來示」事，其函對我深文巧詆，惡意中傷；斯殆臺灣社會醜陋文化之表現，睿智如法師，因早灼見情偽，故於函中云「今後必無此誤會」，蓋已洞悉其奸，不受其愚也。

　　第八通

　　廣棪教授宣講明季僧詞，本應來恭聽，但今天有他事未能前來，請
　　多多發揮僧人之才華。雖詩餘僧人不多為彈此調，但也有詩意禪心
　　之作，惜今人祇知為法務忙，奈何！奈何！其實詩為禪人花上錦，
　　似不錯也。余於開拓心境時，亦想讀禪詩文。另日有時間談談。

　　　　即頌

　　研安

　　　　　　　　　　　　　　　　　曉雲合十　　八九、十二、十六日

　　許國宏主任請宣讀後交何教授。

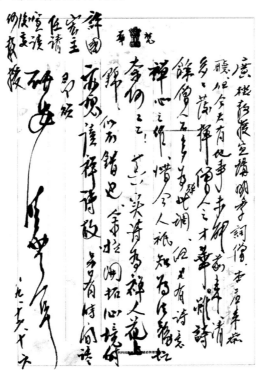

　　八十九年（2000）十二月十六日，覺之書院邀我講明僧詞，法師因事無法蒞場，乃撰此函說明原委。函中不惟可見法師與人交往重禮數，且法師對文學之愛好，對僧人文學之珍惜，讀此函後當會有進一步理解，而對前述某人妄自取消文學組之行徑，法師內心不怡之情，亦當可揣悉矣。

　　教學與學術研究是我的第二生命，法師使我近十多年來在教學與學術研究上俱有良好之轉變，這是我必須「感戴鴻恩」的。法師一生熱心教育，至老不衰；其對華梵之熱愛，對師生之關懷，對校方人文發展之關注，其間苦心孤詣之情志，死而後已之精神，堪可譽為眾生之懿範，人間之楷模。際此法師圓寂二週年，特以「感戴鴻恩，緬懷懿範」為題，撰成拙篇，用表對法師的感激，及對其賦予世人鉅大貢獻，表達無限的敬意。

　　　　民國九十五年九月廿二日何廣棪撰於華梵大學東方人文思想研究所（原刊二零零七年五月華梵大學東方人文思想研究所出版之《二零零六年華梵大學創辦人曉雲法師思想行誼研討會暨第十三屆國際佛教教育文化研討會論文集》）

三十、張舜徽教授佚函一通——
〈致金景芳教授信札〉

　　張舜徽教授博通四部，著作等身，為余素所欽仰之學者。於其所著，如《說文解字約注》、《鄭學叢著》、《史學三書平議》、《漢書藝文志通釋》、《廣校讎略》、《四庫提要敘講疏》、《清人文集別錄》、《舊學輯存》等書，均有涉獵；即其長篇巨製《張舜徽壯議軒日記》，書凡二十餘萬言，余亦細閱一過。讀後不惟深悉張教授治學與為人，而一己之學識亦隨而增益不少。

　　建安七子有徐幹者，魏文帝〈與吳質書〉亟讚賞之，以為其人懷文抱質，恬淡寡欲，有箕山之志，可謂彬彬君子者矣；而其所著《中論》二十餘篇，則成一家言，辭義典雅，足傳於後。張教授亦輒想慕徐幹為人，嘗取《中論》而讀之，服其書醇粹以精，藹然儒者之言，如用是求之漢魏學人，誠所謂鳳鳴朝陽者也。獨惜千數百年間，竟無人為之作注者。其後，張教授入隴，講學蘭州，始為之注。所成《中論注》一書，後收入《舊學輯存》中，惟頗憾學者於此書知所參研者較少。前十餘年，余執教臺灣華梵大學東方人文思想研究所，指導研究生郭芝伶君撰碩士論文〈徐幹《中論》版本研究〉，曾檢出張教授《中論注》俾作參研，頗提高郭君撰作境界，增益其論文內容與水準不少。郭君之論文，後幸得收入花木蘭文化事業出版社《文獻輯刊》中，容或有此因緣也。

　　本年四月中余遊臺北，購得泰和嘉成拍賣有限公司出版之《2015 年秋季藝術品拍賣會影像、手跡、版畫專場》圖錄一冊。書中編號八六一，收有「張舜徽致金景芳信札」一通，此札固不見於《舊學輯存》、《愛晚廬隨筆》、《霜

紅軒雜著》與《張舜徽壯議軒日記》者，乃佚函，甚可珍貴也。取而細誦，得悉張、金二氏之學術情誼，令人喜不自勝。茲擬將佚函影本公之於世，使讀者得親張氏手澤；而釋文則附下，以資參考。

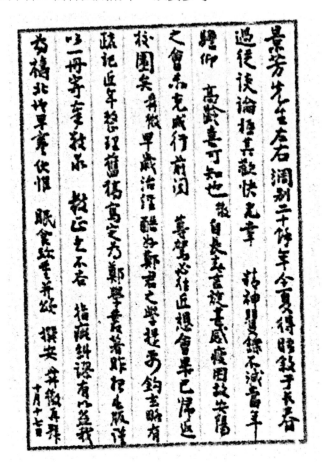

釋文：

景芳先生左右：闊別二十餘年，今夏得晤敘于長春，過從談論，極其歡快。尤幸　精神矍鑠不減當年，瞻仰　高齡，喜可知也。徽自長春言旋，甚感疲困，故安陽之會未克成行。前聞　尊駕必往，近想會畢已歸返校園矣！舜徽早歲治經，酷好鄭君之學，提要鈎玄，略有疏記。近年整理舊稿，寫定為《鄭學叢著》。昨始出版，謹以一冊寄奉，敬求　教正，乞不吝　指疵糾謬，有以益我為禱。北地早寒，伏惟　眠食珍重，并頌　撰安。舜徽再拜，

十月十七日。

案：有關張、金二氏生平，《圖錄》有「作者簡介」，言簡意賅，迻錄如次，俾作知人論世：

> 張舜徽（1911～1992），湖南人。華中師範大學歷史系教授，著名歷史學家、文獻學家，曾任中國歷史文獻研究會會長，是中國第一位歷史文獻學博士生導師。

> 金景芳（1902～2001），遼寧人。著名歷史學家、文獻學家。解放後歷任東北文物管理處研究員，東北圖書館研究員兼研究組組長、東北人民大學歷史系教授、歷史系主任。

本函作年，張氏未有明載，就張函內容推之，則其函撰成疑在文革後二十年，即西元一九八六年後。蓋上世紀文革期間，大陸學人雖至親好友，因避嫌疑，多不敢常相晤對，故函首即謂「闊別二十餘年，今夏得晤敘于長春」，疑以迄一九八七年夏間，張氏始得離華中師範大學，前往東北人民大學訪友。張、金二人睽違廿載，乃得相聚。晤後張氏由長春言旋，而金氏則赴安陽之會。若所推不誤，則一九八七年十月十七日，乃張函撰作之年，金氏此年已八十六歲，壽登耄耋，故張函稱其「精神矍鑠不減當年，瞻仰　高齡，喜可知也」，所祝頌用語，最為允恰。至張函自謂「早歲治經，酷好鄭君之學」，所言「鄭君之學」，蓋指東漢鄭玄之治經學；張氏著《鄭學叢著》，所收均為研治鄭玄經學相關論文。張氏鑽研鄭學成績卓著，當代首屈一指，似無人足以比肩者也。

至金氏，早歲入四川樂山復性書院，師從馬一浮、謝无量諸老，苦攻儒學，撰有《春秋釋要》、《易通》諸書。晚歲猶昕夕握管，先後發表〈易論〉、〈說易〉、〈關於《周易》的作者〉等論文二十餘篇；另出版《學易四種》、《周易講座》、《周易全解》、《〈周易‧繫辭傳〉新編詳解》等專著四種。若金氏者，亦中國大陸研治《易》學有成之專家也。

以上所撰案語，既推考及張氏佚函之作年，又述及《鄭學叢著》內容之概況；文末且將金氏治《易》之著述附告，用助讀者研閱張氏佚函參證。倘有訛誤，希不吝賜正。

（原刊《國文天地》411 期，八月號，2019 年 8 月。）

三一、《近代粵詞蒐逸》續補

　　民國五十九年（1970），歲次庚戌季夏，南海余少颿（祖明）先生既有《近代粵詞蒐逸》之纂輯；越二年，壬子（1972）秋七月，又繼成《近代粵詞蒐逸補編》及《近代粵詞蒐逸續編》，且皆先後付梓行世。其書體制，蓋「守《昭明文選》之例，斷錄陳人；仿《粵詞蒐逸》之編，廣羅眾製」。（蘇文擢先生〈近代粵詞蒐逸序〉中語。）計纂輯所得，凡百二十三家，詞五百一十一闋。（按：中《蒐逸》八十三家，詞三百六十八闋；《補編》詞五十闋，《續編》四十家，詞九十三闋。）堪稱繁富。順德蘇文擢先生極推譽之，謂此書「比之嶺南十三家之選，但取專門；東莞四十人之編，粗存方域；較茲捃香，繁略迥殊。信足發楚庭之幽思，廣賨州之別唱矣。」（見〈近代粵詞蒐逸序〉）良非虛美。是少颿先生網羅散佚，捃拾殘叢，其裨益於鄉邦文獻整治，殆可知見。然智者千慮，或有一失，滄海遺珠，在所難免，故拾遺補闕，猶須俟諸來者。

　　民國六十四年（1975）乙卯五月，新寧阮廷焯先生寫成〈近代粵詞蒐逸補遺〉，刊諸《大陸雜誌》第五十三卷、第三期。其文於少颿先生所輯之黃佛頤、廖景曾、譚長年、沈宗畸、林百舉、鄧爾雅、謝英伯、崔師貫、陳兆年、傅韻雄、盧卓民、梁月初、蔡守、談溶溶、張傾城各詞家，皆有所增補；又多輯出陳伯陶、吳道鎔、張學華、凌鶴書、黃衍昌、趙祉皆、趙九疇、陳慶龢、梁致祥、李煮夢、謝良牧、馬駿聲、張雲飛、古直、黃瀾、溫著等十六家，凡詞一百一十七闋。阮氏補遺之富，誠令人欽羨不已。

　　余月前於羅元一（香林）師處商借得民國卅七年（1948）至卅九年（1950）間發行之《星島日報・文史雙週刊》一巨帙，偶於其中檢出冼玉清、溫丹銘、

張鳳子三家詞。另於冼玉清所著《廣東文獻叢談》書中，又發見冼星海詞一闋。茲不敢自秘，特參照阮文之例，將諸詞迻寫於後，以供同好。惟自知所得甚少，遠不逮余、阮二氏，續貂之愆，尚祈讀者諒之。民國六十五年（1976）十一月鶴山何廣棪識於香港珠海大學中國文史研究所。

冼玉清

齊天樂（病瘧兼旬，倚聲寫意。）

> 病長譜盡煩煎味，孤齋又眠秋雨。玉頰霞緋，星眸錫醉，一榻沈沈昏午。焦憂誰語。乍如炙肌膚，清涼楚楚。一覺惺忪，可憐珠汗羅衫妬。　　欹枕暗窺曲匵。已霜楓紅冷，黃花凋露。鏡檻香銷，書櫥塵滿，那更清歌能譜。天涯孤旅，祇舊雨兩三，分茶勸脯。最怕旁人，較量舊媚嫵。

按：此闋原載民國卅九年（1950）六月一日《星島日報·文史雙週刊》第四十二期。《近代粵詞蒐逸》錄冼玉清〈高陽臺〉一闋，茲增補一闋。

溫廷敬

字丹銘，大埔人。國立中山大學教授，廣東通志館主任兼總纂。有《經史金文證補》、《元和姓纂校補》,《民國新修大埔縣志》。

賀新涼（寄夏劍丞。）

> 品茗徵題洽。（余于茗樓晤公贈詞，據述嚮慕之誠，旋乞題《讀無用書齋記》，卷中言吾國不如人，敗由奚啻。又言新學小生，乃藉美國通譯，始知《詩經》之足貴。其言絕痛，與鄙意合。）想當年，經授伏生，漢京家法。（君為今文大師皮先生弟子。）風雅三家究異義，深昔荒殘片葉。猶遠勝，衛宏龐雜。孟氏說《詩》須逆志，溯《詩》亡，跡熄《春秋》接。徵往史，盲左合。　　衰年我嘆瞑巢睫。計避塵，殫心著述，歸來輟業。（余自滯汕後，因目疾，且無書可讀，日取《葩經》及《左氏》尋研，知毛、鄭之臆說曲解。如其最謬者，如以〈邶風〉之〈雄雉〉，賢婦勉夫之詩；〈匏有苦葉〉，審出處之詩，為刺夷姜。〈牆有茨〉刺夷姜之詩，而謂為刺宣姜通元。〈君子偕老〉，傷宣公正夫

人早逝，而以為刺宣姜。他如〈北風〉為慮狄禍，蓋應〈旄丘〉之作，而非僅刺時。〈衛風‧河廣〉，為宋桓公逆衛遺民以立戴公，而非其夫人被出思宋，皆證諸《左氏》而可見。至〈鄭風‧羔裘〉之美三良，〈遵大路〉之孔叔勸鄭從齊，〈有女同車〉之美齊桓，〈山有扶蘇〉之刺辛侯，〈籜兮〉之美孔叔勸鄭伯下齊救國，〈狡童〉責辛侯之勸鄭叛齊，〈子惠思我〉責楚之不急鄭，〈子之豐兮〉為悔鄭之不早從齊，皆非刺忽之詩。〈齊風〉之〈還〉詩，為莊公二年文姜會齊侯於禚並獵之詩，證之四年公及齊人狩於禚而可知，當改入〈甫田〉之下，〈盧令〉上。〈盧令〉則為莊公狩禚之詩。〈俟我於著〉為桓公會禚，親迎文姜。〈東方之日〉為姜就公催其上道。〈敝笱〉、〈載馳〉為刺莊公娶哀姜，自行納幣親迎，因泉臺事為姜挾制，曲意媚之，致啟後日之禍；既非刺桓，亦非刺不能防閑其母。〈猗嗟〉則為莊公納幣時之作，皆證之《詩》詞及《左氏》而益明。其他如各〈國風〉及〈大〉、〈小雅〉，為毛、鄭曲解者，不可勝舉。自謂能得當時之事，實誠《詩》與《左傳》相表裏之言為不謬。前寄冒老詞註，曾略述〈齊風〉數事，茲更述其大概，以質正焉。）喪亂哦詩為自遣，窺垂□盛業。傷獨學，無人共證。含咀英華追往牒，藉蕪詞，通訊求明答。千載時，昭聖哲。

按：此闋原載民國三十八年（1949）七月十日《星島日報‧文史雙週刊》第廿三期。

高陽臺（寅庵新得康南海哭翁常熟詩軸，漫賦。）

破碎山河，飄零身世，海天盼斷來鴻。人□龍蛇，勝朝遺墨朧朦。杜鵑再拜逋臣痛，更山頹淚灑西風。嘆當時，黨獄株連，朝右俄空。

　　雲翻盡變寧局，漫侈談元祐，禍種深宮。一霎曇華，輸他櫻島長虹。蓬萊水淺今三見，又乾坤血戰群龍。剩哀吟，百日維新，七載行踪。

高陽臺（余題南海詩意有未盡，更賦此闋，並略加注語，以存信史，備異日輶軒之採，固不計工拙也。）

長腳會之，虛聲德遠，（甲午釁起，合肥知不堪戰，常熟誤信共門人張季直之言，一意主戰，遂至喪師誤國。）炎興舊事重提。落日西風，故宮彤史迷離。朝東本處危疑地，奈中邦一線生機。苦難支，戰事兒嬉，國事兒嬉。　　盧陵未是昏庸主，詎金輪久壓，龍德潛輝。（太炎毀德宗為庸

暗，蓋未得其情。）變法荊公，當年學術偏陂。（南海偏偽《六經》，至為學術人心之害，未第時常熟嘗劾之，特以其通知外事，故薦之。《文恭日記》載當日造膝密陳，且有康某心術不正之語，雖或後日懼禍之言，然翁、康關係，恐未必如康黨所言。）興亡一轍關天意，（清太祖之起，由爭一葉赫女子，且戒子孫勿與葉赫婚姻。其亡也卒由那拉氏，而前後二攝政，其事也至巧。）更全盤牽動枯荄。讀遺詩，鬢髮添絲，涕淚如縻。

按：以上二闋原載民國卅八年（1949）十二月一日《星島日報・文史雙週刊》第卅一期。

張鳳子 惠陽人。有《宋詞紀事》。

水龍吟（丙戌中秋，友仁叔招集豐湖圖書館樓上，為賞月之會。既而以詞來督和，予不彈此調既兩年餘，勉為繼韻報之，不自知東顰之可醜也。此詞宋人作者至多，用入聲韻者甚鮮，蓋同一仄韻詞，用上去則叶，用入聲即不可歌，易安居士已嘗言之。竊意此詞亦然，今詞既不能歌，可勿論矣。）

相逢鋒鏑餘生，多時不共中秋月。詞仙招我，清游重續，豪情未減。百尺樓頭，塵飛不到，冰壺涼徹。願年年今夜，月圓人壽，拚沈醉，酬佳節。　好在雲收雨歇。又者番，闌干憑熱。此時心事，素娥知否，憐予癡絕。安得銀橋，梯空直上，廣寒仙闕。記荔園舊事，酒闌人散，似新婚別。

念奴嬌（白鶴峰懷古和東坡。）

峨眉儻去，問甚時重見，者般人物。笠履風流難髣髴，畫象徒留東壁。繞砌長江，依然東注，浪舞黏天雪。自經題詠，山川彌顯靈傑。　縹緲紫翠峰頭，微聞歸鶴，清唳遙空發。故宅千年文藻在，想見英靈不滅。釃酒難招，執鞭無及，遺憾寧毫髮。秀才何幸，往還曾共明月。

按：以上二闋原載民國卅八年（1949）四月十七日《星島日報・文史雙週刊》第十八期。

冼星海 南海人。留學法國，專攻音樂。有《中國書學略談》。

如夢令（春思）

　　試問春歸何處，勿指柳梢殘雨。往事那堪題，盡在游絲飛絮。無語，
　　無語，乳燕雙雙休去。

按：此闋原載《南大思潮》第一卷、第一期。另見冼玉清《廣東文獻叢談》
之二〈人物・冼星海中學時二三事〉。

原刊《碩堂文存》

三二、《近代粵詞蒐逸》及其補編、續編、補遺、續補纂輯工作之考述

提要

　　近代粵詞蒐逸工作，始自余少颿先生。余氏於民國五十九年（1970）纂輯《近代粵詞蒐逸》一書，計蒐得詞人八十三家、詞三百六十八闋，自印版行。越二年（1972），繼成《近代粵詞蒐逸補編》，凡補五十闋；又成《近代粵詞蒐逸續編》，則新收詞人四十家，詞九十三闋，二書合編出版。統計余氏三書所得，凡詞人一百三十三家，詞五百一十一闋。

　　民國六十四年（1975）五月，阮廷焯先生撰就〈近代粵詞蒐逸補遺〉一文，刊於翌年（1976）九月十五日《大陸雜誌》第五十三卷、第三期。阮氏對余氏所輯黃佛頤等十五家詞，皆有增補；另多輯出陳伯陶等十六家，凡得詞一百一十七闋。

　　余繼余、阮二氏之後，於民國六十五年（1976）十一月，就民國卅七年（1948）至卅九年（1950）出版之《星島日報・文史雙週刊》，輯得冼玉清詞一闋、溫廷敬詞三闋、張鳳子詞二闋，凡六闋。另就冼玉清《廣東文獻叢談》書中，輯得冼星海詞一闋。遂乃藉其所得，撰成〈近代粵詞蒐逸續補〉，該文後收入拙著《碩堂文存》中。

　　本文即就余氏、阮氏與本人纂輯近代粵詞，分別所成之《近代粵詞蒐逸》、《補編》、《續編》、《補遺》、《續補》等成果，詳予考述。

　　文末另附輯《近代粵人詞集目錄》，以供參考。

關鍵詞：《近代粵詞蒐逸》、余少颿、阮廷焯、《近代粵人詞集目錄》

一、緒言

近代粵詞蒐逸工作，發軔自南海余少颿先生。余氏於民國五十九年（1970）纂輯成《近代粵詞蒐逸》，〔註1〕計蒐得詞人八十三家、詞三百六十八闋，書自印版行。越二年（1972）繼成《近代粵詞蒐逸補編》，〔註2〕補詞五十闋；又成《近代粵詞蒐逸續編》，〔註3〕新收得詞人四十家，詞九十三闋。二書合編自行出版。統計上述三書所得，凡詞人一百三十三家，詞五百一十一闋。其書發凡起例，用功甚深。

民國六十四年（1975）五月，新寧阮廷焯先生繼軌余氏，撰就〈近代粵詞蒐逸補遺〉一文，〔註4〕刊載翌年（1976）九月十五日出版之《大陸雜誌》第五十三卷、第三期。阮氏於余氏所輯黃佛頤等十五家詞皆有增補，另多輯出陳伯陶等十六家，二者合共得詞一百一十七闋。阮氏拾遺補闕，功亦匪淺。

余踵武余、阮之後，於民國六十五年（1976）十一月，檢閱民國卅七年（1948）至民國卅九年（1950）之《星島日報・文史雙週刊》，於中輯得冼玉清詞一闋、溫廷敬詞三闋、張鳳子詞二闋，凡六闋；另就冼玉清《廣東文獻叢談》書中輯出冼星海詞一闋。後藉一己研閱所得，撰成〈近代粵詞蒐逸續補〉，〔註5〕該文收入拙著《碩堂文存》中。自知所獲殊寡，難言比肩余、阮二氏矣！

以下擬就余氏、阮氏及本人對近代粵詞蒐逸之纂輯工作，依次考述。文末另附〈近代粵人詞集目錄〉，以供參考。

二、余少颿先生及其《近代粵詞蒐逸》

余少颿先生（1903～1990），原名祖明，少颿其字也，別號筱風，廣東南海人。早歲畢業廣東大學，曾師事陳融（協之）先生，學日以進。後從政，官拜重慶防空司令政治部主任。民國卅五年（1946）抗日戰爭勝利後退役，轉任中央政治大學教授。未幾赴臺灣任教，後改遷香港定居。擅詩，有《自強不息齋吟草》。

〔註1〕余少颿《近代粵詞蒐逸》，1970年自印本。
〔註2〕余少颿《近代粵詞蒐逸補編》，1972年自印本。
〔註3〕余少颿《近代粵詞蒐逸續編》，1972年自印本，與《近代粵詞蒐逸補編》合刊。
〔註4〕阮廷焯〈近代粵詞蒐逸補遺〉，載《大陸雜誌》第53卷、第3期。（1976年9月15日）頁134～144。
〔註5〕何廣棪〈近代粵詞蒐逸續補〉，載何廣棪《碩堂文存》，頁49～55。香港：香港里仁書局，民國七十一年（1982）八月初版。

余先生所纂輯《近代粵詞蒐逸》，閱其〈自序〉，則知書編就於「民國五十九年歲次庚戌季夏上澣」，即西元 1970 年，農曆為庚戌年六月初十前。至余氏對近代粵詞評論，則一力表彰汪氏、沈氏、葉氏三家，故其〈自序〉有云：

> 竊思近代論粵詞者，莫不推尊於汪芙生、沈伯眉、葉蘭臺三先生，蓋其沾溉士流，聲宏嶺外，歷有年所。嗣後派衍壇場，風靡南服，作者繼美，咸協元音。以世代言，則汪氏後有莘伯、彥平喬梓暨諸小阮；沈氏有哲嗣芷鄰、孫媳張端儀；葉氏有三英與猶子次周、文孫遐庵，皆斐然紹述，為枌榆盛道。以薪火言，則嶺表珠湄，無不有三家弟子再傳、三傳，以迄於今，固已家有楹書，人珍祕本。〔註6〕

觀上之言，余氏對三家詞學傳承記述甚詳，至其褒譽，亦可謂推崇備至。

余氏纂輯《近代粵詞蒐逸》之故，於〈自序〉中自揭其因由，曰：

> 然自世變侵尋，不遑寧處。行篋所度，不毀於水火，即劫於兵干。甚則目瞑異鄉，魂飄域外，遺篇散落，委同沙礫。至於詩名既顯者，每不欲以倚聲自傳，然揆其蘊藉，有足千秋。亦或孤芳自賞，隱遯林泉，身後遺聲，罕逢掇拾；而志切藏山者，又終無以致梨棗。如斯雅製，倘事搜求，尚可裒然成帙。用是不忖譾陋，彙為是編。非敢妄擬先達，評騭前賢，徒以生當叔季，日逼桑榆，翹首師尊，追懷世誼，感故舊之飄零，覿縑緗之蠹蝕；且朋儕樂善，時相勸披，乃毅然命筆。〔註7〕

觀是，則余氏所以奮然著述，急於成書，細揣〈自序〉之言，固非無因也。

纂輯《近代粵詞蒐逸》，余氏自訂〈凡例〉共八條，其較重要者有以下六條：

> 一、意在蒐存散佚，凡先賢已有詞集行世者不錄。
>
> 二、詞人見在者不錄。
>
> 三、作者生平小傳，首重家世、出身、師承以及著述，其餘未遑詳敘。
>
> 四、先賢佳構，採訪不易，遺闕難免。本編旨在闡幽，倘云選政，非所敢承。

〔註6〕同注1，頁11。
〔註7〕同注1，頁11～12。

五、諸家作品隨時掇錄，有失銓次，考訂年份，俟諸識者。

六、昔人著述，閨秀另闢一欄。今重平權，難依往例。倘屬伉儷，

悉為駢列。〔註8〕

以上六條，界定清晰；其末條言男女平權，故所錄詞作，伉儷駢列。余氏思想進步，可見一斑。

《近代粵詞蒐逸》書首，凡收陳頤庵、劉伯端、余楚驤等人詞翰，計三篇；另順德蘇文擢、增城陳本二先生所撰〈序〉；曾希穎、羅慷烈、區季子、黎心齋、饒宗頤五先生之〈題詞〉；以上諸位學者皆粵東名士，文章爾雅，法書早著令名，得其品題，至增榮寵矣！

《近代粵詞蒐逸》一書，內容繁富，計蒐得詞人八十三家，詞三百六十八闋。茲不厭冗長，特將其目迻錄，以饗讀者：

表一

丘逢甲二首	黃遵憲五首	康有為一首
鄭權一首	陶邵學一首	徐鑄一首
潘飛聲十二首	蕭瑗常一首	何桂林二首
梁朝杰一首	沈宗畸九首	伍德彝二首
陳慶森二首	陳之鼎一首	孔昭鋆一首
何藻翔一首	黃節一首	譚祖楷四首
譚祖任十五首	羅敦曧一首	崔師貫三首
俞安鳳十五首	江孔殷八首	關賡麟十四首
張祖銘女史九首	許頌澂一首	陶鑄一首
周樾一首	李文範一首	陳融四首
胡毅三首	張樹棠十七首	黎慶恩一首
黃佛頤十首	沈傅霖一首	廖景曾五首
陳璧君女史一首	葉鴻影女史一首	錢寶穌六首
劉子平二首	梁啟勳九首	鄔慶時二首
汪鋨一首	陳善百一首	鄧爾雅二首
林百舉四首	譚長平一首	張成桂八首
黃顯成一首	梁彥明二首	張虹一首
胡熊鍔七首	陳運彰七首	詹安泰十六首

〔註8〕同注1，頁14。

嚴既澄五首	朱子範九首	馮秋雪十四首
趙連城女史四首	莫遠公一首	黃文濚二首
黃顧民一首	張君華二首	譚長譓三首
黎徽女史三首	冼玉清女史一首	張荃女史四首
張端儀女史六首	胡景華十首	謝焜彝十一首
王弼卿四首	羅瑛六首	鄭璧文二首
鄧芬三首	黃沛功一首	何曼叔一首
馬慶餘六首	黎騷一首	佟紹弼九首
鄔增厚一首	陳慶圻一首	丘鎮英一首

余肇湘二十五首〔註9〕

三、余少颿先生纘成之《近代粵詞蒐逸補編》與《近代粵詞蒐逸續編》

余少颿先生於民國五十九年（1970）既纂成《近代粵詞蒐逸》，越二年（1972）又有《近代粵詞蒐逸補編》、《續編》之撰作。書成，二者合而梓之。卷首〈弁言〉敘其成書原委，云：

> 庚戌冬，予既刊布《近代粵詞蒐逸》，旋獲梁均默、吳灞陵兩君以高要吳桂丹、番禺潘飛聲、沈宗畸、南海崔師貫諸家遺篇寄示；陳槃庵、汪杆庵、陳君沛、林範三、何眉庵諸君紛以詞家逸稿餽贈，期以補輯；吳荔莊君則告以所錄黃遵憲〈雙雙燕〉第二首為潘飛聲和作，劉雲閣君列舉手民錯漏尤多。復得羅元一、勞墨齋、吳萬谷、蔣醉六、鄭春霆、羅君籌、周克毅、杜少牧、方業光諸君之助，乃亟事補輯。計前編未錄者八家、詞五十首，彙為《補編》；前所未蒐者續得四十家、詞九十三篇，是為《續編》。一一迻錄之際，承區季子君詳為校正。茲役之成，皆出於友朋之力，良可感也。〔註10〕

是余氏自言其書《補編》、《續編》之成，皆幸得友朋鼎力相助。尋味所言，則知其為人謙光自抑，殊良難矣！

〈弁言〉結處尚言：

> 嗟嗟！詞人擩翰，畢世嘔心，身後之傳否，原未嘗措意。然丁此世衰文敝，求如前輩之清詞麗句，邈不可復得，不纂成書，何由徵獻？

〔註9〕同注1，頁1～8。
〔註10〕同注2，頁1。

予以七十之年，忽然已至。前輯既有未盡，即《補編》亦寧敢自矜完善。所望零縑斷簡，藉存風範以詒來者。輯既成，爰識其始末如此。〔註11〕

讀〈弁言〉至此，足見余氏撰此書，其用心之處有二：一則以期蒐獲近代粵東佚詞，留待後人徵獻；二則冀存前輩風範，用詒來者。

以下仍依前此迻錄《近代粵詞蒐逸》所得詞人、詞作之例，將《補編》所得詞家、詞作多寡列次：

表二

潘飛聲五首	蕭瑗常四首	沈宗畸一首
譚祖任二首	崔師貫十六首	鄧爾雅十首
詹安泰九首	曾顧民三首〔註12〕	

以上凡八家，詞五十闋。

至於《近代粵詞蒐逸續編》所得者，亦列抄如下：

表三

吳桂丹三首	朱秉筠一首	盛景璿一首
陳宗穎二首	沈廷相二首	易瑞麟二首
張國華五首	謝英伯一首	鄒浚明一首
莫漢四首	馮玉女史一首	胡錫麒二首
沈厚龢一首	梁月初四首	羅賽雲女史四首
鄧慧史女史一首	陳兆年五首	區月恆女史三首
李式金女史二首	何冰甫三首	楊苦山一首
勞世選一首	葉敬常二首	陳文俊一首
盧卓民一首	傅韻雄一首	蔡守四首
張傾城女史四首	譚溶溶女史四首	鄧小蘇女史一首
呂紹莘一首	呂敏蘇女史二首	崔秉炎一首
羅卓英二首	李崇綱一首	杜直盦三首
沈誦清一首	區鴻鈞十首	劉拔茹二首
潘詩憲二首〔註13〕		

以上凡四十家、詞九十三闋。

〔註11〕同注2，頁2～3。
〔註12〕同注2，頁1。
〔註13〕同注3，頁1～3。

四、阮廷焯先生與〈近代粵詞蒐逸補遺〉

　　阮廷焯先生（1936～1993），字訥堂，又字丙齋，廣東新寧人。國立臺灣師範大學國文研究所博士，受業於林尹、楊家駱、高明諸教授之門。民國五十四年（1965）應聘香港中文大學聯合書院中國語文學系，初任副講師，後升至高級講師。著作富贍，而以所撰博士論文〈先秦諸子考佚〉最被稱譽。

　　阮先生接踵余氏之後，於民國六十四年（1975）五月撰成〈近代粵詞蒐逸補遺〉，翌年（1976）九月十五日發表於《大陸雜誌》第五十三卷、第三期。阮文前有小序，略述其為文次第，查檢典籍，及補遺所得。茲謹將阮序迻錄，俾供參閱：

> 歲在庚戌，南海余少颿丈既輯清末以迄輓近粵詞遺芬，彙為一集，顏曰《近代粵詞蒐逸》。壬子之秋，重行增訂，輯為《補編》及《續編》，裁成一帙。僕於檢讀之暇，嘗取《南社湘集》，（第一期、第三期、第四期、第六期。）《南社叢刻》，（第十三集、第十九集。）《友聲集》，《訒盦填詞圖》，以及《宋臺秋唱》所載粵人倚聲之作，凡蒐逸茲書未收者，輒為迻寫，集成一編。除於黃佛頤、廖景曾、譚長年、沈宗畸、林百舉、鄧爾雅、謝英伯、崔師貫、陳兆年、傅韻雄、盧卓民、梁月初、蔡守、談溶溶、張傾城諸家，皆有增補外，復輯出陳伯陶、吳道鎔、張學華、凌鶴書、黃衍昌、趙祉皆、趙九疇、陳慶龢、梁致祥、李煮夢、謝良牧、馬駿聲、張雲飛、古直、黃瀾、溫見，凡十有六家。其視原輯，溢出甚多。冥搜所得，雖屬斷簡零篇，然皆昔賢流風餘韻，敢不亟為寫布，顯襮人間。況余丈以耄耋餘年，猶眷眷不忘於茲，則此所捃摭，想當樂見歟？乙卯五月新寧阮廷焯誌於所居之六榕山館。〔註14〕

案：阮氏序首之「庚戌」，乃民國五十九年（1970），蓋指余氏撰成《蒐逸》之時；「壬子」，民國六十一年（1972），指余氏後續輯《補編》、《續編》之年；「乙卯」，民國六十四年（1975），即阮氏撰此文之年；至「六榕山館」，乃阮氏香港家居之齋號也。

　　以下亦將阮氏增補黃佛頤等十五家之詞，列示數目於姓名之後：

〔註14〕同注4，頁134。

表四

黃佛頤一首	廖景曾一首	譚長年一首
沈宗畸廿一首	林百舉二首	鄧爾雅三首
謝英伯一首	崔師貫七首	陳兆年四首
傅韻雄一首	盧卓民一首	梁月初五首
蔡守廿八首	談溶溶一首	張傾城一首〔註15〕

以上凡收詞七十八闋。

　　阮氏另輯得余氏未收陳伯陶等十六家之詞，茲亦將其數目，列於姓名之後：

表五

陳伯陶二首	吳道鎔一首	張學華一首
凌鶴書二首	黃衍昌二首	趙祉皆二首
趙九疇二首	陳慶龢一首	梁致祥一首
李煮夢五首	謝良牧一首	馬駿聲一首
張雲飛二首	古直六首	黃瀾一首
溫見八首〔註16〕		

以上凡收詞三十八闋。

五、拙著〈近代粵詞蒐逸續補〉

　　余步趨余、阮二氏，撰成〈近代粵詞蒐逸續補〉於民國六十五年（1976）十一月。文中縷述撰作原委，云：

> 余月前於羅元一（香林）師處商借得民國卅七年（1948）至卅九年（1950）間發行之《星島日報・文史雙週刊》一巨帙，偶於其中檢出冼玉清、溫丹銘、張鳳子三家詞。另於冼玉清所著《廣東文獻叢談》書中，又發現冼星海詞一闋。茲不敢自秘，特參照阮文之例，將諸詞迻寫於後，以供同好。惟自知所得甚少，遠不逮余、阮二氏，續貂之愆，尚祈讀者諒之。民國六十五年十一月，鶴山何廣棪誌於香港珠海大學中國文史研究所。〔註17〕

〔註15〕同注4，頁134～140。
〔註16〕同注4，頁140～144。
〔註17〕同注5，頁50。

拙文後收入《碩堂文存》。拙著《碩堂文存》有香港里仁書局民國七十一年（1982）
八月初版本。〈續補〉計收得：

表六

洗玉清一首 　　　　　溫廷敬三首 　　　　　張鳳子二首
洗星海一首〔註18〕
以上凡四家、詞七闋。

六、附輯〈近代粵人詞集目〉

　　余少颿先生撰《近代粵詞蒐逸》，有〈纂輯近代粵詞蒐逸凡例〉八條，其
第三條曰：

　　近代先賢詞集已付梓者眾，爰列其目，附於篇末，俾世有好者知所
　　探索。〔註19〕

因而其書附錄之部乃有〈近代粵人詞集目〉，所收詞集計為：

表七

汪瑔《隨山館詞》　　　沈世良《楞華室詞》　　　葉衍蘭《秋夢庵詞》
許鎮《冬榮館詞》　　　徐灝《攟雲閣詞》　　　　何振《紅豆山房詞》
朱啟連《棣垞詞》　　　沈澤棠《懺庵詞鈔》　　　梁鼎芬《欵紅樓詞》
張德瀛《耕烟詞》　　　石德芬《縐春詞》　　　　江逢辰《孤桐詞》、《華鬘詞》
汪兆銓《惺默齋詞》　　汪兆鏞《雨屋深燈詞》　　張學華《闇齋詞》
曾習經《蟄庵詞》　　　陳昭常《棟花風館詞》　　梁啟超《飲冰室詞》
潘之博《弱庵詞》　　　麥孟華《蛻庵詞》　　　　黃炳堃《希古堂詞存》
許之衡《守白詞甲乙稿》李綺青《聽風聽水詞》、《草間詞》　溫肅《檗庵詞》
楊玉銜《雙樹居詞》、《抱香室詞》　　　葉璧華《古香閣詞》
廖恩燾《半舫齋詩餘》、《影樹亭詞》、《懺庵詞》、《捫蝨談室詞》
廖仲愷《雙清詞草》　　胡漢民《不匱室詞》　　　葉恭綽《遐庵詞甲稿》
汪兆銘《雙照樓詞》　　陳洵《海綃詞》　　　　　劉翰棻《花雨樓詞草》
黎國廉《玉蕊樓詞》　　張逸《筆花草堂詞》　　　張錫麟《槑園詞鈔》
易熹《大厂詞稿》　　　梁廣照《柳齋詞》　　　　黃榮康《擊劍詞》
林家濬《劍泉詩餘》　　楊其光《花笑樓詞》　　　蔡守《寒瓊詞》

〔註18〕同注5，頁50～55。
〔註19〕同注1，頁14。

吳莜《蕉聲詞》	劉景堂《心影詞》、《滄海樓詞》	黃棣華《負暄山館詞鈔》
李景康《百壺山館詞》	林鶴年《鶴廬詞》	歐陽韶《聽蟬吟室詞》
馮鴻耆《漸逵詞》	吳肇鍾《白鶴草堂詞》	曾傳輅《玉夢庵樂府》
林汝珩《碧城樂府》	黃金佑《老梅詞稿》	馮衍鍔《翠瀾堂詞甲稿》
陳守誼《冰谷詞稿》	陳逸雲《山椒詞》	陳璇珍《微塵館詞鈔》〔註20〕

以上凡詞人五十七家、詞集六十四種。

至余氏續而纂輯之《近代粵詞蒐逸補編》，亦附〈近代粵人詞集目〉，所收詞集計為：

表八

吳桂丹《惋花詞》	陳宗穎《達神愷齋詞》
杜直畣《夢滄詞》	區鴻鈞《扣舷詞》〔註21〕

以上凡詞人四家、詞集四種。

余氏其後又撰《近代粵詞蒐逸續編》，書末編有〈近代粵人詞集目續〉，所收詞集有：

表九

黃玉堂《癡夢齋詞草》　　　　　　陳步墀《雙溪詞》、《十萬金鈴館詞》

胡慶育《潑墨詞》、《和陽春詞》、《和六一詞》、《和小山詞》、《和東坡詞》、《和淮海詞》、《和片玉詞》、《和稼軒詞》、《和白石詞》、《和碧山詞》、《和草窗詞》

張紉詩《儀端館詞》〔註22〕

以上凡詞人四家、詞集十五種。

統上余氏三書所著錄書目而核之，其所列示之詞人、詞集，計六十六家、八十四種。

余疑近代粵籍詞人，詞集殆不止此，乃細檢《近代粵詞蒐逸》所載詞人小傳資料，從中竟查獲余氏未檢出之詞人集目如次：

表十

丘逢甲《古瀛詞鈔》	潘飛聲《說劍堂詞》	沈宗畸《繁霜館詞》
伍德彝《浮碧詞》	陳慶森《百尺樓詞》	陳之鼐《蒟香詞》

〔註20〕同注1，頁149～153。
〔註21〕同注10。
〔註22〕同注3，頁43。

孔昭鋆《清淑齋唱和詞》　　譚祖楷《勺庵詞稿》　　　譚祖任《聊園詞》

梁啟勳《海波詞》　　　　　陳運彰《紉芳詞》　　　　嚴既澄《駐夢詞稿》

朱子範《擷秀廬詞稿》

以上詞人十三家、詞集十三種。

　　余近又得讀南京師範大學曹辛華教授撰《民國詞史考論》，〔註23〕其書第
十五章〈民國詞人考錄〉〔註24〕，所著錄之粵籍詞人及詞作，除去前引重複
者外，計有：

表十一

陳煥章《陳默齋詩詞稿》　　陳寂《枕秋閣詩詞》　　　陳天民《靜虛室詞稿》

陳一峯《一峯詞鈔》　　　　崔師貫《白月詞》　　　　黃棣華《負暄山館詞鈔》

鄧桐芬《月當樓詞》、《引庵詞》黃仙裴《痴夢齋詞草》

黃祝渠《擊劍詞》　　　　　黎國廉《秕音集》（與陳洵合著）

饒宗頤《選堂詩詞集》　　　譚祖楷《勺庵詞稿》

譚震歐《多寶樓詞》、《八寶妝詞》、《梅園詞》、《錦堂春詞》、《紅情綠意詞》、《醉紅妝詞》

譚祖壬《聊園詞》　　　　　溫匋《彝甖詞》　　　　　冼景熙《維心亨齋詩詞集》

蕭勞《蕭勞詩詞曲選》　　　蕭向榮《蕭向榮詩詞集》　徐禮輔《淥水餘音》

楊其光《花笑樓詞》　　　　楊鐵夫《雙樹居詞》、《抱香詞》

鄭權《碧琳腴館詞鈔》　　　梁朝杰〈游美詩詞存稿〉　梁煦南《迂齋詞》

梁鼎芬《款紅樓未刊稿》　　廖恩燾《懺庵詞續稿》　　林汝珩《碧城樂府》

劉守璞《滄海樓詞鈔》　　　劉子平《心影詞》　　　　劉叔莊《燕芳詞冊》

劉逸生《劉逸生詩詞》　　　倫鸞《玉函詞》　　　　　羅惇曧《癭公詞》

麥孟華《蛻庵詞》　　　　　葉劍英《葉劍英詩詞選集》

馬慶餘《小媚秋堂詞》　　　潘飛聲《飲瓊漿館詞》　　潘文博《弱庵詞》

丘逢甲《嶺雲海日樓詞鈔》、《雙清池館詞錄》　　　　詹安泰《無庵詞》

張伯楨《悼亡詞》　　　　　張采庵《春樹人家詩詞鈔》張錫麟《柳齋詞選》

葉恭綽《遐庵詞贅稿》　　　張紉詩《張紉詩詩詞文集》

張逸《花痕夢影詞》、《豀甖詞》、《百花詞草》

梁令嫻《藝衡館詞選》　　　鍾敬文《鍾敬文詩詞》、《天風海濤室詩詞鈔》

〔註23〕曹辛華《民國詞史考論》，北京：人民出版社，2017年4月第1版。
〔註24〕同註23，頁418～585。

統上所著錄，計詞人 42 人，詞集 53 種。惟詞人有重複，如李綺青、黎國廉、梁鼎芬、林汝珩、易熹、廖恩燾、潘飛聲、丘逢甲、葉恭綽、張紉詩等 10 人須減去，是則新增詞人為 32 人。

統上計算，余少颿先生與本人提供之《近代粵人詞集目》共為詞人一百五十四人、詞集二百零五種，則所得亦云富矣！至希有好事者，能就上列詞集目錄為指南，將其詞書蒐羅畢備，編成《近代粵詞合璧》，事以鉛槧，廣作流傳。是則對粵東詞學之鑽研，必有無窮之利賴。

七、結語

近代粵詞蒐逸及其纂輯工作，絡繹完成於余少颿先生、阮廷焯先生及本人。余氏就此事發凡起例，爬梳編理，撰成《近代粵詞蒐逸》、《補編》、《續編》三書，用力最勤，成績最著。阮氏仍力繼軌，拾遺補闕，撰就〈補遺〉一文，刊見《大陸雜志》，亦至有功；本人則步趨二氏之後，裁成〈續補〉，收入拙著《碩堂文存》。惟自知所獲至寡，乏勳足陳，殊難與余、阮二先生比肩矣！

本文之撰作，旨在將余、阮二氏及本人三家對近代粵詞蒐逸工作進行考述，俾讀者知其事之本末；亦至望有好事者能編成《近代粵詞合璧》，予以出版，以利後學。倘事能遂成，斯則余不勝馨香感禱者矣！

二零一八年四月廿八日，鶴山何廣棪撰於新亞研究所。

（原刊香港中文大學中國語言及文學系主辦《風雅傳承：第二屆民初以來舊體文學國際學術研討會論文提要集》，2018 年 9 月）